“美式”国家治理的财政观察

傅志华　李成威　张晓云　杜崇珊　著

中国财经出版传媒集团
中国财政经济出版社

图书在版编目（CIP）数据

“美式”国家治理的财政观察 / 傅志华等著．--北京：中国财政经济出版社，2021.10

ISBN 978-7-5095-7899-5

Ⅰ.①美… Ⅱ.①傅… Ⅲ.①国家财政-财政管理-研究-美国 Ⅳ.①F817.121

中国版本图书馆 CIP 数据核字（2021）第 181543 号

责任编辑：卢关平　　　　责任印制：张　健
封面设计：孙俪铭

“美式”国家治理的财政观察
MEISHI GUOJIA ZHILI DE CAIZHENG GUANCHA

中国财政经济出版社 出版

URL：http：//www.cfeph.cn
E-mail：cfeph@cfeph.cn

社址：北京市海淀区阜成路甲 28 号　邮政编码：100142
营销中心电话：010-88191522
天猫网店：中国财政经济出版社旗舰店
网址：https：//zgczjjcbs.tmall.com
北京富生印刷厂印刷　各地新华书店经销
成品尺寸：170mm×240mm　16 开　13.75 印张　204 000 字
2021 年 11 月第 1 版　2021 年 11 月北京第 1 次印刷
定价：56.00 元
ISBN 978-7-5095-7899-5
（图书出现印装问题，本社负责调换，电话：010-88190548）
本社质量投诉电话：010-88190744

前　言

第二次世界大战之后，全球逐步建立起以美国为中心的国际政治经济秩序。通过主持构建联合国机制，美国获得了全球游戏规则的制定及主导权；借助“布雷顿森林体系”，美元霸权进而美国的全球金融控制权得以确立；凭靠《关税与贸易总协定》，美国构筑了以其自身为中心的全球贸易体系；依靠“马歇尔计划”等战后援助计划以及北约等组织协定，美国拉拢了欧洲、日本等国家和地区，构建并巩固了以美国为首的资本主义政治经济军事阵营；借由影视、音乐、文学作品以及教育制度等，美国还源源不断地向世界传播其价值观，潜移默化地引导着各国的思想文化以及政治经济社会运转……在这一系列规则、秩序、机制、机构等的支撑下，美国在政治、经济、军事、文化等方面成为全球的“标杆”。高坐世界霸主之位，山姆大叔主持并操纵着全球规则，执掌并扭曲着国际秩序。

美国霸主地位的得来与其自身的强大密不可分。而其强盛又离不开宪法、美元、科学技术这三大法宝的力量。作为世界上第一部成文宪法，美国宪法中蕴含着约束政府权力、限制政治权威、保障个人天赋权利不受政治侵犯的思想。这种促进个人自由发展、崇尚市场竞争的政治架构和氛围，构筑了只要勤奋努力就有希望拥有美好生活的“美国梦”，稳定了民众的预期，解放了思想，滋养了创新创业的热土，并为其取得科技、经济、军事等方面的领先地位创造了条件。在美元方面，美国前财政部长约翰·康纳利（John Bowden Connally）曾表示“美元是我们的货币，却是你们的麻烦”。在美元霸权下，美国享有以本国经济社会等目标为导向的完全独立的货币政策，这在支撑其贸易、预算长期双赤字的同时，还使美国得以在全球范围内攫取铸币税，向国际社会输出通货膨胀（以下简称通胀），甚至直接以美元为武器打压限制其他国家的发展，例如“广场协议”对日本的打击。在科学技术方面，第二次世界大战（以下简称二战）以后，联邦政府逐步承担起了培养新生科学力量、推动科学技术进步的职责。它积极投资于高等教育、企业科研，营造出人员高度流动、自由探索、充分竞争的环境，这有力地推动了美国的科研进展以及研究成果的应用和商业化。长期以来，不论是诺贝尔奖得主、科学论文的数量，还是海外留学生抑或是大学创办高技术公司的数量，美国都位居全球首位。而一流的科研创新能力也使其在经济、军事等方面长期保持领先地位。

然而，随着时代的发展，尤其是上一轮金融危机以来，其国内及国际形势都发生了极大的变化：非理性繁荣的金融市场刺破了资本主义经济的绚丽泡沫，美国作为2007—2009年金融危机的源头深受重创；“美式”民主的低效困境逐渐暴露，政府停摆、预算难产等尴尬局面反复上演；伴随着收入、财富差距的拉大以及社会流动性的弱化，“美国梦”濒于破灭，种族矛盾、社会撕裂等深层问题浮出水面；欧洲的复苏、欧盟的成立、中国等新兴市场国家的崛起推动着全球格局向多极化发展，美国的话语权和霸权利益日益受到挑战……特朗普总统力图以其精明的商人思维争取美国利益优先，重构全球化、恢复国内经济并推动就业，但是效果却不如人意。新冠肺炎疫情（以下简称新冠疫情）期间，总统的不作为、乱作为，联邦和州政府间的撕扯以及原有医疗体系的漏洞等再次拖了美国的后腿，其国内疫情迟迟得不到控制，复苏节奏缓慢。这不禁让人们产生疑问：美国还是最好的吗？

不过，如果对以上的万千表象进行剖析就会发现，美国的问题并不是在这一朝一夕间产生的，而是源自其政治经济文化体系中根深蒂固的矛盾。这集中表现为三大缺陷：一是宪法的美好理想与社会的残酷现实脱节。在人权方面，其宪法虽然强调人人平等，但是其社会上却长久存在着严重的不平等。譬如，一百多年前黑奴在政治上得到了解放，但是在思想上，黑人等有色人种所受到的歧视至今依然随处可见，甚至于黑人遭遇警察暴力的事件也频有发生。2020年新冠肺炎疫情期间，非裔男子乔治·弗洛伊德（George Floyd）死于白人警察的暴力执法，由此引发的抗议和骚乱蔓延至全美上百个城市。而这仅是黑人运动的一个缩影。二是美国虽然在政府分权、制衡机制上设计得丝丝入扣，但是整个制度本身却存在明显短板，比如它无法集中力量办大事，在巨大的灾难面前，无法做出高效的反应，而这在新冠疫情期间体现得尤为明显。三是美国推崇市场的力量、强调效率优先，这调动了民众和企业在科技创新、经济发展上的积极性，但是在社会公平方面却投入不足。其底层收入群体的利益难以得到保障、贫富差距越来越大。而且在相当程度上，贫富差距还与种族问题相互交织。而种族、财富的多层次割裂，又进一步加剧了美国国内阶层的固化和社会的撕裂。这些缺陷和痼疾长期得不到良好的解决，只能一层一层交叠沉淀下来，逐步成为美国前进道路上的绊脚石。

美国经济社会制度的优缺点、国家整体运转状况及其在国际社会上的一张一弛都在财政上有比较明显的体现。熊彼特说，一个民族的精神、文化水平、社会结构、政策意图和行为——所有这些，甚至更多，都被去掉了一切词句写在其财政史上。懂得倾听的人在这里比在其他任何地方都能更清楚地洞察世界历史的轰鸣。从财政视角观察美国，不仅为我们提供了一个理解这一超级大国政治、经济、社会运行状况的窗口，也为我们立起了一面反观自身的镜子。鉴于此，本书最终将书名定为《“美式”国家治理的财政观察》，并尝试以财政专业框架从政府与市场、全球化、国家安全、医改、就业、预算、宏观调控、财政改革、财政健康度等热议话题入手，重新审视“美式”资本主义和美国现实状况，探寻表象背后的财政逻辑，并希望以此为我国的改革发展以及国际新形势的应对处理提供借鉴和建议。面对“百年未有之大变局”下美国等发达国家对风险和不确定性的转移，我国不能盲目自信也不可妄自菲薄：美国虽然存在一些问题，但是其霸主地位依然没有丧失；我国要有制度自信和战略思维，采取正确措施积极应对，这样才能化危为机，维护国家安全和发展。

本书由中国财政科学研究院副院长傅志华研究员、全球风险治理研究中心主任李成威研究员和研究生院张晓云研究员、博士生杜崇珊合作完成。近年来，我们围绕美国财政相关问题展开了大量跟踪研究，有些成果已公开发表。在此基础上，我们对相关成果进行系统整理、提炼，按照国家治理的逻辑进行篇章布局，遂形成此书。傅志华研究员设计了全书的研究思路和写作框架，撰写了部分章节，并对全书进行了总撰；李成威研究员和张晓云研究员参与了全书研究思路和写作框架的讨论，独立或合作撰写了部分章节内容，配合傅志华研究员对全书进行了总撰；博士生杜崇珊承担了大部分章节的初稿写作任务。此外，全球风险治理研究中心景婉博副研究员参与了第六章内容的研究，研究生院博士生高丰参与了第一、第二、第三章内容的研究。感谢中国财政经济出版社编辑卢关平对本书出版所付出的努力。

作者

2021 年 5 月 19 日

目　录

第一章　自由市场经济的幻灭

本章导读：

自《五月花号公约》奠定了美国自治与法制的民主政治基础，美国经济就拥有了自由主义的根基。合众国成立后，制宪会议为美国的自由经济发展提供了必要的法制保障。但在随后的演变中，美国经济逐渐偏离了最初的轨道，在联邦政府与市场的长期互动博弈中，政府对经济的干预横向覆盖了所有的行业甚至跨越了国界，纵向逐渐从行业层面经企业层面渗透到微观经济个体。伴随着这种改变，美国实现了崛起，并以经济领导者的姿态重建了世界经济体系。但随着经济全球化的发展，美国经济在与世界经济的相互作用中既实现了增长，又产生了矛盾。进入21世纪后，美国的结构性矛盾加剧，在这种背景下，联邦政府采取一系列逆全球化的措施，以打破现有的世界经济体系，期望再次重建有利于美国经济的新的全球经济体系。

本章以历史的视角，阐述了美国治理体系由分权向集权的演化，经济体系由“一元”向“二元”的演化，发展路径由自由主义向保护主义的演化，分析了联邦政府权力的扩张对于美国崛起和世界经济的影响。

美国是自由市场的拥趸者，也是最具代表性的国家。但实际上，凯恩斯主义所倡导的国家干预一直是西方各国政府笃信的灵丹妙药。这已然改变了美国的经济血统，使其日益具有混合经济特征。在资本主义市场经济体制下，经济危机依旧在美国反复上演，且呈现出愈演愈烈的态势。与此同时，出于应对公共风险、在国际竞争中维护自身战略产业地位等目的，政府的权力又不断扩张，这使得其自由市场经济似乎成为一件皇帝的新装。

近年来，美国联邦政府出台一系列政策，企图提振国内经济活力，甚至干预世界经济的运行。一方面，联邦政府通过保护主义政策、大规模减税等推动新一轮的产业结构调整，期望重振美国制造业；另一方面以重构世界经济体系为目标，限制技术、投资和人力资源的流动，本质上是阻碍社会分工的深化，干扰全球化的正常发展。毫无疑问，联邦政府对美国经济甚至对世界经济都有显著的影响力，而美国经济也早已偏离了其传统自由经济的轨道。

美国经济的这种变化经历了一个漫长的过程。乔纳森休斯（2007）认为是联邦政府权利的膨胀导致了美国经济体系本质的改变，即由最初的一元自由市场经济演化为市场调节和政府管控融合的二元混合经济。而推动联邦政府权力扩张的因素有很多种，其中最重要的是跨州际公司和跨国公司对经济影响力的扩大以及战争和危机下经济运行对宏观调控的依赖。

在美国经济两百多年的演变历程中，不同时期的历史主题并不相同。在19世纪，相对封闭的美国经济在欧洲主导构建的开放世界经济体系下的工业化进程和实现经济崛起是时代的主题；而在20世纪，美国经济的结构性调整和对世界经济体系的重构与扰动是时代的主题。乔纳森休斯（2007）提出，19世纪美国经济体系中进出口的比重要远低于同一时期的欧洲，在政府的保护主义政策和战争对外部竞争的隔绝下，使不具备竞争力的美国工业在短短50年内实现崛起。杨斌（2018）提出，战后的美国为了实现社会发展和技术进步以改良政策代替了自由主义政策，在劳资关系、社会分配、金融监管等方面联邦政府进行了广泛的干预。而在20世纪70年代的美国衰退开始时，联邦政府又转向新自由主义政策，通过"世界经济有控制解体战略"迫使发展中国家协助其推动世界经济解体，以维持其经济霸权和军事霸权。李淑俊（2007）用政治经济学的理论分析了美国一方面倡导构建世界自由贸易体系，另一方面又通过保护主义政策扰动全球化进程的原因：贸易额随着经济的增长不断扩大，且对经济增长的贡献也越来越大的客观事实，支持政策制定者实施贸易自由主义政策；而美国经济的衰落、贸易赤字的扩大以及保护自由贸易中失败者的政策底线，使美国实施贸易保护政策具有一定的必然性。

一、公共风险推动联邦政府权力扩张：从分权走向集权

美国治理体系由分权向集权的演化并非为州政府和地方政府对联邦政府的权利让渡所致，而是随着国家的发展，社会关系和经济事务日趋复杂化，客观地要求政府制定更为完善的标准、提供更为精细的管理以控制公共风险。特别是在战后利用政府权力来构建“完美社会”的理念下，政府职权明显超出了仅提供国家安全保障的边界，开始涉足民众的生活层面，包括构建社会保障体系、制定合理的用工标准、对妇女儿童老人等弱势群体提供必要的保护以及改善生活环境等。而这也不可避免地涉及经济运行的方方面面，联邦政府开始从最初的放任经济自由运行，转向进行适当的干预，最终演变为参与经济运行的非市场主体。但是，这种秩序与传统的美国自由主义精神是对立的，因而它的形成并不是人为设计的，而是如哈耶克所言的自发的涌现，即随着社会的演化自发形成，既存在偶然的因素，也是一种必然的结果。

联邦政府权力的扩张经历了两个典型的时期。第一个典型时期在南北战争结束以后，南方奴隶种植园经济体系被打破，释放了资本和劳动力，为工业发展创造了基础。随后工业巨头在合并和垄断中诞生并掌握了经济命脉，商品贸易跨越了州的界限，超越了州政府的职权范围，出于对商业帝国态势的担忧，联邦政府开始干预经济运行，并联合民众对抗跨州际的巨型企业。第二个典型时期是在第一次世界大战开始以后，两次世界大战和大萧条使政府和民众意识到依靠国家权力来配置资源的重要性，而战后部分战时的经济管制法案仍然得以延续，经济监管机构大多也并未撤销，联邦政府干预经济的行为逐渐合法化。在1946年《就业法案》下，联邦政府拥有了对价格和就业进行管控的权力，从而成为独立于市场的经济参与主体。随后在构建“完美社会”的实践中，联邦政府权力经行业—企业—行为人的脉络纵向延伸至微观决策个体，经州际协作—双边合作—多边合作的差序结构横向辐射至全世界的经济和社会事务当中。

在这种分权向集权的秩序演化过程中，联邦政府支出规模从1791年的

300万美元增长到2017年近4万亿美元，两百多年的时间当中扩大了100多万倍。南北战争前，联邦政府的集中度大概为40%[①]左右，而至2017年，联邦政府的集中度已经超过55%。联邦政府已经成为一个集权化的大政府。

（一）自由经济基因与初始政府权力架构

美国的自由主义经济体系构建于其宗教基因和民主政治基因之上：清教的教义鼓励民众通过自己的才能和努力获取更多的财富，并且被看作是上帝的认可，而民主政治的基因来自《五月花号公约》中体现的自治与法制的观念和契约精神。因此，在传统的自由主义经济体系下，联邦政府并未被赋予干预经济运行的权力。

制宪会议通过的联邦宪法确立了联邦政府的初始权力设置。但制宪会议参会人员代表的是商人、债券持有者、资本家、金融家的利益。因此，联邦政府的事权狭小，基本上是维持商业运行的下限，这给了资本家和金融家极大的空间。最突出的一条就是被熟知的“宪法未授予合众国、也未禁止各州行使的权力，保留给相应各州行使，或保留给人民行使”。保留给各州的权力是制定地方法律、法规的权力，包括颁发执照、进行商业管理等。

联邦宪法授予联邦政府的权力共有18条：（1）针对各州政府征税，但应全国统一；（2）以合众国的信用借款；（3）管制外国的、各州之间的以及同印第安部落的商业；（4）制定合众国统一的归化条例和破产法；（5）铸造货币，厘定本国货币和外国货币的价值，并确定度量标准；（6）制定伪造联邦通用货币和证券的罚则；（7）设立邮政局和修建邮政道路；（8）保障专利权和版权；（9）设立低于最高法院的法院；（10）界定和惩罚在公海上所犯的海盗罪和重罪；（11）宣战和制定相关条例；（12）招募陆军和供给军需，但此项用途的拨款期限不得超过两年；（13）建立和维持一支海军；（14）制定治理和管理陆海军的条例；（15）规定征召民兵，以执行联邦法律、镇压叛乱和击退入侵；（16）规定那些用来为合众国服兵役的民兵的管理，但军官任命由各州保留；（17）在合众国政府所在地

① 数据来源于John Joseph Wallis，American Goverment Fianance In The Long Run，1790 to 1990.

的地区行使主权；（18）制定为行使上述权利所必要和适当的所有法律。

宪法还规定禁止联邦政府对各州输出的货物征税以及在州际贸易间征收关税；也禁止联邦政府制定对各州的歧视性法律。

（二）政府在与企业的互动中完成一次扩张

进入19世纪后，联邦政府和州政府不遗余力地通过推动企业的发展而激发经济活力。铁路业率先在联邦政府的扶持下快速发展，并为美国的工业进步做出了无可替代的贡献。在19世纪的美国，铁路公司几乎全部以联邦政府与私人资本合资的形式组建。除直接出资外，联邦政府还通过豁免关税、提供贷款、授予土地等方式引导资本向铁路产业流动。在联邦政府的支持下，铁路产业成为高利润行业，积聚了大量的资本，铁路公司成为最初的获得规模效益的巨型公司，而“寻租—合并—垄断—规模效益实现”这种巨型公司的运营模式也被逐渐推广到钢铁、材料以及能源工业中。与此同时，各州政府也通过放宽限制、简化审批流程等推动新公司的成立。在联邦政府和州政府的推动下，寻租变得越来越容易。在寻租的激励下，公司间不断整合、兼并，进而获得垄断地位和规模效益。而这种由企业家与政客合谋获得的规模效益滋生了腐败，成为了灰色区域，凌驾于法律之上。有研究表明，在1895—1904年的9年中，超过1800家制造企业与竞争者完成合并，兼并后的企业有三分之一占据了市场70%的份额①。这些大型企业的事务在美国当时的法律下已经超出了州政府管理的范畴，公共利益因此而受到严重威胁，因此需要提升到联邦政府层面进行管控。

受联邦政府推动的巨型企业在当时被称为“国家中的封建实体”，它们看起来甚至会接管国家。在19世纪后半叶，公司成为美国经济的“日程安排者”。大体而言，美国公司的安排就可以决定美国经济的局面②。这种大企业的发展使美国民众深深地恐惧，他们担心美国将变成一个工业帝国。而美国政客一方面暗中与商人勾结，通过授权分享租金；另一方面通过表面反对大企业又能够获得更多的选票。在政府与大企业互动博弈中，发展出有限干预的市场经济。

① Naomi Lamoreaux, The Great Merger Movement in American Business, 1895 - 1904 (1985).

② Arthur Selwyn Miller, The Superme Court And American Capitalism.

联邦政府权力扩张的起点仍然与铁路公司直接相关。铁路公司在政府的支持和放纵下，逐渐发展成区域垄断的大型寡头公司，而这些寡头公司不但通过操纵价格来控制市场获取利润，还通过行贿等手段腐蚀了当时的立法和司法机关。这激发了公众严重的对立情绪，而州政府又无权管控这种跨区域的巨型公司，因此政府不得不通过成立新的官僚机构——铁路委员会来进行直接管制。由此，政府管理市场的倾向越来越明显，1887 年，国会建立了首个固定而独立的联邦管理机构——州际商务委员会，至此联邦权力的无限扩张成为可能。1904 年，《谢尔曼反托拉斯法案》阻止了一个庞大的跨区域集团股份公司的形成，以对抗自然垄断的发生。这既体现了平民主义，也使政府扮演起了干扰经济运行的角色。1937 年，美国最高法院判定：《瓦格纳法案》——将联邦建立的工会安置于企业当中——是合法的。

1877 年芒恩诉伊利诺伊案中，法官对政府管制跨区域大型企业的合理性的认定，成为联邦政府直接干预经济的转折。19 世纪后半叶，联邦政府控制经济的表现有以下几点：联邦政府控制着公共领域的资源及其分配；通过政府补助等扭曲经济运行；通过关税控制着商品进口和国内的利益分配；重新组织了新的美国银行系统；通过控制货币来控制工资、价格、利率等，从而控制市场运行；南北战争改变了南北利益格局，使南方依赖出口的农业经济体系衰落，工人工资下降，依赖英国银行家的金融体系崩溃，北方工业经济体系迅速发展；鼓励移民的政策使经济增长①。

联邦政府权力扩张的直接表现是政府收支规模的扩大。1813 年至 1860 年的 48 年间，联邦政府年均收入 3315 万美元，占 GDP 的 1.84%；年均支出 3192 万美元，占 GDP 的 1.77%。在战争期间，1860 年联邦政府的收入为 5600 万美元，支出为 6300 万美元。南北战争后，1865 年联邦政府收入增长 5 倍，达到 3.3 亿美元，而支出增加了 20 倍，达到近 13 亿美元；赤字增长了 41 倍。1866 年至 1913 年 48 年间，联邦政府年均收入水平提高至 4.39 亿美元，年均支出 4.04 亿美元，比前 50 年平均水平增长了 10 倍有余，占 GDP 的百分比也达到 2.5%，提高了近 40%②。

---

① Hughes, Jonathan and Cain Louis P. American Economic History, p. 378.

② U. S. Department of Commerce, Historical Statistics of the Unite States: Colonial Times to 1970.

经济学家约翰·理查德这样阐述这一时期联邦政府权力的变化：一个城市化的工业社会将是一个联邦政府权利膨胀、其他权利萎缩的社会[①]。联邦政府权利在财富和收入上进行再分配，并在政治层面上收取和支出租金。

（三）在战争和危机中完成政府的二次扩张

第一次世界大战（以下简称一战）爆发后，威尔逊总统的自由市场经济让位于战时管制经济，联邦政府设立了包括各种委员会、事务部和管理局在内的5000多个官僚机构来管理战时经济的运行，以及颁布战时禁令来确保足够的粮食供应，并暂时接管了全国铁路的控制权以保证物资的运输。政府代替了市场成为资源配置的主导，原料消费品和收入分配都依从于政府的计划和安排。战时所得税的开征代表着政府对经济管制延伸到微观个体单元，其边际税率在一战期间一度达到77%，从而取代了关税成为政府收入的主要来源，支撑了美国的战时军事支出。

虽然一战以后威尔逊总统取消了大部分临时设置的左右市场运行的官僚机构，但依然有部分政客认为在政府的指导下，企业和工业部门实施的合作要比市场中自发的竞争更有效率。而且被取消的战时管理机构多数在随后的大萧条和二战中被重组，仍然履行战时的职能，最多也仅仅是对机构名称做了调整，包括战时工业委员会、美国谷物管理公司、食品管理局、紧急船舰公司、美国房屋公司、燃料管理局等等。这些机构逐渐由战时的临时机构，逐渐转变为后来的常设机构，而联邦政府对经济的管制也逐渐被接受和认可，其干预手段也拥有了合法性。

1929—1933年的大萧条可以说是有记载的最严重的经济衰退，其对世界经济的影响一直延续到二战时期。在大萧条时期，胡佛政府对内采取有限的干预政策、对外采取保护主义政策，通过《斯穆特—霍利关税法》，商品的平均关税税率被提高到52.8%。在新政时期，以金融业和工业为生命线，联邦政府对市场的干预进一步深化。罗斯福政府第一步采取的就是金融业的改革，通过1933年的《紧急银行法案》和《紧急证券法》对全国的私人银行进行审查、清算，禁止黄金出口和储存，将金融体系纳入联

① Richard John, Affairs of Office: The Executive Department, the Election of 1828 and the Making of the Democratic Party.

邦贸易委员会的管理之下，并脱离了金本位制。罗斯福新政的第二步，是在州政府无力进行失业救济时，成立联邦紧急救济委员会，取代原本属于州政府的职能，将社会救济纳入联邦政府管理之下，开创了美国的福利制度。第三步，是以减少国内竞争，加强政府对商业的管控为目的，通过了《国家工业复兴法案》，并构建国家复兴委员会。除此以外新政时期还陆续通过了《农业调整法案》《社会保障法案》《国家劳工法案》等等，从多方面调控国内经济运行。总体来说，在大萧条时期和新政时期，私人部门在政府管制下，活力有所降低，联邦政府与工会和工人一起形成了对资本家的制衡。联邦政府职能在这一时期得到了极大的拓展。联邦政府支出规模也进一步扩大，由 1929 年的 38 亿美元，增长到 1940 年的 91 亿美元，提高了 140%；占 GDP 的份额由 3.7% 提高到 9.0%。

二战的到来才真正使美国走出萧条。战争物资需求的扩大，使工业快速恢复，征兵又解决了失业问题。期间，联邦政府扩大了出口和投资，根据希格斯的计算，1942—1945 年期间，美国私人部门的净投资是 -62 亿美元，而政府部门投资是 994 亿美元[①]。战时经济管制再一次出现，成立了一批新的官僚机构，包括总统执行办公室、国防咨询委员会、战争动员办公室、价格管理办公室等。1946 年《就业法案》更是赋予联邦政府管控价格、工资和就业的权力，使美国的集权化秩序进入了新的阶段。

二战后，政府提供公共物品以满足民众美好生活需要的观点代替了传统的政府仅提供国家安全保障的观点，联邦政府权力边界的扩大被民众所认可。同时政府权力扩张的形式也有所改变。以往，联邦政府仅通过特定的官僚机构或是法案对特定领域进行管控，而在 20 世纪 60 年代以后，联邦政府开始以某一标准或是某一机构来管控所有行业，如通过《经济稳定法案》建立一般性的价格和工资管制，通过《职业健康和安全法案》制定企业的安全工作标准，通过《空气污染防治法案》《水质法案》等对所有企业生产活动进行监管。而《1962 年贸易扩展法》更是授权联邦政府可以以国家安全的名义对外国企业和商品进行立案调查，联邦政府正式参与到世界经济事务当中。

---

① Robert Higgs, “Wartime Socialization of Investment: A Reassessment of US Capital Formation in the 1940s”.

联邦政府的第二次扩张要比第一次快得多，一战前联邦政府的收支占GDP的2.5%，1931年联邦政府收支超过GDP的5%，1941年超过10%，至2017年联邦政府收入占GDP的16.7%，支出占GDP的20.5%。联邦政府的权力已经在纵向上延伸到微观主体，横向上超越了州和地方的界限，甚至通过世界经济体系辐射到其他国家。可以说，在20世纪，联邦政府是世界上影响力最大的政府。

二、政府权力扩张改变经济运行模式：从“一元”为主到“二元”并重

美国经济的发展与联邦政府权力的扩张密不可分。正是在膨胀的联邦权力下，美国经济的发展道路才逐渐偏离了其最初的自由放任的经济发展路径。美国经济经历了两个典型的发展阶段：第一阶段可以称之为传统的“一元”经济阶段，始于1813年第二次独立战争期间美国禁止对外贸易，结束于1913年一战前美国完成了经济对英国的全面反超。在这100年的政府和市场的互动博弈中，市场仍然是经济运行的主体，政府只能进行有限的干预。以1865年南北战争结束为分界线，前50年美国经济是农业为主体的自然经济，州政府是调节经济运行的主体，联邦政府对经济的干预极少；后50年随着联邦政府权力的膨胀，美国经济逐渐由自由市场经济转变为有限干预的市场经济，联邦政府以保护主义政策为工业发展创造了空间，并通过偏纵的判例法体系，创造出“寻租—合并—垄断—规模效益实现”的独特公司生存模式，衍生出一大批通过商政联合获得特权租金的巨型企业。第二阶段始于1914年第一次世界大战并延续至今，可称为“二元”经济阶段。在这100多年当中，以1946年《就业法案》的通过为分界线，前30多年，在战争和危机中，联邦政府主导了对战时经济的管控；至《就业法案》的通过，联邦政府对经济的干预完全合法化，正式成为经济运行中的非市场主体。其对价格、工资和就业实施系统的管控，进而把握美国经济的走向，美国经济逐渐由有限管制的市场经济过渡到市场调节与政府监管融合的“二元混合经济”。1946年以后，这种“二元混合经济”进一步发展，联邦政府引导产业结构完成由资本密集型主导向知识密

集型主导的调整，并利用国家的力量保证新兴的知识密集型产业在世界市场中占据比较优势。在联邦政府、企业（市场）和民众（社会）的互动博弈中，联邦政府学习欧洲的发展模式，构造了福利型国家的框架，进一步对内部利益分配实施管控。

（一）"一元"经济下的美国崛起

美国经济总量在南北战争前与当时的欧洲强国并不存在明显的差距。1840 年时，美国的国民生产总值就已经接近英国和法国，而人均国民生产总值比当时世界第二强国法国还要高 25%—40%，接近于英国[①]。英国对美国的经济增长几乎未做出有效的反应，主要有两个原因：一是英国是美国的主要债权国，限制美国的发展不符合债权人利益；二是英国将注意力更多集中到欧洲竞争者身上，包括法国、德国和俄国。

在传统"一元"经济下，市场占据主导地位。供求关系决定着产品和要素价格，进而影响微观决策。在市场的力量下，美国自 1875 年后，维持了近一百年的贸易顺差，但这并不是美国崛起的根本原因。在联邦政府保护政策下的工业发展才是美国经济崛起的直接动力。1870 年，美国的钢产量为 7 万吨，而英国是 24 万吨；煤产量 4900 万吨，英国是 11000 万吨；工业总产量位列世界第二。1894 年美国工业品产量超过英国跃居世界第一位，至 1913 年，美国的钢产量超过英国和德国的总和，煤产量超过欧洲的总和，且当时世界上 36% 的工业品由美国制造。工业的发展带动了国家的进步，半个世纪中美国的人口增长了 2. 93 倍；而以不变的价格计算，国民生产净值增长了 6 倍，从此成为世界第一大经济体。

另外，在联邦政府的移民政策下，作为资本和技术载体的移民持续快速地流入美国，在内需的扩大、技术的进步和资源转化率的提高三个方面发挥了巨大作用，客观上构成了推动美国发展的又一重要力量。

1. 南北战争推动美国完成经济重组

一般而言，南北战争结束标志着美国工业化的起点。虽然南北战争使美国经济停滞，但战争本身为工业发展提供了市场。更为关键的是它打破了美国以南方低成本、出口导向的农业经济为主导的经济体系，资源配置

---

① Robert Gallman, "The Pace and Pattern of American Economic Growth".

开始向工业部门倾斜。

南北战争后，美国的资本集中度由战前的15%上升至28%，为工业发展奠定了资本基础[①]。据学者估算，美国南北战争的成本大约为67亿美元[②]，而如果战前政府将所有南方的奴隶买下并释放，同时为每一个奴隶主分发40英亩的土地和一只骡子，也仅仅需要32亿美元[③]。但是，这样的计算显然漏掉了战争所带来的最重要的结果。战后北方无偿获得了属于南方的资产，资本的转移使资本集中度大幅上升。

南北战争解放了劳动力，工人薪资水平因此下降，为美国工业发展节约了成本。南北战争之前，工人薪资较高，因为只有企业支付足够高的薪水，才能保证工人选择继续做工，而不是去西部开拓农场。南北战争之后，解放了的黑奴并没有被分得土地，他们没有文化、没有财产、没有技能，大部分进入了劳工市场。结果是南方农业经济中劳动力严重短缺，工资上升；而北方工业经济中劳动力输入增加，工资水平下降。

南北战争后，关税水平回升，保护政策为美国工业发展创造了独立的市场。战前，美国工业品完全无法与英国工业品竞争。代表北方企业家的政客要求联邦政府提高关税，保护美国工业发展；而代表南方奴隶主的政客要求降低关税，以促进棉花的出口和购进价格低廉的进口工业品，并防止关税的再分配效应将本属于南方奴隶主的利益重新分配给北方企业家。事实上，南方奴隶主的进口工业品一直来源于北方，而非欧洲，所以南方实际上是北方工业的市场。由于南方的出口导向的奴隶种植园经济是当时美国经济的支柱，所以战前美国的关税水平较低，仅为20%；战争结束后，联邦政府马上将关税税率调整到40%，美国进入了长达半个多世纪的高关税时期。

南北战争摧毁了原有的受英国银行家控制的金融体系，使美国银行家和联邦政府得以重新整合美国金融体系。战前，美国南方以农产品出口为支撑，在英国银行家的帮助下，建立并发展了极为先进的棉花金融体系，其拥有甚至能够帮助北方企业家进行融资的良好的融资平台，以及一套成

---

① Hughes, Jonathan and Cain Louis P. American Economic History, p. 364.

② Mark Wilson, The Business of Civil War: Military Enterprise, the State, and Political Economy in the Unite States, 1850 - 1880, University of Chicago, 2002.

③ Jeremy Atack and Peter Passel, A New Economic View of American History (1994).

熟的信用体系和跨区域结算体系。战争结束后，南方政府超过20亿美元的高额债务和接近10000%的恶性通货膨胀完全摧毁了已有的金融体系。之后，一方面私人银行开始快速发展，在经历了多个经济周期后，自然筛选下的大型私人银行开始影响经济走向；另一方面，联邦政府从开办合众国第二银行到建立美联储，金融体系成为联邦政府控制经济运行的又一重要手段。

2. 政府的保护为工业发展提供了必要空间

在1820年到一战前的这一个世纪里，与大部分欧洲国家的发展方式不同，美国出口仅占其国民生产总值的6%—7%，而欧洲国家的这一数字是20%—30%；在进口方面，美国的进口弹性是递减的，即在这一时期其进口的增长率低于国民经济增长率。美国人的产品大部分都用来自己消费，其自给自足的程度比欧洲更高。即使这样，美国依然是世界贸易体系中的重要组成部分，至1913年，美国的进口量占世界进口总量的10%，出口量占世界出口总量的14.2%。

但是这一时期，美国政客长期奉行保护主义政策。其逻辑是：关税创造了高工资的工作机会和经济的繁荣。1812年第二次独立战争期间，美国为了维护其自身利益，通过立法禁止对外贸易。1821年，门罗总统在就职五周年的讲话中提到："可以恰当地认为，通过现行法律对国内制造业的保护，我们将在不远的将来成为一个大规模的制造业国家。"南北战争以后，美国与沙俄成为世界上两个贸易限制政策最严格的国家，其关税水平长期处于高位。

联邦政府1789年的关税法案中，法定的关税税率仅为7.5%—15%。但是在随后的发展中，为了保护工业发展，也为了提高政府税收收入，关税水平不断提升。至1828年，关税法案将关税税率提高到61%，商品的平均税率水平达到51.9%，这激起了南方奴隶主阶级的强烈反对。为了平衡南北利益，《1833年关税法》将所有商品的关税税率统一为20%。在之后的20多年至南北战争之前，虽然关税法案多次修订，但都处于税率较低的水平。南北战争期间，以《莫里尔关税法》为起点，为了保护工业发展，同时增加战时政府收入，关税水平被提高到30%的水平。战争结束后，联邦政府再一次将关税提高到40%以上的水平，直到一战之前。期间，联邦政府在财政盈余年间会考虑小幅度削减关税以实现财政平衡，而在财政赤字年间则会提高关税税率以增加政府财政收入。即使在18世纪六七十年代，欧洲自由贸易主义盛行之时，美国依然奉行保护主义政策，维持较高的关税税率水平（见图1－1）。

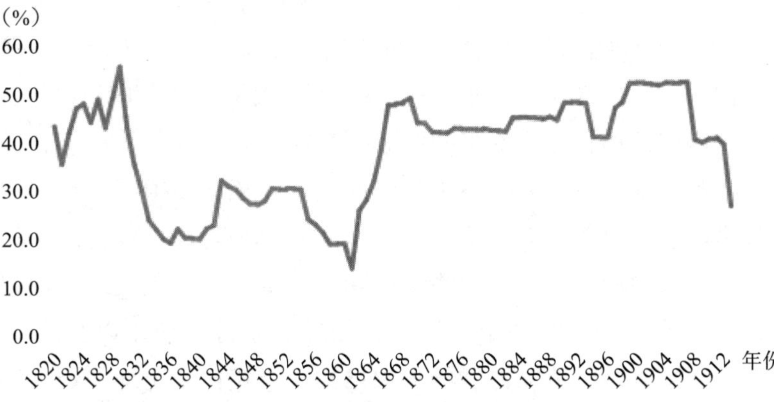

图1－1　1820年至一战前联邦政府关税平均税率变化

数据来源：U. S. Department of Commerce，Historical Statistics of the Unite States：Colonial Times to 1970.

这种高关税的保护政策，促进了工业的快速发展。根据戴维斯的研究，虽然美国的关税保护覆盖了几乎所有产业，但是农业几乎未从这种保护中受益，制造业则受益最多。消费者以关税的形式为政府的保护主义买单①。

一战前威尔逊总统的自由贸易政策取代了贸易保护政策。一战过后，美国的关税税率降至20%的水平。但在1930年，联邦政府再次实施了强硬的贸易保护举措，关税水平上升至50%以上。

3. 移民与创新推动了工业经济的快速进步

移民为美国带来了资本和技术，打破了美国劳动力短缺对经济发展的制约，也是美国创新的主体部分之一。19世纪中叶，大量欧洲移民来到美国，其中以爱尔兰人和德国人为主。20世纪初，美国每年的移民达到总人口的1%。据统计，到一战前，美国白人的比例接近90%，而其中40%的白人要么是欧洲移民，要么其父母是欧洲移民②。人口统计学家伊斯特林

① Lance Davis，“Principles of Political Economy”.

② U. S. Department of Commerce，Historical Statistics of the Unite States：Colonial Times to 1970.

估计，截至1910年，美国人口的一半是欧洲移民的产物。这也就意味着，1860年至1910年50年中，美国人口由3000万人增长到9000万人，这增加的6000万人中，有一半来自移民的贡献。而在这期间，美国的经济增长更是高于人口增长，年均增长率超过4%。根据经济学家托马斯《移民与经济增长》一书对大西洋经济体系的研究结论，这些移民不但创造了劳动力供给和内需，又是商品、资本、技术流动的载体。在19世纪以前，劳动力短缺是美国经济增长最大的限制因素。当时尽管土地价格极低，但劳动力稀缺，大片土地闲置，同时限于英国的技术封锁，美国能够获得的机器设备比较有限。19世纪以后，移民成为美国劳动力增长的动力之一，劳动力增长率高于人口增长率。而这些移民除了大批的熟练工之外，还包括企业家、银行家等等，这些欧洲的精英为美国带来技术、资本以及设备。

虽然移民使美国的劳动力供给大幅增加，但相比于土地、资本和能源等其他资源，劳动力的稀缺性并未被改变。美国人创新的核心动力就是如何改变投入要素以节约劳动力。以机械制造为例，欧洲人善于制作高精度的测量设备以改进机器制造的精度。美国人大量地进口这种设备，不断地对机械设备进行改良，提高机器制造精度，以期望在任何地方使用机器，从而节约劳动力。另外，在19世纪的发展中，美国生产要素的投入不断变化，对土地、能源等原材料的投入逐渐增加，这些都源于对节约劳动力的追求。根据罗伯特·盖尔曼的研究，与1860年相比，1910年的国民生产净值增加了5.2倍，而劳动力投入增加了2.3倍，土地投入增加了2.7倍，资本投入增加9.3倍[①]。

对于19世纪美国的创新，熊彼特进行了大量的研究，概括来说就是为了"创新的毁灭"，即企业不断通过创新提升生产率，并不断地吞并其他企业，最终成为大型甚至巨型企业，从而实现垄断和规模效益。因此，这一阶段美国的工业发展相当可观，1860—1914年的54年间，美国的工业指数增长了11.5倍。

（二）双重标准的"二元"美式经济

二战后，美国经济进入市场调节和政府监管的二元混合阶段。作为当

① Robert Gallman, "The Pace and Pattern of American Economic Growth".

时世界经济的统治者，美国对外部经济体系和内部经济体系采取双重标准：一方面以攫取利益为目的，宣扬自由放任经济的理念，要求其他国家开放市场，减少政府干预，构建开放自由的世界贸易体系；另一方面在内部经济运行中，政府管制与市场调节并存，特别是在经济周期性衰退时政府更是代替市场成为调节经济运行的主导。

1. 重构开放自由的世界市场经济体系

以世界经济的统治者为目标，早在参加二战之前，美国就已经联合英国推动世界秩序的重建。其核心是重构国际金融和贸易秩序。前者以“布雷顿森林体系”为核心，后者以《关税与贸易总协定》为核心。“布雷顿森林体系”是为了消除混乱的金融秩序，英美两国主导于 1944 年构建的金融体系框架，奠定了美元作为世界基础货币的地位；《关税与贸易总协定》即世界贸易组织（以下简称世贸组织）的前身，其宗旨是缔约国之间大幅削减关税和其他贸易限制，取消国际贸易当中的歧视措施，于 1947 年由美国等 23 个发起国签署通过，开放的世界贸易格局再次形成。

为了使战后欧洲的经济实现复苏美国顺势提出了“马歇尔计划”，一方面是为了帮助欧洲恢复经济以涵养欧洲市场；另一方面是出于控制欧洲经济的目的。在 1947—1951 年 5 年的计划实施阶段，美国以各种形式援助欧洲总价值超过 130 亿美元，其中仅十分之一为借贷，其他为赠与。欧洲国家组建欧洲经济合作委员会（OEEC），即经济合作与发展组织（OECD）的前身，只有 OEEC 的成员国能够获得美国的援助。至 1951 年，所有 OEEC 成员国的工业产量都超过二战前的最高值，并在随后实现了经济的高速增长。在“马歇尔计划”和《关税与贸易总协定》框架下，美国与欧洲各国之间消除了关税壁垒，实现了自由贸易。而美国的工业和农业在联邦政府的支持下长期处于世界领先地位，欧洲成为美国重要的市场，使其获得了巨大的经济利益，并实现了地缘政治的目标。

在随后的发展中，美国主导建立了多个多边机构，包括国际货币基金组织、联合国、世界银行、世界贸易组织、经济合作与发展组织、北大西洋公约组织等。国际社会建立了根据相关各国共同接受的规则进行管理并由多边机构进行监督的全球经济秩序。其目的是通过国家之间的合作，共同促进繁荣与和平。自由贸易和法治是该秩序体系的支柱，以防止大多数经济争端升级为更大的冲突。二战之后，全球化更是得到了飞速发展。以国际贸易为例，美国作为国际新秩序的推动者，其进口关税开始大幅度降低。此后，在世界贸易组织等多边贸易组织、协定的推动下，中国、印度等国的关税也有了大幅下降，世界贸易进入常态化。至2016年，美国的贸易额超过了其GDP的三分之一，全世界的贸易量超过了世界GDP的一半。

2. "二元"经济下政府主导的逆周期调节

二战时，来自私人部门的精英集团，包括公司董事、大学教师等，他们以一美元的年薪入职联邦政府设置的各个官僚机构，目的是参与政府在战时对经济的治理。这实际上是一种隐喻，喻示着政府与市场在经济活动中的融合。二战后，一方面新政下的"新型福利国家"要求以充分就业和物价稳定作为财政调节和货币调节的目标。另一方面，美元作为国际货币储备，要求美国放弃贸易顺差下的自由放任经济，维持稳定的进口，以保证美元在世界市场上的供应。在《就业法案》下，政府成为在供求关系外另一个决定价格的强大力量，影响着要素市场和产品市场。而在此之前，政府仅能通过控制货币供应来调节价格水平和工资水平，对市场的干预极为有限。美国也由此正式进入了市场调节和政府管控融合的"二元"经济阶段。

在"二元"经济的政府与市场互动中，最明显的特点就是联邦政府不遗余力的逆周朝调节。主要表现为在经济繁荣时更倾向于发挥市场力量调节经济运行，而在经济衰退期则发挥政府的力量刺激经济快速回暖。战后美国经济的高速增长结束于20世纪70年代末，但期间经历了数次的周期性衰退，使联邦政府倍感压力。早在20世纪60年代开始，工业部门增长的停滞，国际竞争地位的下降，冷战对峙的压力以及福利支出的负担，都使美国经济开始出现衰退的先兆。在此时盛行的凯恩斯主义下，联邦政府加大了对经济的调控力度，从环境、食品、交通和金融等方面通过立法来加强监管。除《环境保护法案》和《经济稳定法案》外，《食品和药品修订案》《交通安全法案》《农业公平交易法案》和《证券投资保护法案》等都是这一时期的成果。但是，通过加强监管来维持经济繁荣在事后看收效甚微。自1969年开始，经济增速的放缓使联邦政府收入与支出失衡，不得不采取赤字政策来维持不断增长的福利支出和刺激经济活力；而在1970年随着贸易赤字开始出现，美国经济进入了双赤字经济时代，衰退的到来几乎不可避免。首先是工业部门的衰退，这是一种必然的结果，源于"寻租—合并—垄断—规模效益实现”美国式的企业发展模式。美国工业巨头在经历了战时市场扩大导致的快速增长后，几乎失去了创新激励，而是热衷于游说政府以维持垄断地位。20 世纪 70 年代以后，美国经济的两大支柱产业钢铁工业和汽车工业的技术水平已落后于日本和德国，在国际市场上丧失了竞争优势，不得不通过引入更多的资本持续扩大规模以维持生存。资本使用成本也随之升高。在联邦政府的工资标准下，劳动力成本也居高不下，导致美国的钢铁巨头和汽车巨头陷入成本困境，而整个工业部门都存在着类似的状况，行业的不景气降低了生产率，美国经济在 20 世纪 70 年代末经历了生产率危机。而能源价格的波动对工业部门的影响尤为巨大，能源危机使本就衰退的工业部门雪上加霜。其后联邦政府的一系列措施诸如对钢铁工业和汽车工业的保护政策，不但并未延缓衰退，反而减少了联邦政府的财政收入，加重了财政负担，以致于在“滞涨”时期，联邦政府对经济的调节更为乏力。恶性通货膨胀和高失业率在 1980 年达到顶点，其通货膨胀率达到 13.5%，而失业率达到 7.2%[①]。在“滞涨”时期联邦政府又一次采取了战时管制政策，可叹的是当联邦政府宣称通胀结束而撤销管制时，恶性通胀又重新到来。到 1982 年里根开始执政时，“滞涨”才逐渐消退，里根从供给侧着手开始进行经济改革，主要包括大规模的减税和放松对经济的管制等措施。其中个人所得税一项的调整幅度极大，最高边际税率从 71% 削减到 50%。在联邦政府的刺激下，外部资本的大量流入几乎与贸易赤字持平，美国迎来了 1983—1988 年为期 5 年的经济复苏期。但是里根的供给经济学并未解决联邦政府收入与支出失衡的问题，特别是大规模的削减个税，高收入群体获益更大，从而加大了贫富差距。在复苏期过后，克林顿政府在面对双赤字和债务压力时再一次选择提高边际税率以增加财政收入，直到进入 21 世纪后，联邦政府仍然将税率调整作为缓解收支失衡和调节经济的重要手段。

在“二元”经济阶段，毫无疑问增长仍然是主旋律。政府管制和市场调节并存，仅仅是随着经济周期的变化，两者的统治地位会有所变化，虽然联邦政府对经济的干预是延缓了周期性衰退的到来或是加剧了衰退的影响尚无定论。大体来说，在繁荣期，政府会放松对经济的管制以维持经济

① Hughes, Jonathan and Cain Louis P. American Economic History.

活力；在衰退期政府也必将有所行动才能符合民众的要求，而政府对经济的管制和刺激的尺度依衰退的程度而定。

三、经济结构矛盾加剧：进一步强化美国保护主义政策

战后美国的高增长结束于1977年，增长所积累的结构性矛盾在短暂的衰退后被20世纪90年代信息工业发展带动的新一轮增长所掩盖。进入21世纪后，又一次周期性的衰退到来，让美国民众意识到联邦政府对逆周期的调节实际上并未如他们所宣称的那有有效。而回顾20世纪80年代衰退的恢复，与联邦政府的供给侧改革相比，信息工业作为新的经济支柱完成对重工业地位的替代似乎发挥了更大的作用，新的经济支点往往是化解经济衰退的最有效方法。这新支点的形成虽然离不开联邦政府的助推，但也在必然中存在着一些偶然的因素。随着信息工业增长红利的释放，美国经济又一次准备经历周期性的衰退，但这时能否再一次成功获得新的经济支点，其不确定性显然相当大。而本轮增长积累的结构性矛盾与上一轮增长的结构性矛盾所叠加，使联邦政府并不能集中力量全力寻求新的经济支点，而是必须着力防止结构性矛盾的集中爆发。因此，联邦政府新一轮的改革措施以及逆全球化策略都是基于化解和转嫁结构性矛盾的逻辑，其保护主义政策和自由主义政策的交替也对应着经济周期。

（一）结构性矛盾的加剧

美国主导的开放世界经济体系的重构，对全球经济的发展带来了深远的影响。在全球化下，开放的贸易体系推进了世界范围内的社会分工，资本、技术和资源的流动性极大增强，结果是生产率的极大的提高。20世纪，美国作为世界经济体系的主导者，是资本和技术的主要输出国，也是世界工厂和全球最大的市场，在全球化下获得了巨大的利益。在宏观层面，经济的发展转化为国力的增强，世界第一强国代表着最强大的话语权；在微观层面，美国民众的福利水平位于世界前列，其消费的是来自世界各地的高质量产品。但是，在发展中，转型的美国经济与开放的世界经

济体系产生了结构性矛盾，这种矛盾在20世纪70年代表现为美国经济的结构性衰退；而在21世纪之后，表现为产业发展、利益分配和财政收支方面的严重失衡。

1. 内嵌于世界经济体系—结构性衰退

1950—1951年，美国的GDP占世界总量的48.6%，这一数字在1970年是37.8%，在1990年是33.3%，而在2016年是24.6%。美国经济占全世界总量由1/2缩减到现在的不到1/4，虽然美国经济的运行依旧影响着世界经济的走向，但这种影响力已经越来越弱。早在20世纪70年代，美国就已经开始面对结构性的衰退。在国际方面，英国、德国和日本纷纷进入了经济的繁荣时期，对美国的经济依赖大大降低，世界市场上，这些国家的产品已经能够平等地同美国的产品竞争，美国的经常账户开始出现贸易赤字；在美国内部，随着政策的偏移，政府将大量资源投入电子、民航等高新技术的研发和产业的发展上。以电子产业为例，联邦政府以国防部的名义向电子企业发放研究补助，同时国防部又购进电子企业生产的新产品。在国家力量的推动下，美国电子科技牢牢占据了世界领先地位。但不可避免的资源转移以及世界市场需求的变化，使原先具有比较优势的产业如重工业迅速衰落成为夕阳产业，五大湖工业区内的就业率、工资水平、消费能力大幅下降，美国区域发展失衡的矛盾开始显现。这直接导致了美国民众对联邦政府和美国经济信心的下降，对经济萧条的恐惧又一次浮现。为了稳定经济状况，安抚民众，联邦政府继续采取保护主义政策，一方面使国内工人免受外国劳工竞争；另一方面限制工业区内的企业和资本流动，以保证区域内的工人就业。而劳动力的供给和资本的流动是美国经济增长的主要动力，这种保护性政策显著地抑制了美国经济的活力。同时伴随着能源危机和生产率危机，美国经济深陷结构性衰退当中。直至20世纪80年代，里根政府的供给侧改革，通过全面取消资本流动限制，鼓励市场自由竞争，大规模减税等措施，不断吸引外资，解决了私人部门投资萎缩的问题，使美国经济逐渐复苏。

21世纪后，劳动力成本的上升和美国产业结构调整的推动，使美国产业“空心化”，世界工厂由美国转移至东亚地区。制造业的衰落与重工业的衰落情况极其相似，但受波及的区域则是整个美国。低学历群体的失业率大幅上升，构成了美国经济和社会的负担；而高新产业、金融业的高学历群体的收入不断扩张，贫富差距进一步拉大。为了维持经济和社会的稳定，缩小贫富差距，联邦政府不得不进一步加大福利支出和加强对高收入群体的管控，结果是政府配置资源下的市场扭曲，生产成本进一步提高，经济增速也因此回落。

2. 对外部市场的响应—结构性矛盾

产业发展失衡。在美国20世纪的产业调整中，第一、第二产业份额不断下降，第三产业份额逐渐上升，联邦政府不断出台激励政策甚至动用国家的力量推动传统的资本密集型产业向知识密集的高新产业转变，包括增加联邦科研经费支出，对电子工业、信息工业等实施税收优惠和补贴，放松反托拉斯法，推动企业与高校的联合科技研发等。美国的这些激励政策取得了显著的效果，劳动密集和低技术含量的制造业向国外转移，集中资源支持的高新产业高速发展获得领先地位。但美国极为注意对科技优势的保护，严格管制具有战略意义的科技的转移和扩散，在这种情况下，大型跨国企业的分工与融资等都受到了限制，资源配置缺乏效率，高新产业市场价值的实现过程较为缓慢；而同时低科技含量的劳动密集型的制造业不断向人力成本洼地外移，这就导致了类似20世纪70年代老工业区衰退的情况出现，整个经济缺少低端产业支撑而进入衰退期。更进一步，美国由贸易顺差变为贸易逆差，由债权国变为债务国，使美国经济的可持续性受到了挑战，联邦政府需要面对的是贸易赤字和财政赤字的双赤字经济。

利益分配失衡。美国产业结构调整导致的另一结果是利益分配的失衡。制造业外移导致原有的出口部门转变为进口部门，这对原有制造业的从业工人来说无疑是严重的打击。这些工人学历低，在人力资本市场缺少竞争力，一旦失业，再就业的概率较低，只能依靠政府的救济。20世纪90年代以后，美国实际工资增长率缓慢，而资本收益率长期保持高位，这也导致了财富向资本所有者聚集。中产阶级一方面要直接缴税，另一方面要面对通货膨胀导致的财富缩水。而这些财富或是以租金的形式转移给企业家，或是以福利安排和社会救济的形式由政府转移给低收入群体。中产阶级成为整个国家经济压力的主要承担者，中产阶级规模因此萎缩，大部分跌入低收入群体，只有一小部分进入精英阶层，贫富差距增大。与不能够享受更廉价的进口消费品相比，面对来自外国工人的竞争对美国民众来讲似乎更痛苦，因此在经济波动时，联邦政府都会应民众的要求采取保护主义政策，避免美国工人遭受外国工人的竞争。而这种保护主义政策的成本由民众以消费税和关税的形式支付，收益被受保护行业的企业所获得。

财政收支失衡。随着联邦政府职能的扩大，其支出也不断攀升。民众福利支出、国防支出和债务利息支出增加最为快速。经济繁荣时，财政收入弹性较大，财政收入增长比经济增长更快，能够支撑上升的政府支出；而一旦经济进入衰退期，联邦政府不可能通过提高税率来维持财政收入，甚至需要通过减税来刺激经济回暖，因此，财政收入与财政支出缺口扩大。而这个财政缺口只能通过借债来弥补，这又导致未来债务利息支出的升高，加重了未来财政的负担。财政支出刚性与财政收入随经济周期性波动的矛盾是美国经济的又一结构性矛盾。

（二）自由主义与保护主义的交替

美国通过《关税与贸易总协定》打开了实行保护主义的欧洲，重构了开放的世界贸易体系。其出发点仅仅是获得欧洲市场，以最大限度地将比较优势转化为经济利益。一旦其比较优势弱化，美国就转向保护主义政策，依靠联邦政府的力量控制经济的走向。

早在《1962 年贸易扩展法》中，联邦政府就已经重新引入了保护主义的条款。包括授权政府对特定产品进口是否威胁美国安全进行立案调查的 232 条款、向因自由贸易导致失业的工人或是遭受损失的企业提供援助的调整性援助条款以及撤回因倾销导致本国企业和行业遭受损害的进口国的关税减让的例外条款等。而其后，在 1971 年美国重新出现贸易逆差后，保护主义思潮再次甚嚣尘上，1974 年出台的《1974 年贸易改革法》标志着联邦政府保护主义政策对自由主义政策的替代。其中最被熟知的就是作为保护主义政策最有效工具之一的“301 条款”，即授权联邦政府对采取“不公平”措施在贸易中损害美国企业或者行业的国家进行调查，并有权实施制裁措施。其他诸如“421 条款”、调整性援助条款的重申等等为美国的保护主义政策提供了合法性。在随后出台的《1979 年贸易协定法》《1984 年贸易与关税法》《1988 年综合贸易与竞争法》等为联邦政府的保护主义政策提供了更为宽泛的法律依据。联邦政府在 20 世纪 70 年代对钢铁工业的保护极具代表性。彼时美国的钢铁企业由于技术落后丧失竞争力，在企业家和工会的游说下，联邦政府不但采取高关税税率和进口配额的保护措施，还规定国外钢铁企业对进入美国市场的商品必须按照美国企业的成本进行定价，以使美国本土企业能够在国内市场上避免价格劣势。

20 世纪 90 年代以后，互联网技术革命推动了美国生产率的提升，新的比较优势下联邦政府再次转向自由主义政策。世界贸易组织在美国的推动下正式成立，美国经济与世界经济迎来了新一轮的发展契机。直到次贷危机爆发，开启了联邦政府新一轮保护主义政策对自由主义政策的替代。而随着技术的进步、经济环境的变化，美国的保护主义政策也产生了新的演变。特别是进出口配额、许可证制度、补贴等非关税壁垒代替了原有的关税壁垒成为主要的政策手段，而政府保护的侧重点也从工业领域转向了农业领域和知识产权领域。

联邦政府保护主义政策和自由主义政策的交替有其内在的逻辑。毫无疑问，自由的贸易体系对美国内部经济增长具有正向的作用，但同时需要一套完备的利益再分配机制。经济繁荣期，美国具有技术和资本的比较优势，倾向于获取更多的市场实现价值的转化，联邦政府有能力通过支出政策协调利益再分配；而在经济低迷期，联邦政府获取的资源减少，不足以承担利益再分配的成本，从而倾向于牺牲一定的增长换取对弱势群体的保护。

因此，随着美国经济的结构性矛盾难以调和，联邦政府在难以获取新的增长支点时选取保护主义政策，以防矛盾激化引发社会危机。

（三）从“世界经济有控制解体战略”到“美国优先”

美国经济的结构性矛盾究其原因有两个方面：一是缺少一套完备的再分配机制，利益转移的成本过高。美国的资本收益率远高于工资增长率，直接导致了美国在经济发展的同时不可避免地扩大了贫富差距、产生了社会的分化。而以刺激消费为目标之一的联邦财税制度，本质上对收入再分配的调节功能极其有限，在多次税改中，高收入群体获得的利益要比低收入群体获得的利益更多，进一步加剧了社会阶级分化。相比于收入政策，联邦政府的支出政策是利益转移的主要手段，其通过高水平的社会福利支出保证经济发展的红利能够惠及大众。但同时也意味着联邦政府日益沉重的财政负担，在世界经济周期性波动时，这种负担会直接演变成联邦政府财政可持续的威胁。二是被精心保护的科技优势市场化缓慢，并未从根本上改变民众生活从而转化为经济价值。美国在高新行业的科技优势一直在政府的推动和保护下，通过高昂的研发投入举一国之力维持科技的领先地位。而大部分科技创新成果由于被精心保护很难通过市场化实现规模效益从而进入普通民众家庭、改变生活方式直到实现科技革命。而根据历史经验，只有科技革命的发端国家才能在一个经济周期内保持科技的绝对领先地位，否则全球化下技术的转移是不可避免的，根据生命周期理论，模仿效应会极大削弱科技方面的比较优势，新技术带来的经济效益也将逐渐向模仿国家转移。

从 20 世纪 70 年代的衰退开始，联邦政府就一直在寻求从根本上化解结构性矛盾的办法。在改革内部经济结构的同时，过度的权力膨胀使其开始着眼于外部经济的调整，企图打破原有的世界经济体系，实现美国的单极发展战略。1975 年，联邦政府出台了“世界经济有控制解体战略”，即通过制造混乱来阻止发展中国家的工业化进程，压缩发展中国家的生存空间和资源，使开放的世界经济体系逐渐解体，从而保持美国的领导地位和经济优势。从结果上看，联邦政府的这种战略当然是失败的，联邦政府的力量也不可能对抗全球化的发展趋势，伴随着发展中国家的经济崛起，美国的领导地位也不可避免地衰落，而结构性矛盾非但没有缓解反而日益加深。

而 40 年后的 2015 年，联邦政府的“美国优先”战略与“世界经济有控制解体战略”如出一辙，以双边的地区贸易代替多边的贸易协作，以“逆全球化”政策对抗全球化趋势，企图再次重构世界经济体系，以保证美国享有最大的经济利益。但今天的联邦政府的影响力，与 40 年前相比无疑又受到了大幅的削弱，其以一国之力来扰动全球经济发展的进程，结果也就不言而喻了。

美国在发展战略选择上的偏颇与狭隘体现在其片面地追求美国利益最大化，而忽略了人类命运共同体这一事实。联邦政府从自由主义政策到保护主义的交替，从主导构建开放的世界经济体系到企图打破世界经济体系，其根本原因都是为了化解日益加剧的结构性矛盾。通过内部经济改革和外部经济影响协同的方式化解结构性矛盾本是合乎逻辑的，但以扰动和破坏代替合作和协调的外部经济作用路径，是自私且自大的，是注定会失败的。联邦政府应该对其发展战略的选择做出反思，否则当结构性矛盾变得不可调和时，就会演化成难以克服的危机。

四、历史脱下了美国自由市场经济这件皇帝的新装

对美国政府权力扩张下的经济模式演变过程进行分析，我们发现美国的治理模式有其自身逻辑。

（一）由完全的分权向集权演化并非提前的人为设计，而是经济和社会发展下的历史必然结果

美国的联邦制始于其自治与法制的民主政治基因，这与当今的集权化秩序是对立的，显然这种演化不会是企业家或是政客预先设计完成的。但是随着联邦政府权力的扩张，其集权化程度也越来越高。在农业经济时期，美国资源丰富，土地充足，根据自治原则，各州基于资源禀赋形成了不同的发展模式，充分释放了农业经济的活力，且政府掌握资源较少，经济增长的结果是民众更加富足。进入工业经济阶段，基础设施在一定程度上决定了区域内的经济活力，生产规模的扩大导致企业的经营边界跨越了空间的界限，契约关系也更为复杂，而资本的积累和流动更加剧了贫富分化。这就要求政府发挥更为积极的作用，加大基础设施投入，健全法治建设，调节利益分配等。而在战争等外部危机的压力下，客观上要求政府具有统一配置资源的能力，甚至在特殊时期计划生产和消费。因此，联邦政府由完全的分权向集权演化是经济和社会发展下的历史必然结果。

虽然联邦制仍然是当今美国的政治基础，但联邦政府的权力空前强大，其事权和财权早已经超过州政府。这种变化导致了三个方面的结果：一是联邦政府以国家的力量助推具有战略意义的知识密集型产业发展；二是联邦政府以国家的力量为基础在世界事务和经济体系中拥有强大的话语权；三是联邦政府通过构建福利国家体系重新分配利益，以获取民众的支持维持政治稳定。

（二）大国治理体系需要集权和分权两种秩序的协调配合并发挥各自优势

纵观美国的发展进程，以分权为主体的治理体系和以集权为主体的治理体系在不同时期发挥了不同的作用。简而言之，分权意味着分散决策，更有利于实现公平；而集权意味着实行集中决策，更有利于效率的提升以及应对风险和冲击的能力。大国治理体系下，需要相互配合的多元治理体系，在不同的领域发挥不同的积极作用。一方面在战略资源领域需要集权化的治理体系以进行统一配置。这是因为资源的重新配置代表着利益的重新分配，在分散决策的治理体系下，代表不同利益集团的决策主体很难在利益的重新分配上达成共识。而国别间的联系越来越密切，国际环境又越来越复杂，客观上要求国家能够统一配置战略资源来保证自身的竞争优势和防范风险的能力。另一方面，在公共资源领域需要分权的治理体系进行有效配置。这是因为集权化的治理体系下，缺少监管的公共权力过度膨胀会衍生特权阶级，从而使民众的利益被侵蚀，造成社会分裂和阶级固化，进而引起动荡和危机。民主政治下的分散决策能够使公共权力得到应有的监督，民众能够以福利最大化为目标自主选择最优的公共资源配置方式，从而构建人本的福利国家和充满活力的现代社会。

（三）市场失灵并不是政府干预经济运行的唯一解释，垄断等也不总是导致市场失灵

20 世纪下半叶以后，市场失灵理论为政府干预经济运行提供了理论支持，导致市场失灵的原因包括垄断、外部性、公共物品以及信息不对称等。而早在 19 世纪，大范围垄断的形成，引致了联邦政府对经济运行的介入。但是垄断带来的并不是市场效率的降低，而是规模效益的发生和技术与工艺的更新，结果是生产率的大幅度提升，从而推动了美国经济的快速发展。外部性同样存在，工业的快速发展导致污染问题严峻，底层民众生活环境更加恶化。但是这并未引起当时联邦政府的重视，原因是在宗教氛围下，生活在资源丰富的美国仍然不能摆脱贫困，被视为因懒惰等恶习遭到了上帝的遗弃。直到 20 世纪以后，联邦政府才开始关注环境问题和民众的福利。因此，市场失灵并不是最初联邦政府干预经济运行的诱因，垄断

等也不总是导致市场失灵。

（四）政府干预的出发点已不仅仅是市场失灵引致的效率下降，更主要的是将增长带来的利益和风险进行合理的分配

联邦政府最初是从工业和金融业两个领域介入经济干预，直到20世纪以后联邦政府对经济的管控才逐渐覆盖到其他全部行业。而工业和金融业是19世纪后半叶以后美国经济的两条生命线。因此，联邦政府从干预经济运行到独立于市场成为经济系统中的另一主体，其根本原因是对公共风险的控制。在金融业方面，南北战争以前，美国的金融体系核心是英国银行家构建的棉花金融。1837年与1857年两次经济危机，其诱因都是由于金融欺诈和投机带来的金融危机。而在南北战争期间，南方棉花金融体系的崩溃更是直接导致灾难性的物价飞涨、生产停滞和物资短缺。因此，南北战争以后，联邦政府用近半个世纪的时间重新整合金融体系，旨在控制金融风险，维持经济稳定运行。在工业方面，寻租导致大型铁路巨头、钢铁巨头和煤炭巨头的出现，大企业家和政客的联合孕育了特权阶级，伴随的是腐败、政治生态恶化和民众的对抗，政治风险和社会风险加剧。为了维持美国的民主政治，控制因巨型企业出现造成的社会风险，联邦政府通过引入工会、干预兼并和垄断等措施，联合民众制衡工业巨头的发展。而进入20世纪以后，联邦政府对农业、制造业、电子民航等高新产业的干预，其目的有两个方面：一是使联邦政府掌握战略资源和国际竞争优势；二是重新分配利益以维持民主政治。本质上都是出于控制美国的公共风险的考虑。

在当今的全球经济体系下，增长的背后是利益和风险的分配问题。政府干预的出发点已不仅仅是市场失灵引致的效率下降，更主要的是将增长带来的利益和风险进行合理的分配。这包括通过收入再分配缩小贫富差距，优化营商环境合理配置公共部门和私人部门的风险，控制战略资源提升防范和缓解外部冲击的能力等。

（五）应在经济周期的框架下分析保护主义和自由主义

没有任何一条发展路径对不同时期不同国家来说是普适的，正如对中国特色社会主义发展路径的强调。同样美国在保护主义和自由主义的发展

路径选择上也极具特色，体现出强烈的周期性。19 世纪后半叶，欧洲自由主义盛行，英国主导构建的世界经济体系的开放程度达到顶峰。但美国仍然处于封闭阶段，其农业产品作为主要的出口品，高关税帮助不具备竞争优势的本国工业品占据国内市场，而美国经济增长的主要动力是内需的拉动。直到 20 世纪初，美国工业崛起，生产率遥遥领先于欧洲国家，拥有明显的竞争优势，且通过技术垄断获得了强大的定价能力，于是美国开始开放国内市场，并通过重建世界经济体系助推其他国家开放市场，出口成为其经济增长的强大动力。20 世纪 70 年代，美国工业逐渐衰落，无法同日本和德国竞争，联邦政府重新转向保护主义为其经济支柱创造生存环境。进入 80 年代后，美国经济走出衰退，电子工业的优势逐渐显现，于是联邦政府再一次要求世界为其打开市场，以华盛顿共识的名义进军拉美市场，其目的也无非是转嫁对欧贸易逆差的压力，获取拉美国家的政治和经济依赖。

（六）保护主义向自由主义的转变应循序渐进并做好风险防范

毫无疑问，自由主义经济的发展路径是世界经济发展的必然趋势，因为其能实现整体的效率而非某一局部的效率。但无论国家还是世界在发展过程中必须处理好效率与公平的取舍以及增长带来的风险，因此对于发展中国家来讲由产业保护向自由市场的转变是一个持续的过程，需循序渐进。

自由主义经济的发展本质上是社会分工的深化。而不同层次的社会分工面对的产品需求弹性不同，抵御风险的能力也就不同。正如华盛顿共识看似为拉美国家提供了一条可行的发展路径，以农业和采矿业的比较优势换取经济增长。但是相比于工业品，农产品和原材料需求弹性更小，拉美国家又缺乏定价的话语权，导致进口工业品价格上升时，不得不通过出口更多的农业品和原材料来弥补贸易缺口，从而造成贫困化增长。从历史结果来看，对于发展中国家，由产业保护向自由市场的转变是一个持续的过程，需循序渐进，谨防包括市场风险、金融风险在内的外部风险。特别应关注定价能力的提升，保证实现平稳良性的发展。

自工业革命后，随着生产力的发展和技术的进步，市场与政府、自由主义与保护主义、分权与集权间的界限已越来越模糊，一味强调边界论，会不可避免地导致局限性，难以从全局的角度作出正确的分析。国家经济的发展已经超越了国界的限制，而在路径选择上正从一元向多元演化：在不同历史时期和不同外部环境下，政府与市场的互动，自由主义与保护主义的权衡，集权与分权的转化都会有不同的结果。而政府选择路径的目标也不再是单一化的赶超式发展，更多的是在经济增长、分配公平和风险可控中进行权衡选择。

参考文献

1. Hughes, Jonathan and Cain Louis P. American Economic History [M]. New Jersey: Pearson Education, Inc. , 2007.

2. U. S. Department of Commerce, Historical Statistics of the Unite States: Colonial Times to 1970.

3. Mark Wilson, The Business of Civil War: Military Enterprise, the State, and Political Economy in the Unite States, 1850 – 1880, University of Chicago, 2002.

4. 李淑俊，倪世雄．美国贸易保护主义的必然性与偶然性——对未来美国贸易政策的政治经济分析［J］．世界经济政治论坛，2007（3）：47—52.

5. 杨斌．美国经济政策的历史演变［J］．人民论坛，2018（1）：34—34.

6. 张晓静．由奥巴马救市计划看新贸易保护主义现状及中国的应对策略［J］．商场现代化，2009（4）：7—8.

第二章 扛起来又放下的全球化大旗

本章导读：

时间回溯上百年，我们会发现，美国是最先发起全球化的国家之一。在过去的数十年中，美国更是全球化的推手甚至主导者。但这个昔日引领全球化的超级大国，如今似乎正在无所不用其极地“阻扰全球化”进程，从反对欧盟国家与中国经济合作，到阻挠亚投行建设，特别是在特朗普入主白宫之后，一系列政策使其与中国和其他一些贸易伙伴的贸易摩擦加剧，美国几乎成为全球独树一帜的反全球化大国。

本章以历史演进过程为脉络，对全球化进程中美国的作用与角色进行了系统的梳理，深度分析了特朗普政府的“逆全球化”政策及其影响效应，并对未来全球化进程中影响美国角色和立场的几个重要因素进行了讨论。

一、全球化的发端与深化：美国从参与者变为主导者

美国独立战争之前，以英国为首的世界移民，带着先进的制度、技术与资本，对美洲大陆丰富的资源进行了几个世纪的挖掘和利用。在国际分工中，美国凭借后起者优势逐渐取代了英国的世界领先地位，占据了世界工厂的位置，并在雄厚的经济基础上开始了第一轮全球化经济体系的构建，通过对世界贸易的战略布局获得了巨大的经济与政治利益。

（一）美国作为原料来源地参与殖民时期的全球贸易

宗教改革和追求利益的需求推动了英国对美洲大陆的殖民进程，将美洲

大陆作为原料来源地和经济结构的补充。在殖民进程中，英帝国殖民者在美洲大陆辽阔的土地、多样的矿产、丰富的农林渔业资源中攫取了可观的收益，同时也向美洲大陆输出了先进的理念和制度、成熟的工业技术和管理方式，以及充足的物质与人力资源。工业革命以后，在全球化技术扩散的背景下，美国完成了工业基础的布局，并在随后的发展中，通过干中学不断获得生产率的提升，最终在一战后完成对英国的超越，成为新的世界工厂。

南北战争以前，美国的工业品主要依赖英国的进口，其本国产品在市场上完全不能同英国产品竞争。1870 年，美国钢产量也仅为 7.7 万吨，煤产量不到英国的 1/4，而到 1910 年，美国的钢锭和钢铸件的产量达到了 2800 万吨。1913 年，美国的制成品占全世界的 36%。国际贸易方面，美国在 1875 年实现贸易顺差，从 19 世纪 20 年代到 20 世纪 20 年代的一百年间，出口增长了 86 倍，进口增长了 68 倍，进出口额超过国民生产总值的 15%，在世界贸易当中所占的份额达到 20%，而人口仅为世界人口份额的 5%①。

（二）美国作为世界工厂主导第一次全球经济体系重构

早在二战之前，美国和英国推动世界秩序的重建就已经开始。二战结束前后，为了消除当时混乱的金融秩序，英美两国主导于 1944 年建立了布雷顿森林体系框架，从而奠定了美元作为世界基础货币的地位。为了帮助战后欧洲实现经济复苏，美国于 1947 年提出了"马歇尔计划"，在涵养欧洲市场的同时也控制了欧洲的经济。仅 1947—1951 年的四年间，美国援助欧洲的总价值便已超过 130 亿美元，其中仅有 1/10 为借贷，其他均为赠予。在"马歇尔计划"下，美国与欧洲各国之间消除了关税壁垒，实现了自由贸易。1951 年，所有 OEEC（经济合作与发展组织 OECD 的前身）成员国的工业产量都超过二战前的最高值，并在随后实现了经济的高速增长，成为了美国的重要市场。由于受援方仅限于 OEEC 成员国，美国因此获得了成员国们在经济和政治上的依赖，在获得巨大经济利益的同时，也实现了地缘政治的目标。在随后的发展中，美国主导建立了多个多边机

---

① Hughes, Jonathan and Cain Louis P. American Economic History [M]. New Jersey: Pearson Education, Inc. 2007, pp. 271 – 272.

构，包括国际货币基金组织、联合国、世界银行、世界贸易组织、经济合作与发展组织、北大西洋公约组织等。国际社会建立了根据相关各国共同接受的规则进行管理并由多边机构进行监督的全球经济秩序，目的是通过国家之间的合作，共同促进繁荣与和平。自由贸易和法治是该秩序体系的支柱，以防止经济争端升级为更大的冲突。

全球化自二战之后飞速发展。以国际贸易为例，作为国际新秩序的推动者，美国的进口关税开始大幅度降低。此后，在世界贸易组织（及其前身关贸总协定）等多边贸易组织、协定的推动下，中国、印度等国的关税也有了大幅下降，世界贸易迅猛推进。根据2016年世界银行及国际货币基金组织等的数据，美国的贸易额超过了其GDP的三分之一，全世界的贸易量超过了世界GDP的一半[①]。

（三）美国在全球化经济体系中获得丰厚的回报

经济发展。先进生产力是经济发展的关键因素。全球化进程中来自欧洲、亚洲和非洲各地的移民贡献了美国人口三分之一的增长率[②]。这些移民缓解了美国劳动力资源稀缺的问题。美国在发展中构建了一套被全世界公认的高效的创新激励体系，使其在科技和生产率方面长期占据绝对优势。Bradford等（2005）研究表明，全球化下开放的贸易体系加速了美国经济与财富的增长。如果其他条件不变，贸易敞口增长10%会导致人均收入增加2%。以2003年的美元价值计算，1950—2003年54年间，贸易对美国GDP的贡献约为1万亿美元，人均约为5000美元。依照Petri和Plummer（2016）的估算，假设美国不退出跨太平洋伙伴关系（TPP），以2015年美元计算，该组织将使美国实际进出口额在基线水平上增加7140亿美元，实际GDP将因此增加1310亿美元。

福利增长。随着国家贸易的扩大，美国消费者以更低廉的价格买到了更丰富的商品和服务。从1972年到1988年，美国进口的商品品种从

---

① Melina Kolb（2018）. “What is Globalization? And How Has the Global Economy Shaped the United States?” Peterson Institute for International Economics，https：//piie. com/microsites/globalization/what - is - globalization. html.

② Hughes，Jonathan and Cain Louis P. American Economic History［M］. New Jersey：Pearson Education，Inc. 2007，p. 573.

74667 种增加到 173937 种，增长率达 133%；1990 年至 2001 年，从 182375 种增加到 259215 种，增加了 41%；从 1972 年到 2001 年，增加了 231%。如果进口占美国国内生产总值的 10% 左右，那么 2001 年进口产品品种增长对消费者的价值约为 GDP 的 3%，约合 2600 亿美元①。全球化不仅满足了美国消费者对商品和服务的多样化需求，也提供了相较于其国内制造业生产品更低的价格。

经济的发展和财富的增长大大增强了美国改善民生的经济实力。二战后的半个多世纪以来，美国在现金资助、医疗保险、教育补助、就业培训、住房补贴等 92 个项目上投入了大量的财力。在 20 世纪 60 年代到 70 年代的十年间，贫困家庭减少了 44%。进入 21 世纪后，贫困家庭随着收入分配差距的扩大有所增加。在奥巴马总统任职期间，联邦政府主导实施了多项反贫困措施，致使贫困家庭数量基本恢复到 20 世纪 70 年代的较好水平②。

世界霸主。二战后，美国凭借其经济、军事、科技实力，确立了其世界霸主的地位。从经济实力来看，1894 年美国的工业总产值跃居各大国之首，成为世界第一经济强国，同时在货币、金融等方面美国也稳坐全球头把交椅；从军事实力来看，二战后美国就已经是世界头号军事强国，并且从未改变；在科技实力方面，美国在军工制造、航空航天、信息科学等领域的技术水平远超其他国家。强大的综合国力使美国在国际事务方面获得更多的话语权。作为发起者或重要参与者，美国在温室气体减排、国际救援、国际反恐等中，承担着大国的责任，体现着大国的价值。

二、全球化的大变局：美国内部矛盾的转嫁与第二次全球经济体系重构

1970 年，美国贸易形势逆转，持续了近一个世纪的贸易出超状态结

① Christian Broda and David Weinstein. 2005. Are We Underestimating the Gains from Globalization for the United States? FEDERAL RESERVE BANK OF NEW YORK, Current Issues in Economics and Finance, Volume 11, Number 4, https://www.newyorkfed.org/medialibrary/media/research/current_issues/ci11-4.pdf.

② Hughes, Jonathan and Cain Louis P. American Economic History [M]. New Jersey: Pearson Education, Inc. 2007, p. 594.

束，进入了贸易入超状态。进入21世纪，这种长期入超的经济体系的可持续性受到了挑战，联邦政府受到了越来越多的质疑。布什和奥巴马多项提振经济的措施收效甚微，国内矛盾逐渐加剧。在这种背景下，特朗普政府选择尝试第二次重构世界经济体系，以转嫁美国经济的结构性矛盾，维护其自身利益。

（一）美国在发展中面对的矛盾

世界领先地位的相对下降。二战后，美国通过世界贸易体系和资本输出，使得众多欧洲、拉美以及亚洲的国家和地区在政治和经济上对其产生了深度依赖。随着欧洲工业体系的恢复，美国工业的比较优势逐渐丧失。在亚洲区域，日本、新加坡先后迈入发达国家行列后，中国、印度也高速赶超。与美国相比，亚洲市场拥有廉价且充足的劳动力，资本和技术不断流入亚洲市场，使亚洲逐渐代替美国成为新的世界工厂并日益成为全球战略重点。欧洲各国为了维护各自在亚洲市场的利益，开始摆脱对美国的政治依赖，美国的霸主地位逐渐削弱。

国际事务的成本增加。作为最发达的国家，美国在国际事务中承担了较多的责任，包括支持联合国教科文卫项目，主持和参与国际反恐、国际救援、温室气体减排等等。在其发起的一些局部战争中，包括越南战争和海湾战争等，美国在获利的同时也承受了高昂的军费支出。在对朝鲜和伊朗的金融制裁当中，美国也付出了一定的代价。其国内的一部分民众和政客认为，这些付出并未换回足够的利益，是联邦政府决策的失误，因此认为联邦政府参与国际事务应当持谨慎态度。

经济结构调整引致贸易逆差。在美国20世纪的产业调整中，联邦政府不断出台激励政策推动传统的资本密集产业向知识密集的高新产业转变，包括增加联邦科研经费支出，对电子工业、信息工业等实施税收优惠和补贴，放松反托拉斯法，推动企业与高校的联合科技研发等等。这些激励政策取得了显著的效果，劳动密集和低技术含量的制造业向国外转移，高新产业高速发展并获得领先地位。出于对科技优势的保护，美国严格管制具有战略意义的科技的转移和扩散，使得高新产业市场价值的实现过程极为缓慢，同时由于对低科技含量的需求品的进口不断提升，贸易逆差持续扩大。

利益分配失衡。制造业外移对美国国内原有的制造业工人来说是沉重的打击。这些工人学历低，在人力资本市场缺乏竞争力，一旦失业，再就业的概率较低，只能依靠政府救济。而20世纪90年代以后，美国国内又出现实际工资增长缓慢、资本收益率长期处于高位的情况，财富不断向资本所有者聚集，中产阶级规模日益萎缩，贫富差距进一步扩大。在这种情况下，美国的政客为了获得更多的选票，打着重振国内制造业、促进就业的旗号，采取了一系列贸易保护和激励资本回流的政策，助推民众对全球化的疏离（见图2－1）。

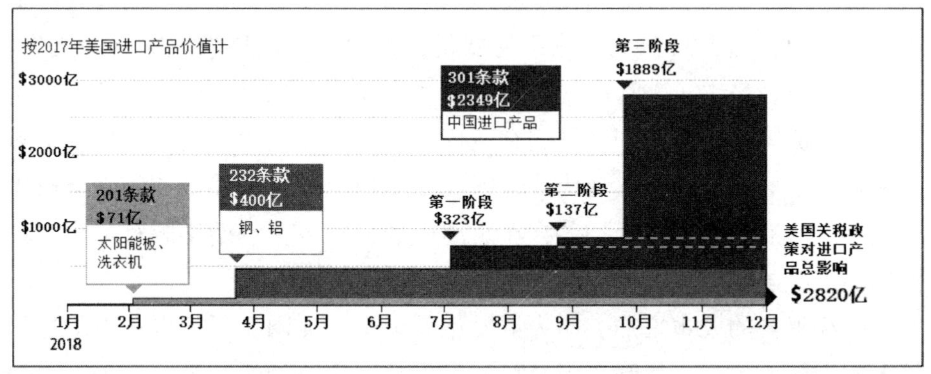

201条款 保障性关税 （2018年2月7日起生效）	• 太阳能电池：征收为期4年的保障关税，首年税率30%，随后每年下降5个百分点，第四年税率为15%。但每年有2.5GW的进口配额可以豁免此税。 • 光伏组件：征收为期4年的保障性关税，首年税率为30%，以后每年下降5个百分点。 • 家用大型洗衣机：实施每年120万台的关税配额（TRQ），实施期限为3年；对超出配额的部分，首年关税税率为50%，随后每年下降5个百分点；对于未超出配额的部分，首年关税税率为20%，随后每年下降2个百分点。 • 家用大型洗衣机部分零部件：实施为期三年的关税配额，超出配额的部分，首年关税税率为50%，随后每年下降5个百分点。
232条款 国家安全关税 （2018年3月23日起生效）	• 铝：对从多数国家（韩国、阿根廷、澳大利亚、巴西得到关税豁免）进口的铝征收10%的关税，永久有效。 • 钢：对从多数国家（韩国、阿根廷、澳大利亚、巴西得到关税豁免）进口的钢征收25%的关税，永久有效。对从土耳其进口的钢征收50%的关税。 • 对进口汽车及零配件、铀进行调查，可能导致进一步的进口限制。
301条款 不公平贸易行为关 （针对从中国进口的产品，2018年7月6日起生效）	• 第一阶段：对从中国进口的818种产品加征关税，税率为25%，自201 8年7月6日起无限期有效。 • 第二阶段：对从中国进口的279种产品加征关税，税率为25%，自2018年8月23日起无限期有效。 • 第三阶段：对从中国进口的5745种产品加征关税，税率为10%，自2018年9月24日起无限期生效。并计划于2019年3月，将该税率提升至25%。

图2－1　美国政府近期关税政策及受影响产品

资料来源：Brock R. Williams et al.，Trump Administration Tariff Actions：Frequently Asked Questions Congressional Research Service，2019－02－22，https：//crsreports. congress. gov/product/pdf/R/R45529.

（二）美国第二次重构全球经济体系的尝试

特朗普当选之后，为了转嫁国内结构性矛盾同时尝试第二次重构全球经济体系，联邦政府高举“美国优先”大旗，接连退出多个国际协定和组织，对中国等国家的商品加收关税实行贸易保护，并以大国身份为筹码重建区域合作组织（见表2-1、表2-2）。

表2-1　　　美国退出或威胁退出部分国际协议和组织

组织/协议	组织/协议基本情况介绍	美国退出的情况
《跨太平洋伙伴关系协定》（TPP）	酝酿于2002年，被称作“经济北约”，是重要的国际多边经济谈判组织，旨在促进亚太地区的贸易自由化，拥有15个成员国。	2017年1月23日，美国当选总统特朗普签署行政命令，正式宣布退出该协定。
万国邮政联盟（Universal Postal Union—UPU）	前身为1874年10月9日成立的“邮政总联盟”，1878年改为现名，是联合国专门从事国际邮政事务的机构，宗旨是组织和改善国际邮政业务，发展邮政方面的国际合作，以及在力所能及的范围内给予会员国所要求的邮政技术援助。	2018年10月17日美国宣布启动退出万国邮政联盟程序；如在未来一年内未能与该联盟达成新协议，将正式退出。
《美韩自贸协定》（KORUS）	协定于2012年3月15日正式生效：两国需在3年内逐步取消相互间近95%的消费品和工业产品的关税。其中，韩国将取消大约三分之二的美国农产品进口关税，美国则取消排量小于3升的韩国汽车进口关税。	2017年7月12日特朗普政府要求重新谈判，意在减轻美韩贸易失衡，否则将退出协定。2018年9月24日，美韩签署了新的自贸协定，但仍需韩国国会批准。
《北美自由贸易协定》（NAFTA）	美国、加拿大及墨西哥签署的三国间全面贸易的协议，于1994年1月1日正式生效，同时宣告北美自由贸易区成立。宗旨是：取消贸易障碍，创造公平竞争的条件，增加投资机会，对知识产权提供适当的保护，建立执行协定和解决争端的有效程序，以及促进三边的、地区的以及多边的合作。	2018年12月，美国、墨西哥与加拿大领导人签署《美国—墨西哥—加拿大协定》（USMCA），取代《北美自由贸易协定》。
世界贸易组织（WTO）	1995年1月1日成立，其前身是《关税与贸易总协定》，负责管理世界经济和贸易秩序。基本原则是通过实施市场开放、非歧视和公平贸易等原则，来实现世界贸易自由化的目标，拥有164个成员国。	特朗普多次批评世贸组织“对美国不公”，并威胁退出世界贸易组织。

续表

组织/协议	组织/协议基本情况介绍	美国退出的情况
《巴黎协定》(The Paris Agreement)	世界上第一个全面的气候协议，于2015年联合国气候变化大会上通过，旨在联系可持续发展和消除贫困的努力，加强对气候变化威胁的全球应对。	2017年6月1日，特朗普宣布美国将退出《巴黎协定》。但根据《巴黎协定》，美国的最早有效撤出日期为2020年11月4日。
联合国教科文组织	成立于1945年，宗旨是促进教育、科学及文化方面的国际合作，以利于各国人民之间的相互了解，维护世界和平，有195个成员国。	2017年10月12日，美国宣布退出联合国教科文组织的决定，2018年正式生效。
《移民问题全球契约》制定进程	2016年9月，联合国召开首次难民和移民问题峰会，包括美国在内的193个会员国正式通过《移民与难民问题纽约宣言》，并力争在2018年制定《移民问题全球契约》，以保护移民的基本人权。	2017年12月3日，美国政府宣布退出由联合国主导的《移民问题全球契约》制定进程，理由是这一多边谈判"损害美国主权"。
《伊朗核协议》	2015年，伊朗与伊核问题六国（美、英、法、俄、中、德）达成伊朗核问题全面协议。根据协议，伊朗承诺限制核计划，而有关六国将不追加对伊新制裁并松绑部分现有制裁。2015年7月20日联合国安理会通过该协议。	2018年5月8日，美国宣布退出《伊朗核协议》，同时签署总统备忘录，恢复对伊朗政权实施经济制裁。
联合国人权理事会（United Nations Human Rights Council）	2006年3月15日，第60届联合国大会通过决议，决定设立共有47个席位的人权理事会，以取代人权委员会。联合国人权理事会作为联合国大会的下属机构，致力于维护各国人权免于侵害。	2018年6月19日，美国宣布退出联合国人权理事会。
《中导条约》(INF)	1987年由美国总统里根和苏联领导人戈尔巴乔夫签署，禁止双方试验、生产和部署射程500—5500公里的陆基巡航导弹和弹道导弹。通过消除能向几乎整个欧洲运送核武器的整个导弹种类，从而在冷战期间帮助缓和了核军备竞赛，减少了欧洲发生核战争的危险。	2019年2月1日美国宣布将于2日起暂停履行《中导条约》义务，启动退约程序。

资料来源：作者根据新闻报道整理。

表 2－2　　　　特朗普政府重构与主要国家的关系①

国家	美国逆全球化的举措	美国重塑全球化的举措
中国	（1）2018 年 1 月，美国宣布对进口太阳能板加收关税，关税最初为 30%，四年后将逐步降至 15%。 （2）2018 年 1 月 23 日，美国宣布对进口洗衣机征收关税。第一年，对前 120 万台进口成品洗衣机加征 20% 的关税，对超过 120 万台的部分加征 50% 的关税。到第三年，初始关税将降至 16%—40%，按照同样的模式征收。 （3）2018 年 2 月，美国宣布对进口中国的铸铁污水管道配件征收 109.95% 的反倾销关税。 （4）2018 年 2 月 27 日，美国商务部宣布对中国铝箔产品厂商征收 48.64% 至 106.09% 的反倾销税，以及 17.14% 至 80.97% 的反补贴税。 （5）2018 年 3 月 8 日，特朗普签署关税法令，将对进口钢铁和铝分别征收 25% 和 10% 的关税。 （6）2018 年 3 月 22 日，特朗普政府宣布因知识产权侵权问题对中国商品征收 500 亿美元关税，并实施投资限制。 （7）2018 年 4 月 4 日，美国政府发布了加征关税的商品清单，将对中国输美的 1333 项 500 亿美元的商品加征 25% 的关税。 （8）2018 年 4 月 5 日，美国总统要求美国贸易代表办公室依据“301 调查”额外对 1000 亿美元中国进口商品加征关税。 （9）2018 年 4 月 17 日，美国商务部宣布，对产自中国的钢制轮毂产品发起“双反”调查。 （10）2018 年 5 月 29 日，美国白宫宣布将对从中国进口的含有“重要工业技术”的 500 亿美元商品征收 25% 的关税。其中包括与《中国制造 2025》计划相关的商品。	以加征关税为要挟，与中国展开多轮谈判，希望中国政府能够扩大制造业和服务业的市场准入，转变补贴、产业基金等产业政策，放弃要求外资企业通过技术转让换取中国市场，并希望能够减少中美贸易逆差。但目前双方未达成协议。

① 由于尚未有官方渠道进行统计，以下统计为根据新闻报道、研究资料整理，并不完整性，仅供参考。

续表

国家	美国逆全球化的举措	美国重塑全球化的举措
中国	(11) 美国对中国商品加收了一系列关税，挑起中美贸易战。在其加征关税的举措中，第一波共计将约500亿美元的中国进口商品关税税率上调至25%（2018年7月6日和8月23日分别对340亿美元和160亿美元的商品加征关税）；第二波从9月24日起，将另外2000亿美元的中国进口商品税率调升至10%；第三波从2019年5月10日起，进一步将价值约2000亿美元的中国商品关税提升至25%。同时，还表示，可能会将剩余所有中国输美商品的关税税率都提升至25%，这些商品的价值约为3000亿美元①。 (12) 增加国防开支。2019财年总统预算案的军费预算请求高达7160亿美元，比上一财年增加770亿美元，增幅高达12%。军费增长主要用来扩大军队规模和购买武器。在2019财年，现役军人将增加16400人。购买新武器的资金将增加190亿美元，增幅高达15%。	
欧盟	(1) 2018年3月8日，特朗普签署关税法令，将对进口钢铁和铝分别征收25%和10%的关税。5月31日开始对欧盟征收。 (2) 2018年5月23日，美国商务部宣布，计划对部分进口车辆征收25%或20%的关税，并对汽车及零配件展开“301调查”。	
加拿大	(1) 2018年3月8日，特朗普签署关税法令，将对进口钢铁和铝分别征收25%和10%的关税。5月31日开始对加拿大征收。	(1) 2018年12月，美国、墨西哥与加拿大领导人签署《美国—墨西哥—加拿大协定》（USMCA），取代《北美自由贸易协定》。

① 针对美国发动的关税打击，中国实施了报复性关税。

续表

国家	美国逆全球化的举措	美国重塑全球化的举措
墨西哥	(1) 2018 年 3 月 8 日，特朗普签署关税法令，将对进口钢铁和铝分别征收 25% 和 10% 的关税。5 月 31 日开始对墨西哥征收。 (2) 2018 年 1 月 23 日，美国宣布对进口洗衣机征收关税。第一年，对前 120 万台进口成品洗衣机加征 20% 的关税，对超过 120 万台的部分加征 50% 的关税。到第三年，初始关税将降至 16%—40%，按照同样的模式征收。 (3) 在 2016 年总统竞选期间，特朗普一直呼吁在美墨西边境修建一堵更大、更坚固的边境墙，并声称将让墨西哥支付修墙费用。墨西哥认为这是一种侮辱，拒绝提供资金。2017 年 1 月 25 日，特朗普政府签署 13767 号行政命令，要求利用联邦资金建造美墨边境墙。	(1) 2018 年 12 月，美国、墨西哥与加拿大领导人签署《美国—墨西哥—加拿大协定》（USMCA），取代《北美自由贸易协定》。 (2) 2017 年 3 月 15 日，美国参议院通过了一项决议（S. Res. 83）呼吁美国支持墨西哥打击芬太尼的行动。 (3) 2018 年 3 月，国会在 2018 财年综合拨款法案中向墨西哥提供了 1.526 亿美元（P. L. 115 - 141），其中 1.45 亿美元用于梅里达倡议。众议院拨款委员会版本的 2019 财年美国国务院和外国行动拨款法案建议向墨西哥提供 1.25 亿美元，而参议院版本的法案建议金额更多，为 1.695 亿美元。
韩国	(1) 2018 年 1 月 23 日，美国宣布对进口洗衣机征收关税。第一年，对前 120 万台进口成品洗衣机加征 20% 的关税，对超过 120 万台的部分加征 50% 的关税。到第三年，初始关税将降至 16%—40%，按照同样的模式征收。	(1) 2018 年 3 月 28 日，美国同意对韩国永久免除加收的钢、铝关税。 (2) 2018 年 9 月 24 日，美韩签署了新的自贸协定。
阿根廷		(1) 2018 年 5 月 2 日，美国同意对阿根廷永久免除加收的钢、铝关税。
澳大利亚	(1) 2017 年 1 月 23 日，美国宣布退出跨太平洋伙伴关系协定。	(1) 2018 年 5 月 2 日，美国同意对澳大利亚永久免除加收的钢、铝关税。
巴西		(1) 2018 年 5 月 2 日，美国同意对巴西永久免除加收的钢、铝关税。

续表

国家	美国逆全球化的举措	美国重塑全球化的举措
以色列		（1）特朗普任命了新任驻以色列大使 David M. Friedman。 （2）2017 年 12 月 6 日，特朗普承认耶路撒冷为以色列首都。 （3）2017 年 9 月，美国宣布将在以色列开设第一个永久性军事基地。 （4）在 2018 年 5 月 14 日，以色列独立 70 周年纪念日，美国驻耶路撒冷大使馆正式开馆（驻特拉维夫使馆仍保留办公室）。
日本	（1）2017 年 1 月 23 日，美国宣布美国退出《跨太平洋伙伴关系协定》。	2018 年 10 月 16 日，根据《贸易促进权法》（TPA），特朗普政府提前 90 天正式通知国会，有意与日本进行贸易协定谈判。作为美国第四大贸易伙伴，日本长期以来一直是美国贸易谈判的重点，特别是在美国 2017 年退出包括日本在内的《跨太平洋伙伴关系协定》（TPP）之后。

资料来源：作者根据新闻报道整理。

三、全球化的未来：不确定性

联邦政府的一系列政策远非其预期般完美，而是给美国国内带来了一些新的问题，同时也对全球经济体系造成了冲击，加剧了未来的不确定性。

（一）美国内部经济不确定性

生产成本上涨压力。加收关税导致美国国内很多行业的生产成本增加。汽车产业是受冲击最大的行业之一，其他诸如造船业、半导体甚至电影行业都受到不同程度的影响。以汽车产业为例，进口零部件、钢材和铝板等都在联邦政府加征关税的范围内，美国汽车生产成本随之攀升。同时，美国向中国出口的组装汽车又面临着报复性关税，销量下滑（见图2-2）。

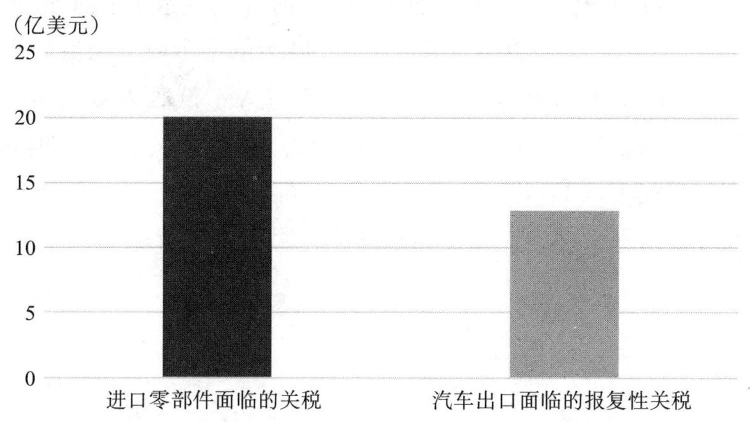

图2-2　美国汽车贸易将受到的关税政策影响

注：包括了美国的所有关税行动及报复性关税。2019年1月1日起，中国暂停对美国进口汽车征收25%的报复性关税，有效期至2019年4月1日。

资料来源：基础数据来自美国人口普查局及IHS Markit的全球贸易地图，国会研究服务中心进行的分析。

就业压力。Gary Clyde Hufbauer等（2017）研究表明，2002—2016年15年间，出口所创造的就业岗位约为250万个，即每年大约新增156250个，其中约有10万个属制造业岗位。而在同一时期受进口负面影响的劳动岗位年均就超过31万个。特朗普政府的保护政策虽然刺激了制造业回暖，但其创造的就业岗位数是否比受此影响的进出口部门减少的岗位数更多，还难以确定。

收入差距扩大压力。1980年美国收入最高的1%的成人（20岁及以上人群）收入总额占国民收入的10%左右，2016年增长至20%；与此同时，收入排名后50%的成人收入占国民收入的比例从20%下降至13%[①]（见图2-3）。根据世界银行2019年1月更新的基尼系数，美国从1979年的0.35上升到2016年的0.42。从家庭收入的情况来看（见图2-4），中低收入家庭一直处于停滞状态，高收入家庭在1970年至2000年期间大幅上升，进入2000年以后变化很小，总体来看，1970—2014年高收入与低收入家庭的收入差距呈扩大趋势。从各收入阶层家庭数量来看（见图2-5），1970—2000年中等收入家庭占比不断下降，即中产阶级空心化。家庭收入在收入中位数50%—150%之间（中产阶级的代表）的家庭占比已经从1970年的58%下降到2014年的47%。减少的中等收入家庭中大约有一半通过收入分配实现向上增长，而另一半则进入了低收入家庭阶层。但如果将中等收入家庭占比下降的部分拆开来看，在1970—2000年期间，更多的中等收入家庭进入高收入行列；而2000年之后的中等收入家庭中只有0.25%进入高收入阶层，3.25%的家庭沦入了低收入阶层[②]。

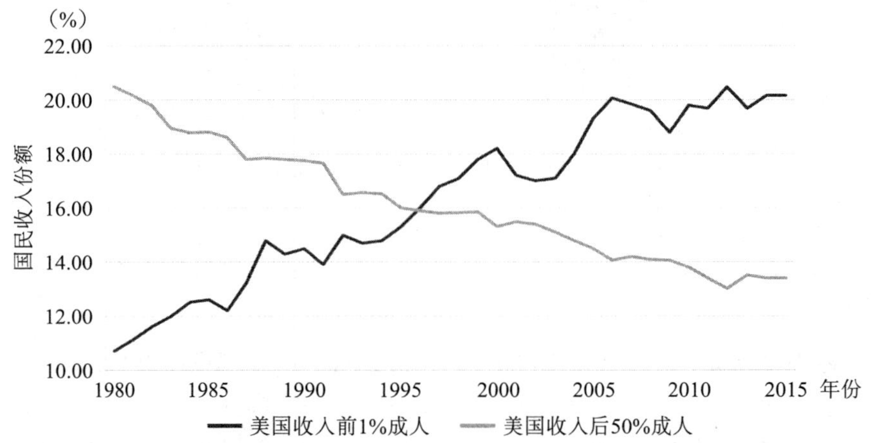

图2-3　美国收入前1%成人与收入后50%成人的收入占国民收入份额

资料来源：时间财富与收入不平均数据库（WID. World），世界不平均报告2018（wir2018. wid. world）.

① World Inequality Report 2018, https://wir2018. wid. world/files/download/wir2018-full-report-english. pdf.

② Ali Alichi, Kory Kantenga and Juan Solé, Income Polarization in the United States, IMF Working Paper, June 2016, http://imf. org/external/pubs/ft/wp/2016/wp16121. pdf.

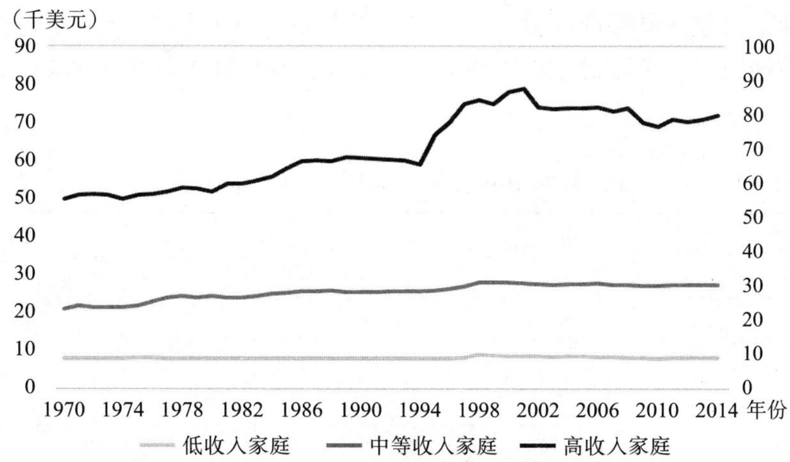

图 2－4　1970—2014 年美国家庭平均收入（2005 财年不变美元）

资料来源：2016 年 IMF 工作论文 "Income Polarization in the United States".

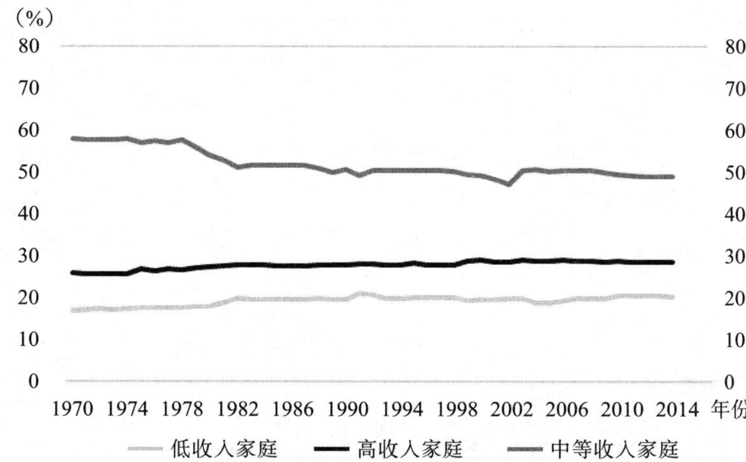

图 2－5　1970—2014 年美国各收入阶层家庭数量占家庭总数百分比

资料来源：2016 年 IMF 工作论文 "Income Polarization in the United States".

很多研究的结论是"全球化加剧了美国国内收入分配的不平等"。特朗普政府的保护政策能否提高工资增长率尚不确定，但其对资本回流的激励必然带来资本收益率的上升，其结果可能是收入差距的进一步扩大。

赤字和债务压力。在社会保障、军费、基建以及债务利息等支出不断加大的同时，特朗普政府大规模减税又导致其财政收入出现持续锐减。2019 财年美国联邦预算赤字为 9840 亿美元，比上年增加了 18%。财政赤字不断扩大迫使联邦政府进一步增加债务的发行（见图2－6）。美国财政部公布的数据显示，截至2019年2月11日，联邦债务首次突破22万亿美元大关（见表2－3）。

表2－3　　2015—2019年美国财政预算收支情况　　单位：十亿美元

项目＼年份	2015	2016	2017	2018	2019
支出：					
自主性支出					
国防	583	595	590	634	678
非国防	581	627	610	636	626
小计 自主性支出	1165	1223	1200	1270	1304
法定支出					
社会保障	882	924	939	987	1046
医疗保险	540	589	591	582	625
医疗救助和基于市场的医疗保健补助金	350	367	375	400	412
补贴	—	—	39	48	45
其他法定支出	529	607	574	577	567
基建计划津贴	—	—	—	—	45
小计 法定支出	2301	2487	2519	2593	2739
净利息	**223**	**240**	**263**	**310**	**363**
救灾费用调整	—	2	—	—	—
总支出	3688	3951	3982	4173	4407
收入：					
个人所得税	**1541**	**1628**	**1587**	**1660**	**1688**
公司所得税	**344**	**293**	**297**	**218**	**225**
社会保险与退休金：					
社保工资税	770	798	851	852	905
医保工资税	234	244	256	259	275
失业保险	51	50	46	48	47
其他退休金	10	10	10	10	11
消费税	**98**	**97**	**84**	**108**	**108**
遗产赠予税	**19**	**21**	**23**	**25**	**17**

续表

项目 \ 年份	2015	2016	2017	2018	2019
关税	**35**	**37**	**35**	**40**	**44**
存款收益，美联储系统	**96**	**116**	**81**	**72**	**55**
其他杂项收入	**51**	**43**	**48**	**48**	**51**
废除和替代奥巴马医改的补贴	**—**	**—**	**—**	**—**	**-3**
总收入	3250	3336	3316	3340	3422
赤字	**438**	**616**	**665**	**833**	**984**
净利息	223	240	263	310	363
基本赤字/盈余（-）	215	376	403	522	621
预算内赤字	466	624	715	828	977
预算外赤字/盈余（-）	-27	-8	-49	5	7

资料来源：2015 年及 2016 年数据来自总统预算局 2017 财年预算；2017—2019 年数据来自于总统预算局 2019 财年预算。

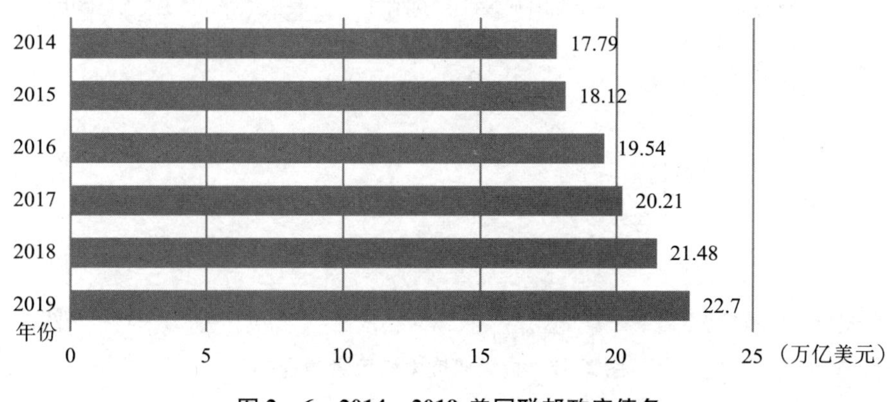

图 2-6 2014—2019 美国联邦政府债务

资料来源：U. S. Office of Management and Budget（https：//www. whitehouse. gov/omb/historical-tables/）.

民众意见分歧。美国国内民众对全球化和特朗普政府加征关税的主张看法不一。根据皮尤研究中心（Pew Research Center）的调查数据，美国国内在 2016 年大选前对自由贸易的看法比较消极，而在 2018 年 4 月 25 日至 5 月 1 日的新一轮民意调查中，其看法又变得积极起来。在被调查的人群中，56% 的人认为自由贸易协定对美国来说是一件“好事”，30% 的人认为对美国不利。其中态度的变化，主要来自共和党和倾向共和党的群体。在 2016 年 10 月总统竞选的最后一周，这部分人群中，只有 29% 的人认为自由贸易协定是件好事，63% 的人持消极态度。而在 2018 年 4 月 25 日至 5 月 1 日的调查中，43% 的人认为自由贸易协定是件好事，46% 的人认为是不利于美国的。

皮尤研究中心（Pew Research Center）同时还进行了针对美国加收钢、铝进口关税的民意调查。结果显示，37% 的人认为提高钢、铝进口关税对美国有利，45% 的人认为不利。其中，共和党和倾向共和党的群体对提高钢、铝进口关税持积极态度，58% 的人认为这对国家有好处，只有 26% 的人认为增加关税对国家不利。民主党和倾向民主党的群体所持观点正好相反，只有 22% 的民主党人认为提高钢、铝进口关税对美国有利，而 63% 的人认为对国家不利（见图 2－7）。

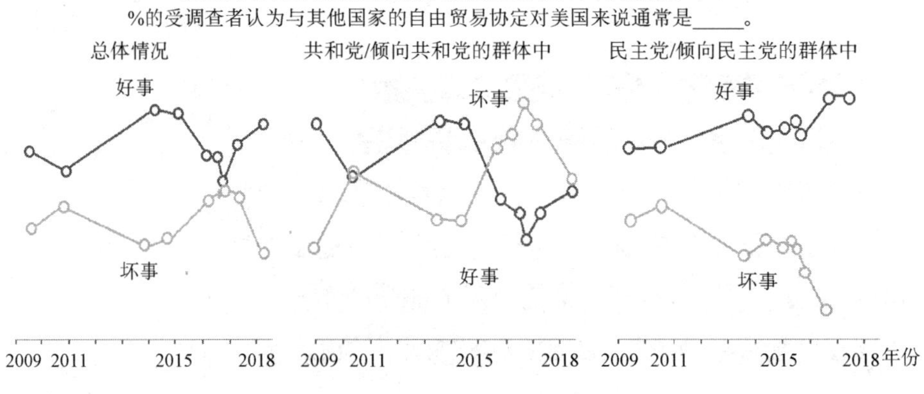

图 2－7　皮尤研究中心民意调查

注：调查中回答“不知道”的没有在上图中显示。

资料来源：皮尤研究中心 2018 年 4 月 25 日—5 月 1 日对美国成年人的调查。

（二）全球经济体系不确定性

贸易摩擦加剧。自 2018 年 4 月以来，中国、加拿大、墨西哥和欧盟等一些国家和地区开始对美国征收一系列的报复性关税。但从全球价值链角度来讲，还可能会有更多的国家和地区被卷入贸易战，导致全球贸易摩擦愈演愈烈（见图 2－8）。以中国为例，由于全球价值链的高度分工，中国对美国出口的产品中还包含了大量其他国家和地区所生产的中间品。根据德意志银行的统计，在工业增加值口径下，中国在美国贸易逆差中的占比仅为16.4%，大幅低于一般口径下的46%；紧随中国的是日本、德国、韩国、墨西哥和中国台湾，它们分别贡献了美国商品贸易逆差的12.7%、10.9%、9.4%、8.1%和6.6%，较一般口径下的贡献占比大幅上升[①]。一旦美国对中国出口商品征收高额关税，伴随中国对美国出口的下降，日本、德国和韩国等国的出口也将遭受负面冲击。逆全球化思潮下，美国贸易保护极易引发更多的经济体对美国实施贸易报复行为，进而导致全球贸易摩擦加剧。

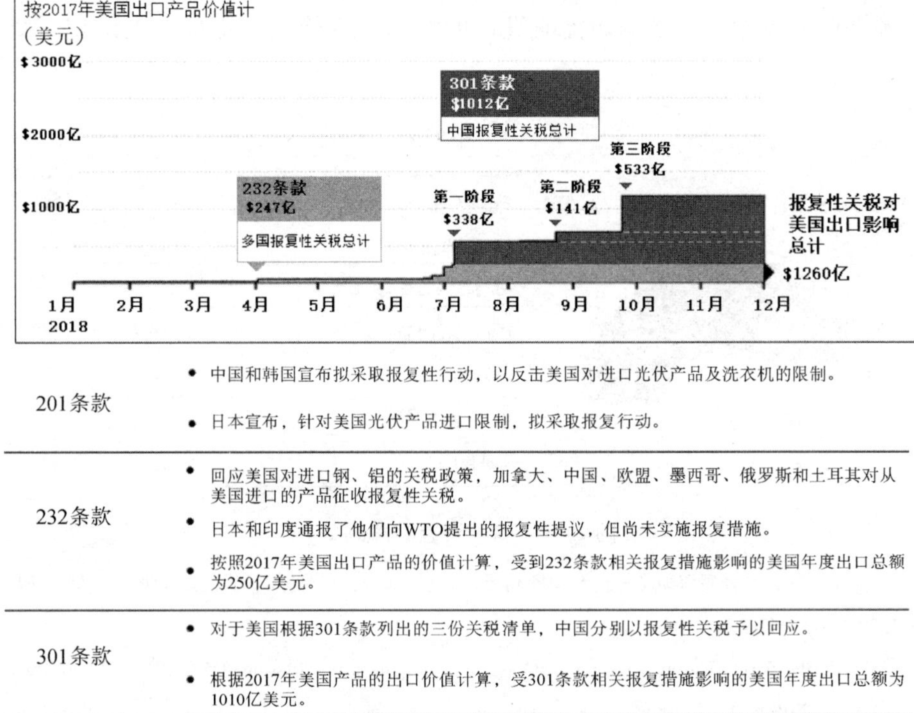

201条款	• 中国和韩国宣布拟采取报复性行动，以反击美国对进口光伏产品及洗衣机的限制。 • 日本宣布，针对美国光伏产品进口限制，拟采取报复行动。
232条款	• 回应美国对进口钢、铝的关税政策，加拿大、中国、欧盟、墨西哥、俄罗斯和土耳其对从美国进口的产品征收报复性关税。 • 日本和印度通报了他们向WTO提出的报复性提议，但尚未实施报复措施。 • 按照2017年美国出口产品的价值计算，受到232条款相关报复措施影响的美国年度出口总额为250亿美元。
301条款	• 对于美国根据301条款列出的三份关税清单，中国分别以报复性关税予以回应。 • 根据2017年美国产品的出口价值计算，受301条款相关报复措施影响的美国年度出口总额为1010亿美元。

图2－8　报复性关税及对美国出口的影响

注：美国出口数据基于伙伴国的进口数据。

资料来源：CRS analysis using data from Global Trade Atlas IHS Markit.

① 长江宏观赵伟团队．重磅深度｜从大历史观，看逆全球化［R/OL］．格隆汇，2018－04－08，https：//www. sohu. com/a/227530254_ 313170.

经济增长放缓。一直以来国际贸易都是世界经济增长的重要引擎，而近年来愈演愈烈的贸易保护主义导致这一“引擎”开始严重放缓、停滞，甚至面临“熄火”风险。2019 年 2 月 19 日，世贸组织发布的全球贸易景气指数（WTOI）值为 96.3，低于该指数 100 的基线值，为 2010 年 3 月以来的最低水平，这意味着全球贸易疲软可能会继续延续到 2019 年第一季度。整体指数的疲软是由各成分指数的大幅下跌推动的，这些指数似乎都受到了贸易紧张加剧的影响（见图 2－9）。全球出口订单指数（95.3）、国际航空货运量（96.8）、汽车产销（92.5）、电子元器件（88.7）和农业原材料（94.3）与基准值（100）背离最大，接近或超过金融危机以来的历史低点。只有货柜码头吞吐量指数保持在 100.3 的相对较高水平（为减少预期中的美中关税影响而提前进口的货物，可能在一定程度上维持了集装箱运输）。

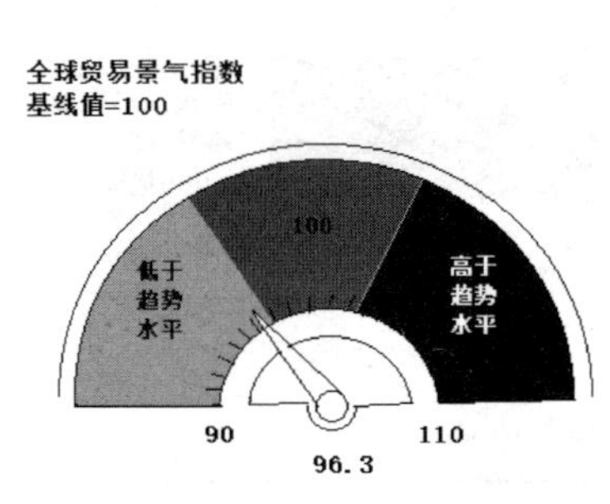

贸易驱动因素

	指数水平	变化方向
商品贸易量（第三季度）	101.9	↑
全球出口订单指数	95.3	↓
国际航空货运量（IATA）	96.8	↓
货柜码头吞吐量	100.3	→
汽车产销	92.5	↓
电子元器件	88.7	↓
农业原材料	94.3	↓

图 2－9　全球贸易景气指数

注：100 的读数表明贸易增长符合中期趋势；高于 100 表明贸易增长高于趋势水平，低于 100 则表明贸易增长低于趋势水平。

资料来源：WTO trade indicator points to slower trade growth into first quarter of 2019，World Trade Organization，2019－02－19，https：//www.wto.org/english/news_e/news19_e/wtoi_19feb19_e.htm.

挑战机遇并存。当今世界，全球产业的关联度以及依存度大大提升，一国产业结构的建立、调整必须在与其他国家的互联互动中进行。各国需要在互利共赢中获取要素配置效率和全要素生产率提高所带来的全球共同发展的红利。然而，当前全球政治经济格局正处于前所未有的调整期，美国一系列“逆全球化”举措所引起的国际冲突与博弈正是这一变化的突出表现。在全球结构和秩序重构的过程中，那些真正符合未来发展趋势的潮流、规则以及价值主张，才是最有生命力的。这对于积极倡导全球化、主张构建“包容性”发展的中国而言，无疑是一次重大的挑战，更是一次难得的历史性机遇。在这样的背景下，中国需要推动新一轮全球化，以全球价值链重塑为契机，全面提升国家的产业结构竞争力，更好地贡献治理理念和治理规则等公共产品，创造新的全球化净收益。

四、进退维谷的全球化

（一）美国成为世界头号经济强国离不开国际市场分工

影响一国经济增长和劳动生产率的主要因素是科技和创新。亚当·斯密在《国富论》中论述了国民财富增加的来源，他强调了市场和市场规模对于国民财富增加的作用。市场规模越大分工就越细，分工越细技术进步也就越快，技术进步越快，财富的增长也就越快。如果没有市场，每个人自给自足就没可能形成分工。换句话说，如果没有全球化带来的大规模市场，就没有国际分工，没有国际分工就没有美国的科学进步和技术创新。

（二）保护主义是美国转嫁国内矛盾和公共风险的手段

美国在全球化发展中获得了丰厚的利益，但同时也积累了社会经济矛盾，包括比较优势丧失、贸易长期入超、贫富差距扩大等等。当这些矛盾在经济衰退期集中爆发时，美国寄希望通过贸易保护激励资本回流、助推制造业回暖、调节贸易状态和财富分配，达到暂时转嫁国内矛盾、避免引发公共风险的目的。

（三）美国贸易保护主义政策即便能在短期奏效，但在长期对经济造成不确定性

贸易保护主义必然受到来自其他国家的报复性关税政策，同时，美国也对其他国家的产品有着高度的依赖，对进口产品广泛加收关税，必然对国内的生产、消费产生影响；限制进口在一定程度上也会造成美元升值，

进而会对出口产生负面效应。2018 年数据已经显示，特朗普政府贸易保护主义政策并没有缩小反而扩大了赤字。因此，即便特朗普政策能在短期内获益，但在长期则对国内社会经济带来不确定性。

（四）放弃全球化等于放弃更大的市场和自身的发展机遇

国际贸易不是单边的，而是双边、多边的。全球化已经使当今世界融为一个整体，各国相互依赖，共谋发展。退出全球化就等于给其他国家腾出合作机会和发展机遇。在全球的供应链已经建立并且高效运转的国际经济大环境下，如果人为打破已有的经济秩序，人为破坏既定的规则，不仅失去了自身在国际市场中的诚信，而且会使“看不见的手”失去本该有的效率。

（五）化解全球化过程中的风险需要的是保护机制而非保护主义

全球化是个双刃剑，既有得也有失。面对全球化带来的部分行业和人群失业率高、贫富差距扩大、贸易赤字等问题，各国在积极参与国际分工的同时，应注意加强国内社会保障机制和福利保障体系建设，注意加强对弱势群体的保护。用“看得见的手”来弥补市场机制的不足，从而在全球化中尽可能地趋利避害。随着全球化进一步深入发展，国际秩序将越来越多地呈现出多极化的状态，更加需要各国加强沟通合作，共同构建规则机制，防范全球化过程中的风险，促进世界经济公平与持续增长。

参考文献

1. Alice Hanson Jones：American Colonial Wealth：Documents and Methods，1977.

2. Ali Alichi，Kory Kantenga and Juan Solé，Income Polarization in the United States，IMF Working Paper，June 2016，http：//imf. org/external/pubs/ft/wp/2016/wp16121. pdf.

3. Anderson，Terry，Fred. McCesney：Rail or Trade? An Economic Model of Indian – Write Relations. Journal of Law and Economics，Vol. 37，No. 2，April 1994.

4. Alston LeeJ，Morton Owen Shapiro：Inheritance Law Across the Colonies：Causes and Consequences. Journal of Economic History，Vol. 44，No. 2，

June 1984.

5. Blank Rebecca, Ron Haskins: The New World of Walfare. Washengton, DC: Brookings Institution Press 2001.

6. Bradford, Scott, Paul Grieco, and Gary Clyde Hufbauer. 2005. The Payoff to America from Global Integration. Chapter 2 in United States and the World Economy: Foreign Economic Policy for the Next Decade by C. Fred Bergsten and the Peterson Institute for International Economics. Washington: Peterson Institute for International Economics. Available at https: //piie. com/publications/chapters_ preview/3802/2iie3802. pdf (accessed on April 11, 2017) .

7. Brock R. Williams et al. , Trump Administration Tariff Actions: Frequently Asked Questions Congressional Research Service. February 22, 2019. https: //crsreports. congress. gov/product/pdf/R/R45529.

8. Christian Broda and David Weinstein. 2005. Are We Underestimating the Gains from Globalization for the United States? FEDERAL RESERVE BANK OF NEW YORK, Current Issues in Economics and Finance, Volume 11, Number 4, https: //www. newyorkfed. org/medialibrary/media/research/current _ issues/ci11 –4. pdf.

9. Gary Clyde Hufbauer & Zhiyao (Lucy) Lu, 2017. "The Payoff to America from Globalization: A Fresh Look with a Focus on Costs to Workers", Policy Briefs PB17 – 16, Peterson Institute for International Economics. https: // ideas. repec. org/p/iie/pbrief/pb17 –16. html.

10. Grubb, Farley: The Auction of Redemptioner Servants, Philadelphia, 1771 –1804. Journal of Economic History, Vol. 48, No. 3, September 1984.

11. Hitory Matters: Economcs Growth Technology and Demographic Change, Stanford University Press, 2004.

12. Jeremy Atack and Peter Passel: A New Economic View of American History, 1994.

13. Hughes, Jonathan and Cain Louis P. American Economic History [M]. New Jersey: Pearson Education, Inc. , 2007.

14. Mark Wilson, The Business of Civil War: Military Enterprise, the State, and Political Economy in the Unite States, 1850 – 1880, University of

Chicago, 2002.

15. Melina Kolb (2018). "What is Globalization? And How Has the Global Economy Shaped the United States?" Peterson Institute for International Economics. https: //piie. com/microsites/globalization/what – is – globalization. html.

16. North Douglass. C: The Economic Growth of the Unite States, 1790 – 1860, EnglewnodCliffs, NJ: Pritice Hall, 1961.

17. OECD (Organization for Economic Cooperation and Development). 2003. The Sources of Economic Growth in OECD Countries. Paris: Organization for Economic Cooperation and Development.

18. Office of Trade and Economic Analysis, International Trade Administration, Department of Commerce, April 8, 2016, "Jobs Supported by Exports 2015: An Update", http: //www. trade. gov/mas/ian/build/groups/public/@tg_ ian/documents/webcontent/tg_ ian_ 005500. pdf.

19. Petri, Peter and Michael Plummer. 2016. The Economic Effects of the Trans – Pacific Partnership: New Estimates. Working Paper 16 – 2. Washington: Peterson Institute for International Economics.

20. Roger Randsom: Inter – regional Canals and Economc Specialization in the Anterbellum Unites States, 1967.

21. Von Gerstner, Franz Anton Ritter: Early American Railoads. Stanford Univercity Press, 1997.

22. Weidenbaum, Murray: Business and Government in the Global Marketplace, 5 th ed. Englewood Cliffs, NJ, Prentice Hall, 1995.

23. WTO trade indicator points to slower trade growth into first quarter of 2019, World Trade Organization, 2019 – 02 – 19, https: //www. wto. org/english/news_e/news19_e/wtoi_19feb19_e. htm.

24. World Inequality Report 2018, https: //wir2018. wid. world/files/download/wir2018 – full – report – english. pdf.

25. 长江宏观赵伟团队. 重磅深度 | 从大历史观，看逆全球化［R/OL］. 格隆汇，2018 – 04 – 08，https: //www. sohu. com/a/227530254_ 313170.

26. 张茉楠. "特朗普主义"下的逆全球化冲击与新的全球化机遇［N/OL］. 中国经济时报，2017 – 02，http: //jjsb. cet. com. cn/show_482091. html.

第三章　以政府预算支撑的国家安全扩张

本章导读：

近年来美国“国家安全”概念外延不断扩张，“国家安全预算”也随之持续膨胀。从概念解读的角度来说，“国家安全”一词早在制宪会议期间就已经进入了美国的政治话语体系并逐渐被频繁使用。该词汇赋予了总统冲破“三权分立”束缚的力量，但却一直未被确切定义。从根本上说，美国所面临的国内外困境迫使联邦政府积极寻求巩固霸主地位、转嫁国内矛盾。这使得总统有足够的动力和动机将越来越多的事务安全化，以合理合法地避开国会的干预，扩大自身职权，为中意项目争取资金支持，保证美国的利益优先。而特朗普在国防军事支出、经贸和移民问题上的做法也从侧面印证了其可操作性。

本章通过援引历史事实及相关法案条款，追溯了“国家安全”概念进入美国政治话语体系的过程，分析了其外延的拓展变化以及相关预算增长的特征、动因及其影响。

美国目前正面临着严峻的国内外困境，这是推动其国家安全预算规模持续扩张的根本原因。经济全球化和世界多极化的深入发展使美国在国际上遭遇越来越多的掣肘，与此同时其国内经济、社会矛盾也日益尖锐。联邦政府亟须采取措施巩固美国霸主地位，并为国内压力找到发泄口，以转移国内注意力、转嫁内部矛盾。自“9・11”事件以来，“国家安全”问题已成为美国上下的敏感神经。在该问题上，总统拥有冲破“三权分立”束缚的权力。但“国家安全”一词无论是在学术界还是在政界都无确切定义、边界模糊。因而，从理论上讲，美国总统可以继续拿“国家安全”做文章，将各类牵涉美国甚至其个人利益的事项纳入其中，以实现权力的扩张并争取到更多的资金支持。而事实上，特朗普政府在经贸、移民问题上的做法也从侧面印证了该理论，“国家安全预算”或将进一步膨胀。

一、美国“国家安全”的由来与外延扩张

“国家安全”一词在美国政治体系中拥有悠久的历史，甚至早于其政治制度的基石《美利坚合众国宪法》。该词汇在其政治体系中有着压倒一切的力量，甚至冲破了“三权分立”的束缚，在某些情况下最高法院也需因国家安全问题而顺从行政部门的决定。

（一）美国“国家安全”的由来

在20世纪90年代中期，哥本哈根学派提出了一个新的安全理论，即“安全化理论”，认为国家安全的概念只是那些在安全问题上拥有权威的人所创造的。这些人可以改变国家安全议程，使其朝着他们喜欢的方向转变，并利用言语行为俘获大众来使其合法化。从本质上讲，这是一种以国家安全规划和议程设置为形式的超政治化。

1. “国家安全”一词进入美国政治话语体系的时间

Harold Koh（1990）等学者认为，联邦政府对“国家安全”一词的使用始于20世纪中叶，以1947年《国家安全法》为标志。然而，事实上该词汇早在制宪会议期间就已经进入了美国的政治话语体系。根据詹姆斯·麦迪逊（James Madison）的记录，当时奥利弗·埃尔斯沃斯（Oliver Ellsworth）曾表示，全国性政府将有助于维护国家安全。此后，在美国的政治生活中，该词汇出现的次数日益频繁。例如，1853年富兰克林·皮尔斯在就职演说中曾就《1850年妥协方案》（The Compromise of 1850）讨论了国家安全问题。1854年当届总统发布警告说，入侵古巴的决定将危害美国的国家安全。南北战争期间，“国家安全”一词更是被广泛用于双方对各自立场的辩护——北方控诉奴隶制的危险影响，南方则强调北方的入侵破坏了美国国家安全①。

① Laura K. Donohue, The Limits of National Security, Georgetown University Law Center, 2011.

2. “国家安全”有冲破“三权分立”束缚的力量，却无明确定义

尽管“国家安全”一词为美国政界所钟爱，但该词汇却一直没有被正式定义。在法律条款中，“国家安全”的含义涉及甚广。例如，根据《机密信息程序法》的条款，国家安全涉及与“美国国防和外交关系”有关的事项。在行政部门的表述中，“国家安全”的边界也不是很清晰。例如，乔治·W. 布什政府在关于国家安全委员会（National Security Council）的设计指令中称，国家安全内容包括保卫美利坚合众国、保护其宪政体制以及促进美国在全球的利益。而就美国最高法院而言，它认为国家安全涉及压倒一切的重大利益，甚至在某些时候，最高法院也需要因国家安全问题而顺从行政部门的决定，但同时它也承认，“国家安全”所涉及的范围之广引发了人们对宪法的担忧。怀特法官表示，“国家安全”向总统赋予了权力以防止任何可能对公共利益造成“严重和不可挽回”损害的事情发生。但这样的权力太广泛了。布莱克大法官也提出了类似的反对意见，他认为“安全”是一个宽泛而模糊的概括性词汇，以知情的代议制政府为代价来保护军事和外交机密，并没有对美国提供真正的安全保障①。

对于“国家安全”的定义，研究机构等第三方组织也都有各自不同的看法。根据得克萨斯大学奥斯汀分校（University of Texas at Austin）的学者阐述②，在美国，凡是涉及国家安全的问题、项目都会受到政策制定者最多的关注。虽然国家安全的定义有很多不同的方式，甚至美国政府内部不同机构组织所使用的定义都各不相同，但大多数定义都集中在以下几个关键概念上：保护美国本土以及公民和海外资产的安全；维护经济繁荣以及商品和服务的自由流动；在国内外传播包括民主、人权、法制等美国价值观。

（二）美国“国家安全”的外延扩张：国家安全是个筐，想装啥就装啥

对于“国家安全”一词的具体含义，从政界到学术界都未给出确切的

① Laura K. Donohue, The Limits of National Security, Georgetown University Law Center, 2011.

② Defining U. S. National Security, The University of Texas at Austin, https://www.strausscenter.org/energy-and-security/defining-national-security.html.

解释。定义边缘的模糊性赋予了总统巨大的权力空间，这在特朗普政府表现得尤为明显。通过对"国家安全"概念的合法操纵，特朗普政府除了不断扩大军事支出外，还将国际经贸往来以及移民管控等都纳入了安全概念范围：挑起贸易战、修建边境墙……关税收入和相关支出也因此受到了影响。

1. 国家安全受威胁时，总统有权实施经济制裁

《美利坚合众国宪法》第1条第8款授予国会制定和征收关税和其他税收的专有权以及"管理与外国贸易"的权力。但在过去的几十年里，国会将贸易的某些权力授予了总统，例如就自由贸易协定进行谈判，并在国家面临紧急情况或真正的国家安全威胁时征收关税等。

（1）232条款。特朗普对进口钢、铝加征关税依据的是1962年《贸易扩张法案》（Trade Expansion Act）第232条。该条款允许总统在经商务部与国防部联合调查，确认进口商品威胁国家安全的情况下，绕过国会直接加征关税。而且国家安全关税在国际贸易法中拥有独特地位，不在世界贸易组织的管辖范围内①。

（2）《国际紧急经济权力法》（IEEPA）。美国司法部起诉华为及其关联公司和相关负责人涉嫌违反该法案，而商务部则以此为借口将华为及其关联公司列入黑名单，禁止其购买美国产品。另外，联邦政府还计划依据该法案对墨西哥输美商品加征关税。该法属于《国家紧急状态法》（National Emergencies Act）范围，拥有令人难以置信的强大权力，允许总统在外交或经济方面遇到非同寻常的威胁（大多指来自海外的威胁）时，宣布全国进入紧急状态，并可采取一系列行动，对被认定与该威胁相关的个人、实体或国家实施严厉的经济惩罚。

2. 国家利益遭损害时，总统有权限制移民入境

特朗普政府在控制移民方面采取了诸如"穆斯林禁令"等极端措施且多次发表了带有种族歧视性质的不当言论，这引起了国际社会和国内部分民众的不满，甚至被起诉至联邦法院。然而，最高法院却以总统行为符合1952年《移民和国籍法》（the Immigration and Nationality Act）等为由，支

---

① DOUG PALMER, The Cold War origins of Trump's favorite trade weapon, Politico, 2018-07-05, https://www.politico.eu/article/cold-war-origins-of-donald-trump-favorite-trade-weapon/.

持其做法。事实上，该法案赋予了总统广泛的移民管控权。其中第 212 条规定，如果总统发现任何或某类外国人的入境将有损美国利益，他可以采取措施在其认为必要的期限内暂停所有或某类外国人入境，或对他们采取任何总统认为合适的限制措施。

民众和法学界还对特朗普“穆斯林禁令”是否违宪展开了论战，但考虑到美国是一个判例法国家，过去类似案例的判决结果基本支持其做法不违宪。例如，1889 年美国最高法院裁定 1882 年《排华法案》（Chinese Exclusion Act）不违宪。此项判决事实上意味着，政府与国会可以任意制定他们认为合适的移民法而不会陷入违宪的窘境，因为这些法律不适用于已获得美国国籍的美国公民，从而无需接受违宪审查[①]。这样，在移民管控领域，司法部门对总统权力的制衡被极大削弱。

特朗普在经贸问题和移民问题上的操作已然从侧面印证了“国家安全”概念的可操纵性。考虑到该概念的强大力量，美国总统很有可能会继续将其他问题安全化，以扩大权力范围，减少国会对其中意项目的干涉。如此，“国家安全预算”将有可能继续膨胀。

（三）美国“国家安全”扩张的动因

二战后美国崛起至世界主导地位，迎来“黄金时代”。在国际上，它自由地编写着全球游戏规则，接受着西方国家的膜拜和依赖，并对积贫积弱的发展中国家进行盘剥。在国内，其制造业繁荣，中产阶级不断壮大，经济社会一片欣欣向荣。1948—1973 年间，其实际 GDP 增长了 169%，就业增长 75%，制造业就业增长 30%，人均收入几乎翻了一番。国民自信心和自豪感得到了极大的提振。各阶层民众都坚信自己的“美国梦”可以实现[②]。然而，随着全球化和世界多极化趋势的深入发展，其世界霸主地位和国际影响力受到了越来越多的挑战，国内经济结构、分配制度和社会保障等问题也不断暴露。曾经不可一世的美国在国内外都遇到了困境。这迫

① 游天龙等．特朗普的“穆斯林禁令”听起来很违和，却提出一个宪法难题．澎湃新闻，2016－02－01，https：//www.thepaper.cn/newsDetail_forward_1431056.

② Howard Gold，Opinion：The U.S. economy will never have another Golden Age，Market Watch，2017－09－01，https：//www.marketwatch.com/story/the－us－economy－will－never－have－another－golden－age－2017－09－01.

使联邦政府积极寻求巩固霸主地位、转嫁国内矛盾。

1. 国际影响力下降

随着欧洲工业体系的恢复，美国工业的比较优势逐渐丧失。在亚洲区域，日本、新加坡先后迈入发达国家行列后，中国、印度也高速赶超。与美国相比，亚洲市场拥有廉价且充足的劳动力，资本和技术不断向亚洲市场流入，使亚洲逐渐代替美国成为新的世界工厂并日益成为全球战略重点。欧洲各国为了维护各自在亚洲市场的利益，开始摆脱对美国的政治依赖。而中国等新兴市场的崛起也使国际秩序得到了进一步的纠正。这是以美国为代表的全球化规则的制定者们意想不到的结果。没人料想到中国能成功解决 8 亿人的贫困问题，并逐步发展成为世界重要力量。2008 年金融危机之后，地缘政治和经济实力的全球平衡发生了重大变化，美国依然强大，但却日益受到来自中国等国的掣肘，无力继续自行制定国际游戏规则，世界的多元化特征愈加明显。

2. 国内矛盾加剧

中国等亚洲国家拥有大量的廉价劳动力，这使其在劳动密集型制造业中具有相对优势。美国制造业外移至这些国家可以降低成本、增厚利润，但却对其国内原有的制造业工人造成了沉重的打击。这些工人学历低，在人力资本市场缺乏竞争力，一旦失业，再就业的概率较低，只能依靠政府救济。同时，伴随着全球化进程，各类移民大量涌入美国。一方面，技术移民推动了其高新技术产业的发展；另一方面，来自世界其他国家的非熟练工人却挤占了本土同水平工人的岗位，拉低了平均工资，进一步推升了低技能工人就业的难度。而 20 世纪 90 年代以后，美国国内又出现实际工资增长缓慢、资本收益率长期处于高位的情况，财富不断向资本所有者聚集，中产阶级规模日益萎缩，贫富差距进一步扩大。普通民众的“美国梦”越来越遥远，社会压力也越来越大，民众的身体和心理健康不断被侵蚀。2015 年，由于酗酒、毒品和自杀，美国白人中年男性的死亡率不断上升，而世界其他地区却在下降。2016 年，整个美国的预期寿命也出现了下降①。

---

① ［美］约瑟夫·E. 斯蒂格利茨著．全球化逆潮［M］．章添香等译．北京：机械工业出版社，2019.

3. 恐怖主义威胁

恐怖主义是全球化的衍生品，它源自各国、各民族间信仰、利益等的剧烈碰撞，并借助于科技扩散、人口流动等快速在全球蔓延。美国是遭受恐怖主义袭击最多的发达国家之一。这与其利用霸主地位强制推行其价值观念、蛮横干涉其他国家和地区事务密不可分。2011 年 9 月 11 日，美国本土遭受了“珍珠港事件”以来最严重的一次打击，其经济实力象征——世界贸易中心大楼毁于一旦，军事实力象征——五角大楼受到重创，事件造成约 3000 人遇难。该事件给美国民众心理留下了深刻的印记。事件发生 10 年后，皮尤研究中心（Pew Research Center）对其影响进行了调查，其中仍有 75% 的人表示受到了“很大”的情感触动，61% 的人表示美国人的生活因此发生了很大变化。该事件也促使联邦政府系统发生了近 50 年以来的最大调整。2012 年《国土安全法案》（the Homeland Security Act）将包括联邦紧急事务管理局（FEMA）、海关总署（Customs Service）等在内的 20 多个机构合并为一个实体——国土安全部（DHS），以采取联合行动打击恐怖活动、保障本土安全。自此，“国家安全”问题不再只是一个遥远的概念，而是潜藏在每个人身边、牵动着美国上下各个方面的巨大威胁。

二、美国“国家安全预算”的内容及调整变化

2019 财年、2020 财年美国总统预算局发布的预算概要中均包含了一份国家安全预算材料①。虽然其中并未详细列明相关项目的情况，但却明确提出了“国家安全预算”概念，并在支出方面具化了 2017 年《国家安全战略报告》（National Security Strategy of the United States of America）所涉部分内容。这意味着，美国“国家安全”不是说说而已，而是有着切实的财力保障，进而也更加凸显了其战略意义。

（一）近年来美国“国家安全预算”情况

美国“国家安全预算”具有一定的神秘色彩。对于其中所涉内容，联

① 两份预算概要的内容框架大致相同，主要包括国防、国际事务、退伍军人相关预算支出三个方面。

邦政府公开的预算材料也是语焉不详、半遮半掩，实难根据官方文件窥清其全貌，因而只能依据美国国内第三方机构提供的信息数据进行分析判断。最初为揭露军费开支的滥用和浪费问题而成立的无党派非营利性组织——政府监督计划（POGO）[①] 对美国"国家安全预算"进行了长期跟踪。在预算内容方面，他们认为"国家安全"主要涵盖国防活动（包括军队建设、海外应急行动、能源部核研发等）、退伍军人事务、国际事务等（见表3－1）。另据美国国际政策中心（Center for International Policy），2020财年总统预算案中国家安全预算总额高达1.25万亿美元。

表3－1　政府监督计划对美国国家安全预算的跟踪（部分） 单位：十亿美元

国家安全项目	2016财年预算请求	2017财年预算请求	2018财年预算请求	2019财年预算请求	备注
国防部基础预算（自主性）	527.4	523.9	574.5	617.1	基础预算应包含所有日常、和平时期的开支，但数百亿美元的此类支出被纳入了海外应急行动基金（OCO）。
国防部基础预算（强制性）	7	7.9	7.8	9	向公众发布的预算报告中通常不包括强制性支出。该支用主要用于退伍军人相关事务。
国防部基础预算（小计）	534.4	531.8	582.3	626.1	为自主性和强制性支出的总和。
海外应急行动（OCO）	50.9	58.8	64.6	69	海外应急行动账户（OCO，战争预算）不受开支上限的约束，除用于海外反恐战争外，还包括了国防部无法列入基础预算的优先事项。
国防部预算（小计）	585.3	590.6	646.9	695.1	
能源部/核预算（总）	20.5	20.5	21.8	23.1	核武器相关活动

① 1990年美国军事改革之后，该组织将关注范围扩展到调查整个联邦政府的浪费、欺诈和滥用行为。该机构的调查研究具有一定的影响力，曾获得国会两党议员、联邦工作人员和告密者、其他非营利组织和媒体的赞扬。

续表

国家安全项目	2016 财年预算请求	2017 财年预算请求	2018 财年预算请求	2019 财年预算请求	备　注
其他国防相关活动	8.1	8.4	8.4	8.9	包括联邦调查局支出，及支付给中央情报局的退休基金等
国防支出总计	620.9	619.5	677.1	726.8	这是总统预算局所说的国防预算功能性支出，并非仅指五角大楼预算
军人退休费用（未计入国防部部分）	17.4	14.5	11.5	5.5	财政部为军事退休计划支付的资金减去利息和国防部军事人员预算的剩余部分。本该计入国防部预算，但却没有被计入。
国防部退休人员医疗基金费用	-5.3	-5.9	-6.7	-6.1	国防部医疗保健项目的净成本。本该计入国防部预算，但却没有被计入。
退伍军人事务预算	165.8	179.2	183.5	193.2	由于伊拉克和阿富汗战争的人力成本继续增加，预计到 2025 年这些费用将增加到 2539 亿美元。
国际事务预算	46.7	58.1	41.5	41.8	
国土安全预算	50.4	49.7	49.4	51	包括未在此表中列出的联邦机构的国土安全支出（因此不包括国防部、能源部、退伍军人事务部等）
债务利息份额	106.8	123	112.7	123.5	
总计	1002.7	1038.1	1069	1135.7	

资料来源：政府监督计划（The Project on Government Oversight 简称 POGO）。

（二）近年来美国“国家安全预算”的调整变化

在第三方机构的长期跟踪中，美国国家安全预算金额近年来呈上升趋势。作为其主要构成部分的国防军事支出的增长尤为明显。特朗普政府除通过提高国防部基础预算上限来增加相关支出金额外，还更加强调核项目和不受开支限额约束的紧急资金支出。

1. 预算规模不断膨胀

根据政府监督计划（POGO）和美国国际政策中心（Center for International Policy）资料，近年来美国国家安全预算总额不断增长。2019 财年和 2020 财年，其同比增速更是分别达到了 6.24% 和 10.43%，主要构成项目均呈增长态势，而其中国防军事支出尤为突出（见表 3－2）。

表 3－2　　近年来美国国家安全预算金额增长情况　　单位：十亿美元,%

财年	2016	2017	2018	2019	2020
金额	1002.7	1038.1	1069	1135.7	1254.2
同比增长率（%）	—	3.53%	2.98%	6.24%	10.43%

资料来源：政府监督计划（POGO）；美国国际政策中心（Center for International Policy）。

特朗普政府视重塑军事威慑力为其首要任务之一，并认为只有如此，世界之于美国才是最安全的。在这样的理念下，其国防军事活动支出不断增长，规模远超世界其他国家。根据无党派的彼得·彼得森基金会（Peter G. Peterson Foundation）推算，2018 财年国防自主性支出约占联邦政府全部财政支出的 15%，占自主性支出总额的近一半。其国防开支数额位列世界第一，超过了排在其后的中国、沙特阿拉伯、印度、法国、俄罗斯、英国和德国七个国家的总和。2019 财年国防自主性支出金额更是高达 716 亿美元，且 2020 财年总统预算案国防请求金额在此基础上又增加了 34 亿美元，达 750 亿美元（见图 3－1）。

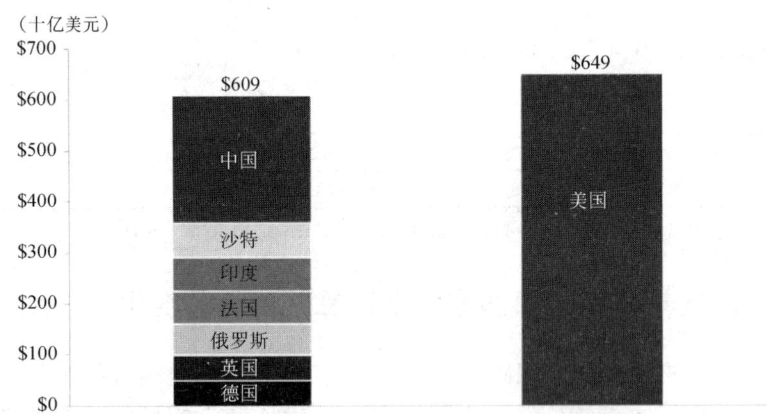

图 3－1　美国国防支出与其他国家的比较

注：美国国防支出为 2018 财年数据（2017 年 10 月 1 日—2018 年 9 月 30 日）；其他各国国防支出为 2018 年数据（2018 年 1 月 1 日—2018 年 12 月 31 日），并使用市场汇率转化为美元。

资料来源：Peter G. Peterson Foundation，U. S. DEFENSE SPENDING COMPARED TO OTHER COUNTRIES，2019－05－03，https：//www. pgpf. org/chart－archive/0053_defense－comparison.

2. 多渠道筹集国防资金

（1）放任联邦政府关门以提高国防基础预算上限。对于本届总统特朗普来说，政府关门歇业是其绑架民众与国会作斗争的重要手段，联邦政府停摆已是见怪不怪。在其正式签署2018财年《两党预算法案》（BBA）提高国防支出上限之前，联邦政府实际上已关门了8个半小时（由于是在晚上，所以本次政府关门影响并不大）。该法案的最终签署打破了2011年《预算控制法案》（BCA）对国防支出的限制，将2018财年的国防预算限额提高了800亿美元（至6290亿美元），2019财年的提高了850亿美元（至6470亿美元）。与2013财年和2015财年《两党预算法案》（BBA）中提升国防预算限额的条款相比，此次提高的幅度更大①（见表3－3）。

表3－3 2018财年两党预算法案中的国防支出款项与以往预算法案的比较（以当前美元计算的自主性支出预算授权） 单位：十亿美元

	2013财年两党预算法案		2015财年两党预算法案		2018财年两党预算法案	
	2014财年	2015财年	2016财年	2017财年	2018财年	2019财年
原预算控制法案（BCA）	498	512	523	536	549	562
调整金额	+22	+9	+25	+15	+80	+85
调整后的国防预算限额	521	521	548	551	629	647
海外应急行动（OCO）	85	64	59	83	71	69
国防预算总额	606	586	607	634	700	716

资料来源：Seamus P. Daniels and Todd Harrison, Making Sense of the Bipartisan Budget Act of 2018 and What It Means for Defense, 2018－02－22, https://www.csis.org/analysis/making－sense－bipartisan－budget－act－2018－and－what－it－means－defense.

（2）增加海外应急行动预算，提高军事开支。联邦政府正常的预算和支出程序漫长而又严格，充分体现了权力制衡的制度设计。其中2011年《预算控制法案》（BCA）对军事支出有明确的限制。虽然该限制屡被打

① Seamus P. Daniels and Todd Harrison, Making Sense of the Bipartisan Budget Act of 2018 and What It Means for Defense, 2018－02－22, https://www.csis.org/analysis/making－sense－bipartisan－budget－act－2018－and－what－it－means－defense.

破，但至少在程序上仍对军费开支的增长有所约束。然而，包括海外应急行动等在内的紧急资金要求却是一片"法外之地"。过去的10年里，在传统的国防拨款法案之外，通过紧急拨款来资助海外军事行动，例如在伊拉克和阿富汗的军事行动，变得越来越普遍。被指定为紧急资金的支出不受预算决议或委员会拨款所施加的限制，可以掩盖国防军事的总开支。

由于不受开支上限的约束，特朗普上任之后，海外应急行动账户快速膨胀，2020财年总统预算案中更是出现了高达139%的惊人增长。受预算上限影响，该财年国防部年度基础自主性预算要求仅为5445亿美元，比2019财年减少了700多亿美元，但五角大楼的海外应急行动（OCO）账户要求金额却高达1646亿美元，比2019财年高出近960亿美元，远超基础预算的下降幅度。其资金除用于海外反恐战争外，还包括了国防部无法列入基础预算的优先事项费用。五角大楼预算文件也指出，海外应急行动账户中有近980亿美元将用于基本预算请求，这就是含蓄地承认，该项目被用于规避国会设定的预算上限①（见表3－4）。

表3－4　　近年来海外应急行动预算请求金额　　单位：十亿美元

财年	2016	2017	2018	2019	2020
海外应急行动（OCO）支出	50.9	58.8	64.6	69	164.6
同比增长率	—	15.52%	9.86%	6.50%	139.24%

资料来源：政府监督计划（The Project on Government Oversight 简称 POGO）。

（3）通过"紧急需求"项目筹集边境墙建设资金。为筹措足够的修墙资金，特朗普总统向民众讲述了边境遭非法移民入侵的恐怖故事，称修建边境墙关系到国家安全，甚至不惜让联邦政府停摆，乃至直接宣布南部边境出现"国家紧急状态"以规避国会对支出的限制。经过一系列政治、舆论手段的铺垫，2020财年总统预算案中提出了金额约为90亿美元的"紧急需求"项目拨款请求，其中就包括了修建边境墙的相关资金。

1976年《国家紧急状态法》（The National Emergencies Act）是特朗普宣布国家紧急状态的主要依据。该法案授权总统在危机期间可以激活136项法定特殊紧急权力，其中仅有13项另需国会声明，其余123项只需行政

① The Center for Arms Control and Non－proliferation, FISCAL YEAR 2020 DEFENSE SPENDING REQUEST BRIEFING BOOK, 2019.3.

命令即可付诸实施。如果总统明确终止，或每年不再更新，或国会两院通过决议终止，则紧急权力举措将失效。针对特朗普总统发布的国家紧急状态，尽管国会议员指责其做法违宪，但在投票时248票对181票的结果远低于所需的三分之二多数，未能成功终止国家紧急状态①。

（4）国防支出并不局限于国防部支出，能源部的核项目支出也在其中。美国军火库中最致命的武器——核弹头的研制工作是在能源部（DOE）进行的，该部门下设的国家核安全局（NNSA）掌管着全国的核弹头和海军核反应堆的研究、开发和生产网络。2018年2月，国防部发布了一份《核态势评估》（NPR）报告，强调了核武器在美国“重返大国竞争”中日益重要的作用，并要求增加三项核能力，所涉项目包括一种爆炸当量相对较低且可携带在潜射弹道导弹上的核弹头和一种新型海上发射的核巡航导弹（SLCM）的研制以及钚坑生产能力的提升。如果上述内容得以实施，核力量开支将在未来10年增加170亿美元。据国会预算局估计，按照国防部和能源部2019财年预算，2019—2028财年核力量相关成本总计将达4940亿美元，即每年约50亿美元②。

三、美国“国家安全”及其预算的扩张趋势

在奥巴马时期，气候变化问题曾被安全化。他指示国防部将气候变化问题视为国家安全威胁，并据此制定计划③。而彼得森国际经济研究所（Peterson Institute for International Economics）高级研究员查德·鲍恩（Chad Bown）则表示，对特朗普政府来说，一切事情都关乎国家安全④。

---

① MELANIE ZANONA，House fails to override Trump veto on border emergency，Politico，2019－03－26，https：//www. politico. com/story/2019/03/26/house－veto－override－border－emergency－1235896.

② CBO，Projected Costs of U. S. Nuclear Forces（2019 to 2028），2019. 01，https：//www. cbo. gov/system/files/2019－01/54914－NuclearForces. pdf.

③ Kelsey D. Atherton，Obama Orders Pentagon To Plan For Climate Change，Popular Science，2016－09－22，https：//www. popsci. com/obama－orders－pentagon－to－plan－for－climate－change/.

④ Ana Swanson and Paul Mozur，Trump Mixes Economic and National Security，Plunging the U. S. Into Multiple Fights，2019－06－08，The New York Times，https：//www. nytimes. com/2019/06/08/business/trump－economy－national－security. html.

（一）以"国家安全"之名行霸权主义之实

在美国，"9·11"事件之后，"国家安全"已成为一个极具煽动性的词语，几乎赋予了总统压倒一切的力量。该词汇已经演变成一个强大的政治工具，可以在政治竞争中帮助总统的优先项目赚取更多的关注和支持。特朗普政府希望美国"再次强大"本是无可非议的。作为世界第一大经济体，美国的强大也必然会推动全球经济的发展，造福人类社会。然而，特朗普政府却依仗着美国的霸权地位，错误地采取了单边主义和保护主义的方式，以邻为壑，将美国的强大建立在侵犯他国利益之上，将美国的安全置于国际社会的不安全之上。例如，通过 232 条款，特朗普政府声称某些进口商品威胁国家安全并广泛加征关税。再如，特朗普带领美国接连退出了诸如"巴黎气候变化协定""联合国人权理事会"等关系到国际安全与稳定的协定和组织，以减少国际社会对其行为的制衡。

国家安全是国际安全的重要内容，特朗普政府对安全的理解是片面和狭隘的。其国家安全仅以美国利益为中心，为了本土利益，联邦政府可以置世界其他国家于不顾。这样的"国家安全"犹如为美国的霸权主义行径披上了伪装，使其得以肆意破坏国际秩序，侵犯他国权益。

（二）将"国家安全"及其预算扩大化

在 2017 年的《美国国家安全战略报告》（National Security Strategy of the United States of America）中，特朗普将保护美国人民安全、促进经济繁荣、通过强大的军事力量维护和平、促进美国在海外的利益视为国家安全战略的四大支柱。其核心是"美国优先"，即任何有损美国利益的行为都危害了其国家安全；为了美国的利益，可以置世界其他国家于不顾。同时，美国的"国家安全"又具有明显的政治竞争色彩。保罗·D. 威廉姆斯（Paul D. Williams）认为，安全是一种强大的政治工具，可以为优先项目争取到更多的关注。而对于"三权分立"的美国来说，尤为如此。美国对于权力集中的恐惧根植于"三权分立"和制衡的宪法原则之中，但这样的分权安排也牺牲了政府的反应效率和政策强度。在安全的国际环境中，权力和政治是密不可分的。为了促成变革，总统必须找到立场上和道德上正确的理由，来建立政治基础并说服媒体和公众信任其政策和战略是恰当的，从而在与国会的权力角逐中获取胜利。而国家安全问题就是这么一个可以调动最多力量的理由。特朗普总统常以此为由来鼓动民众，抨击、打压政见不同人士，规避和利用程序，以为其中意的政治项目赚取支持。

在军事领域，面对权力的制衡，特朗普政府也常以“国家安全”为借口，来谋求舆论的支持和权力的集中，以迅速、高效地推行其主要政策。例如，为避免过度突破2011年《预算控制法案》（BCA）限制而遭到国会反对，海外应急行动账户日益承担起为优先事项筹集资金的作用。

（三）行动或将突然加速

由于存在三权的分立和制衡，美国政治体系的效率往往不高。但在“国家安全”问题上，权力的制衡却出现了例外，总统的权力被放大。行政部门甚至可以合法地越过国会，直接采取行动。例如，在关税政策方面，总统有权对威胁“国家安全”的进口产品加征关税；在移民管控方面，总统几乎具有任意妄为的权力；在军事方面，总统可以绕过支出上限的约束，通过海外应急行动资金来弥补国防基础预算的不足。从外部来看，对美国权力的制衡机制也被削弱。近年来，美国大规模退出了《中导条约》《全球移民协议》等关系到国际和平和秩序的组织，为其加速行动扫清了部分外部障碍。权力的集中叠加军事资金的增长，美国为加速行动做好了准备。

在2017年《美国国家安全战略报告》（National Security Strategy of the United States of America）中，中国被其列为最大的竞争对手，并在经贸、移民等方面被处处针对。面对权力日益集中且军事支出不断增长的美国，中国需警惕其行动的突然加速，以便在关键时刻确保国家的安全和利益。

参考文献

1. CBO, Projected Costs of U. S. Nuclear Forces (2019 to 2028), 2019. 1, https: //www. cbo. gov/system/files/2019 -01/54914 - Nuclear Forces. pdf.

2. Seamus P. Daniels and Todd Harrison, Making Sense of the Bipartisan Budget Act of 2018 and What It Means for Defense, 2018 -02 -22, https: //www. csis. org/analysis/making - sense - bipartisan - budget - act - 2018 - and - what - it - means - defense.

3. Ana Swanson and Paul Mozur, Trump Mixes Economic and National Security, Plunging the U. S. Into Multiple Fights, 2019 – 06 – 08, https://www. nytimes. com/2019/06/08/business/trump – economy – national – security. html.

4. US now seeking social media details from all visa applicants, Associated Press, 2019 – 06 – 01, https://www. apnews. com/c96a215355b242e58107c2125c18fc4a.

5. Madison Park, Trump administration ended protected status for 250, 000 Salvadorans. These immigrants might be next, CNN, 2018 – 01 – 10, https://edition. cnn. com/2018/01/09/politics/temporary – protected – status – countries/index. html.

6. Andy J. Semotiuk, Foreign Students To Deal With Uncertainties Under New U. S. Immigration Policy, Forbes, https://www. forbes. com/sites/andyjsemotiuk/2018/06/13/raising – the – bar – on – international – students – new – uscis – policy – looks – to – target – college – students/#7c0ec79255fb.

7. Howard Gold, Opinion: The U. S. economy will never have another Golden Age, Market Watch, 2017 – 09 – 01, https://www. marketwatch. com/story/the – us – economy – will – never – have – another – golden – age – 2017 – 09 – 01.

8. [美] 约瑟夫·E. 斯蒂格利茨著. 全球化逆潮 [M]. 章添香等译. 北京: 机械工业出版社, 2019.

9. Segun Osisanya, National Security versus Global Security, UN, 2014. 10, https://unchronicle. un. org/article/national – security – versus – global – security.

10. Defining U. S. National Security, The University of Texas at Austin, https://www. strausscenter. org/energy – and – security/defining – national – security. html.

11. Kelsey D. Atherton, Obama Orders Pentagon To Plan For Climate Change, Popular Science, 2016 – 09 – 22, https://www. popsci. com/obama – orders – pentagon – to – plan – for – climate – change/.

12. DOUG PALMER, The Cold War origins of Trump's favorite trade weap-

on，Politico，2018 – 07 – 05，https：//www. politico. eu/article/cold – war – origins – of – donald – trump – favorite – trade – weapon/.

13. 游天龙等．特朗普的“穆斯林禁令”听起来很违和，却提出一个宪法难题．澎湃新闻，2016 – 02 – 01，https：//www. thepaper. cn/newsDetail_forward_1431056.

14. CBO，Funding for Overseas Contingency Operations and Its Impact on Defense Spending，2018. 10.

15. National Security Strategy of the United States of America，2017. 12.

16. The Center for Arms Control and Non – proliferation，FISCAL YEAR 2020 DEFENSE SPENDING REQUEST BRIEFING BOOK，2019. 3.

17. Laura K. Donohue，The Limits of National Security，Georgetown University Law Center，2011.

18. James V. Saturno，Coordinator et al. The Congressional Appropriations Process：An Introduction，Congressional Research Service，2016 – 11 – 30.

19. ELANIE ZANONA，House fails to override Trump veto on border emergency，Politico，2019 – 03 – 26，https：//www. politico. com/story/2019/03/26/house – veto – override – border – emergency – 1235896.

第四章　百年医改失败并非差钱

本章导读：

美国是医疗技术最发达的国家，也是发达经济体中唯一一个没有实现全民医保的国家。其医疗体系架构缺乏整体设计规划，呈现出明显的碎片化特征。医疗服务供给多由私人提供，而需求方又被切割划分、归属不同的保险覆盖，且供需间的协调机制不足，保险间又缺乏过渡安排，这导致该体系无法实现较好的融合。这使得很多美国人难以获得负担得起的医疗保健服务。虽然美国近100年来一直在上演各种版本的医改，但其医疗及医保体系的生态并未因此得到彻底改变。而且在新冠肺炎疫情期间其医疗体系的漏洞再次凸显。

本章梳理了美国的百年医改历程，并在国际比较的基础上总结出其医疗体系特点，探究了其医改屡遭失败的原因：其医疗体系的失败实际上折射出的是其文化和制度在构建社会安全网络上的失效。

一、美国的百年医改历程

按照制度经济学的观点，制度是人们追求社会秩序的结果。起初它是一个社会价值信念、文化传统、风俗习惯等的产物，并会随着社会环境等因素的变化而持续缓慢地改进。这种非正式的制度具有自发性、非强制性和“顽固性”的特点，其变迁是缓慢渐进的。而一旦经法律加持成为正式的强制性制度，那么它的变迁将进入快车道，且其延续性也可能会遭到破坏，进而产生不同程度的制度割裂。美国医疗制度体系的形成和变迁就大致符合上述逻辑。作为一个极度崇尚自由市场的西方国家，其自发形成的私人医疗、医保体系具有强大的生命力，而由民主党政府主导的公共医保制度的改革和发展却步履维艰。

（一）美国自发形成了私人医保体系

19 世纪末，工业革命一方面促进了美国国内钢铁等行业的繁荣；另一方面也加重了工人的负担，繁重的体力劳动导致工伤频发。在这样的背景下工会组织开始面向工人提供一些类似于健康保险的保护。这是其历史上关于正式医疗保健及工人医疗救助的最早记录，但这种早期的健康保护体系是粗糙且不成熟的（Valerie Henderson，2020）。美国的现代医疗、医保体系架构可追溯至20 世纪初。第一次世界大战让人们见识了现代武器装备的巨大破坏性和杀伤力，同时战争对生命的践踏又反向促进了医疗技术的发展。这种类似于人体应激保护性反应的技术突进成为战后的宝贵遗产并逐步走入寻常百姓家。医学的进步提高了人们对于治愈疾病的希望，使得民众愿意为身体康健的预期支付更高的费用。对美好生活的向往及不断膨胀的需求推动了医疗领域分工的细化，加速了医疗技术的发展，并进一步推升了相关开支。在这种因果动态循环中，医生团体的力量不断壮大，医院日益高端专科化，医疗成本也越来越高。在美国，当医生们意识到看病的花费已超出很多人的承受能力时，他们从本国传统市场机制和维护自身利益的角度出发，提出了私人保险这种医疗费用支付方案。其中，医疗社团所举办的蓝十字计划和蓝盾计划对私人第三方支付医疗保险体系的发展起到了引领作用。随着医院协会等专业团体的进一步壮大，私人医保体系不断巩固。而二战期间的工资管控政策也意外促进了雇主提供医保模式的发展，此后私人医保尤其是雇主医保一直占据美国医疗保险体系的主要地位（见表 4－1）。

表 4－1　　近百年来美国医保体系的演进

时间	医保制度的演进	补充说明
20 世纪初	1. 医学技术的进步提高了人们的期望值，进而推动技术更快发展。医院逐步演变成了专科、外科手术和研究中心，就医成本随之飙升。 2. 1927 年，美国医学会（AMA）成立了医疗费用委员会，并开始研究医疗费用支付方案，其结论是私人保险是最好的解决办法。	一战促进了医学技术的进步，到 20 世纪 20 年代，新技术传播到全国各地平民医院，更高的医疗水平也带来了更高的医疗费用； 美国医学会（AMA）反对政府在医疗保健中扮演任何角色，但医生们也开始意识到越来越多的民众负担不起医疗费用。

续表

时间	医保制度的演进	补充说明
20 世纪 20—30 年代	1. 蓝十字和蓝盾计划对私人第三方支付医疗保险体系的发展起到了引领作用。 2. 由于美国医学会等的强烈反对，1935 年《社会保障法》（主要针对养老和失业）中并未包含医疗保险内容。	在医院和医生保证收入的诉求下，医疗社团举办了私营非营利性的蓝十字计划和蓝盾计划，它们对同一社区居民设置同一费率。前者针对住院治疗费用，后者针对医生外科手术费用。
20 世纪 40 年代	1. 二战期间提供医疗保险成为雇主吸引雇员的手段之一。 2. 第一个提出全民医疗保险的总统杜鲁门的改革计划失败。	二战期间联邦政府实施了严格的价格和工资管控。雇主提供的医疗保险属于福利，不受工资限额约束。 杜鲁门改革失败的客观原因包括：既得利益者将全民医疗保险渲染成与"共产主义"相联系的概念，煽动抵制情绪；工会被赋予与雇主谈判医疗保险的权力，减弱对医改的支持；国际形势转移了总统的注意力等。
20 世纪 50 年代	1. 私人医疗保险获政府支持；商业保险开始根据顾客的健康风险提供个性化服务，对年轻群体收取较低保费，对高风险人群收取高保费甚至拒保。保费支出开始超出中产阶级的承受能力。 2. 德怀特·D. 艾森豪威尔（共和党）总统签署的《1960 年科尔—米尔斯法案》（Kerr – Mills Act）通过建立联邦项目来资助各州为老年人和体弱者提供的医疗服务，但资金有限，许多州都拒绝加入。	1954 年税改对雇员医疗保险计划的保费免税，有效地为基于雇主的保险提供了政府补贴。
20 世纪 60 年代	1. 肯尼迪总统提出医疗保险计划（Medicare），但美国医疗协会却发起了大规模的、耗资巨大的反对该计划的公众运动。 2. 1965 年，在约翰逊治下，医疗保险计划（Medicare）和医疗救助计划（Medicaid）出台，穷人、残疾人、老年人等弱势群体为其主要对象，医保覆盖面扩大。	肯尼迪在 1963 年底遇刺，医保计划交到了继任者约翰逊手中。 医疗费用的快速增长，人口老龄化问题的突显以及约翰逊在两院的高支持率都促使了双 M 计划的顺利出台。美国以私人商业保险为主、公共保险为辅的医疗保险体系最终成型。

续表

时间	医保制度的演进	补充说明
20 世纪 70 年代	1. 共和党的尼克松、福特总统和民主党人卡特总统都希望建立全民医保体系，但均以失败告终。 2. 尼克松总统希望通过健康维护组织（HMO）进行医保控费。1973 年的《健康维护组织法》（HMO Act of 1973）推动了该类组织的快速发展，并逐步主导了美国的私人医保模式。他还在 1974 年提出了《综合医疗保障法案》（Comprehensive Health Insurance Act），强制要求私人雇主提供医疗保险，同时为没有医疗保险的个人提供联邦“公共选择”，但未获国会通过。	在石油危机和通胀下，财政压力大，且已有的私人及公共保险覆盖了相当多人口，社会对建立全民医保体系的需求不迫切。
20 世纪 80 年代	1. 里根总统（共和党）实施了重大的减税政策并削减了包括医疗补助在内的许多政府服务项目； 2. 国会通过《统一综合预算协调法案》（COBRA），允许一定程度的医疗保险的可移植性，同时要求相对较高的保险费。	工会化传统行业的衰退、零售服务等行业普遍缺乏雇主医疗保险福利、劳动力流动加速等原因导致以雇主为基础的医疗保险变得越来越不可靠，《统一综合预算协调法案》（COBRA）在一定程度上缓解了上述问题。
20 世纪 90 年代	1993 年克林顿总统（民主党）向国会提交了《医疗保障法案》（Health Security Act），但遭到了共和党的强烈反对，最终未形成立法。之后，他进行了小范围的改革，推出了 S－CHIP 计划、《医疗保险可携性与责任法案》（HIPPA）等。	《医疗保障法案》（Health Security Act）的主要目的是控费及实现全民医保；S－CHIP 计划大幅减少了未参保儿童的数量；《医疗保险可携性与责任法案》（HIPPA）旨在帮助失业者和更换工作者维持医疗保险。

续表

时间	医保制度的演进	补充说明
2000—2010 年	1. 乔治·W. 布什（共和党）所在党派对国会的控制扼杀了民主党人大幅扩大公共资助医疗保险的希望；他扩大了医疗保险对处方药的覆盖面（Medicare Part D），这是自该保险成立以来最大规模的扩张，但同时也设置了禁止联邦政府与制药公司进行折扣谈判的规定。 2. 由于联邦政府无法扩大公共医疗保险覆盖面，田纳西（1994 年）、马萨诸塞（2006 年）和康涅狄格（2009 年）等州政府开始努力为其居民提供更多的保险。	田纳西州和马萨诸塞州的成本都超过了预期，并在法案通过后对项目进行了大幅调整。马萨诸塞州的医疗保险计划是第一个实现有效全民医疗保险覆盖的计划，被视为 2008 年民主党主要总统候选人医疗保险计划的模板。
2010—2017 年	《患者保护与平价医疗法案》（ACA）经奥巴马签署生效，其目标是控费、建立全民医保体系、提高医疗服务质量。	奥巴马医改代表了 1965 年医疗保险及医疗救助计划以来的美国医改的最高成就。
2017 年至今	叫停奥巴马医改法案是特朗普总统上任后发布的第一条行政命令。之后他提出了替代方案《美国医保法案》（AHCA），但方案几经修改也终未获国会通过。	由于立法暂时行不通，特朗普就通过不断签署行政命令的方式来逐步限制奥巴马医改法案的实施，例如废除强制医保等。

来源：作者总结。

然而，很多时候，私人医保在效率和公平方面都不怎么让人满意。由于信息不对称的存在，医保公司很难掌握投保人的全部信息，难以确定每个人的精算公平保费，但如果按照人口的平均风险程度来确定保费，那么低风险的人可能就会离开，剩下的多是高风险人群，这种逆向选择会导致保险公司赔钱。此时，为了保证盈利，保险公司会提高保费，而风险不那么高的人会继续退出，最终可能出现的结果：一是形成恶性循环的“死亡螺旋”，例如 1995 年哈佛大学员工医疗保险改革的失败（哈维罗森等，2015），从而有损于效率；二是保费会因民众的年龄和病史而上升，甚至存在对老人和重病患者等拒保的情况，进而导致一大批人无法享受医保，从而有损于公平，并加剧社会的分化和对立。得益于风险厌恶人群的存在，相较而言，第二种结果表现得更为显著。对于上述问题，政府可能的作用是在控制逆向选择的无效率与减少对健康状况不同人群收取不同保费（甚至不承保）的不公平之间，找到平衡点。

（二）联邦政府的医改步履维艰

如果在美国医保体系发展史上追踪联邦政府的足迹，就会发现早在20世纪初，西奥多·罗斯福总统曾提出过强制医疗保险方案，这得到了美国劳工立法协会（AALL）等的支持，却遭到了美国医学会（AMA）的强烈反对，并最终因一战的爆发而没能推进下去。20世纪30年代另一位罗斯福总统（民主党）曾试图在其新政所构建的社会保障项目中加入公共医保内容，此后，同党派的杜鲁门总统还提出了全民医疗保险计划，但都在反对者的破坏下没能成功。1954年，共和党总统德怀特·D. 艾森豪威尔的税改中对雇员医疗保险计划的保费免税，这意味着政府以法律的形式承认了雇主医疗保险，并为之提供补贴。上述总统的政策选择基本代表了其各自政党的主流意见，即放在历史的全景框架来看，民主党一直试图扩大政府对医保体系的干预，致力于构建起覆盖面更广的公共医保甚至是全民公共医保体系；而共和党则主张以市场为主，反对政府权力的扩张。

在两党的轮流执政下，美国近100年来一直在上演各种版本的医改（见表4-1），改革目标多集中于控费、提高医疗服务质量和医保覆盖率等，但其医疗及医保体系的生态并未因此得到彻底的改变，一直保持着私人为主的特色。其中，1965年约翰逊总统为老年人和低收入家庭设立的医疗保险（Medicare）和医疗补助（Medicaid）计划是为数不多的改革突破，并至今在公共医保中扮演着重要角色。此后的奥巴马医改代表着民主党历任总统的最高成就，他的成功建立在该党派前赴后继推动医改的经验教训之上，得益于当时的经济社会环境，而且在国会中的多数席位也起到了至关重要的作用。然而，来自共和党的特朗普总统自宣誓就职当天起就开始为废除前任的这项政治遗产而努力。为达成目标他采取了包括肢解政策逐项突破、控告法案违宪等手段。目前，对于《平价医疗法案》（ACA）是否违宪的审判还悬而未决，如果最高法院做出支持共和党的判决，那么奥巴马医改这一美国历史上最接近实现全民医保的改革可能会在很大程度上被阉割甚至完全被废除。

从美国医疗体系的发展历程可知，其自发形成的私人医疗服务及医保模式有着深刻的历史文化根源。虽然它会随社会经济环境的变化进行一些调整，例如更加个性化，但是其在整个医疗体系中的主导地位并没有改变。相较而言，由政府通过法律规定强制推行的制度安排则呈现出一定的间断性和割裂性。两党截然不同的政策方向等因素制约了美国医改的效果。

二、失败的美国医改和医疗体系

美国是发达国家中唯一没有推行"全民医保"的国家，一直保持着私人医保（尤其是雇主向雇员提供的医保）为主、公共医保为辅的特色。它在尖端医疗技术方面具有世界领先优势，但国内却有高达25%的成年人因无法承受昂贵的医疗费而放弃必要的治疗。这与其世界头号强国的身份似乎不大相符，尤其是在近期的新冠肺炎疫情期间，其医疗系统的脆弱性更加充分地暴露。

（一）碎片化的医疗体系及不健全的医保制度

在与英国等国的比较中可以发现，美国的医疗体系架构缺乏整体设计规划，呈现出明显的碎片化特征（见表4－2）。其医疗服务供给多由私人提供，而需求方又被切割划分、归属不同的保险覆盖，且供需间的协调机制不足，保险间又缺乏过渡安排，这导致该体系无法实现较好的融合。例如，其政府医疗保险（Medicare）更像加拿大的制度，而退伍军人管理局所提供的医疗保障又更类似于英国（Aaron et al.，2017）。而且割裂的制度还导致了机构的重叠，并推高了行政成本。

表4－2　　美国及可比国家的医疗系统基本情况

国家	医疗系统特点介绍
政府作为单一支付人的医疗体系	
英国	通过国家医疗服务体系（NHS）提供政府资助的医疗服务，其资金来自税收，服务覆盖范围广，且大多数服务对公民免费。另外还存在着一个与公共系统并行的私人医疗系统，约10%的人会购买私人保险。在医疗总支出中，政府支出占80%以上。

续表

国家	医疗系统特点介绍
加拿大	强调公民间的基本医疗服务均等化。大量医疗服务由私营部门提供。医生收费是与当地医疗协会协商制定的，具有约束力，不允许额外收费。基本医疗保健资金由省府通过税收（联邦政府提供指导和部分资金）提供。病人可以自由选择医疗服务提供者，各省直接向医生支付账单。可通过工作获取补充的私人保险（只允许私人保险提供公共保险未覆盖的服务，以避免其破坏公共保险分散风险的效用）。政府支出占医疗总支出的70%左右。
全民医疗与私人医保相结合的综合医疗服务体系	
澳大利亚	超过一半的医院是公立的，可提供免费住院治疗等大多数医疗服务及处方药。人们也可自愿购买私人健康保险，进而获得私人医院及一些公共系统不包括的医疗服务。政府支付至少85%的门诊费用，并为使用公立医院的私人病人支付75%的医疗费用。病人必须自掏腰包支付没有保险的费用。
法国	每个人都必须购买由少数非营利基金出售的公共健康保险，这些基金的资金主要来自税收。公共保险覆盖了70%到80%的费用。自愿医疗保险可以覆盖剩下的部分，这使得自付费用相对较低。大约95%的人口通过工作等方式获得了自愿医保。卫生部制定相关资金和预算安排，并对医院病床数、设备购买数量、医学生数量、手术和药品价格做出规定。
政府主导下友好竞争的医疗体系	
德国	约86%的德国人主要通过公共体系获得医疗保险，其余人群则购买了自愿的私人医疗保险。公共医保的保费基于收入确定，由雇主和雇员支付，政府提供补贴（获得补贴的收入上限约为6.5万美元），但对慢性病患者的补助减少，并且不提供儿童补助。患者在医生和医院之间有很大的选择权，个人的费用分担也很低。私人健康保险没有补贴，但政府对保费做出了规定。私人保险公司在客户首次登记时，根据精算收取保费，随后仅根据年龄而非健康状况提高保费。大多数医生的服务收费是建立在协商价的基础上的，他们每年能得到的报酬是有限的。
瑞士	医生按服务收费；病人（除非选择了管理式护理计划）有相当大的选择医生的余地。强制性保险：保险由私营公司在非营利的基础上提供，由社区评级和担保发行，保费根据覆盖面、免赔额和就诊便利性等的不同而不同。政府提供一些保费补贴，比例与收入挂钩，近30%的人可以获得该补贴。要求所有人都必须购买。自愿性保险：保险公司在营利的基础上提供保险，以为个人提供更多的医疗服务和医院选择。对于这些保险，保险公司可能会更改福利保障和保费，还可以对慢性病患者拒保。

续表

国家	医疗系统特点介绍
具有政府和市场混合特征的医疗体系	
新加坡	在公立医院的病房里，基本护理很便宜，有时甚至是免费的，而那些付了额外费用的人则可以在私人病房里享受更高级的护理。工人将大约37%的工资存入强制储蓄账户，用于医疗、住房、保险、投资或教育，还有一部分由雇主缴纳。政府帮助控制成本，参与医疗新技术投资的决策，利用大宗谈判来减少药品支出，并控制国内医学生和医生的数量，帮助决定他们的收费水平。
美国	碎片化特征明显，政策设计间存在冲突，难以有效构建起完整体系。大多数人通过就业获得私人保险；单一支付医疗保险主要适用于65岁及以上的老年人；低收入人群可申请政府的医疗补助；个人还通过平价医疗法案建立的交易所购买私人保险；未实现全民医保。除了由退伍军人健康管理局管理的医院外，其他医院都是私立的。

资料来源：作者根据《纽约时报》等媒体的新闻报道整理。

在整个医疗体系中，医保是重要的风险共担机制，同一保险的投保人数越多、差异越大，保险金的可预测性就越强，保险就越能起到降低全社会风险的作用。然而，相较于可比国家，美国的承保方比较分散，且政府作用较弱，未实现全民医保，这意味着在面临集中爆发的疫情时，其医保体系在分担个人风险方面的效果会大打折扣。根据美国人口普查局（Census Bureau）资料，2018年以雇主为基础的医保覆盖了一半以上的人口，另有8.5%的人（2750万人）在这一年的任何时候都没有医保（Edwrad et al.，2019）。而2020年新冠期间失业率的骤升又使很多人失去了雇主医保[①]。在疫情催生的就医需求面前，虽然政府提供了免费的检测服务，但一旦结果呈阳性，那么治疗费用或将成为患者们的沉重负担。根据独立非营利机构公平健康（FAIR Health）资料，那些因新冠住院的患者，如果没有保险或者治疗服务不在保险范围内的话，可能需要自掏腰包支付42486—74310美元不等的费用（Megan Leonhardt，2020）。对于普通民众而言，这些天文数字般的费用是遥不可及的。

① 尽管可以申请延长雇主保险，但是这样做的费用很高；其中一些人可能有资格申请政府的医疗补助（Medicaid），但这也要取决于其所处的州，因为各州在门槛设置上有一定的自主权。

（二）医疗服务供给结构畸形发展

相比较可比发达国家（见表4－3），美国高端专科和护理服务的供给十分充足，但全科和基本医疗服务的存量严重不足，这种过于偏重技术设备投入和精细化、专科化的医疗市场供给结构与实际就医需求结构不相符，并导致其难以应对新冠疫情等严重的大规模流行性疾病。

表4－3　　　　美国及可比国家医疗系统的部分数据

国别 \ 项目	每千人医院床位数（张）	每千人急诊护理床位数（张）	每百万人拥有医院数（家）	每千人拥有的医生数（名）	医生群体中专科医生占比（%）	医生群体中全科医生占比（%）	每千人拥有执业护士数（名）	每百万人拥有的磁共振成像（MRI）设备数（台）
	2016年	2017年	2017年	2017年	2017年	2017年	2018年	2019年
日　本	—	7.8	—	2.4	—	—	—	55.2
德　国	8.1	6	—	4.3	77	23	—	34.7
奥地利	7.4	5.5	—	5.2	50	32	—	23.5
比利时	5.8	5	—	3.1	62	37	18.4	11.6
瑞　士	4.6	3.7	—	4.3	60	26	—	—
法　国	6.1	3.1	—	3.2	55	45	—	15.4
荷　兰	3.4	2.8	—	3.6	55	45	12.2	13.1
瑞　典	2.3	2.0	—	4.1	53	15	20	—
加拿大	2.6	2.0	—	2.7	52	48	11.7	10.4
英　国	2.6	—	—	2.8	73	26	9.8	—
澳大利亚	3.8	—	—	3.7	49	44	15.5	14.8
意大利	3.2	—	—	4.0	—	—	—	—
西班牙	3.0	—	—	3.9	—	—	—	—
可比国家平均水平	4.4	4.2	36.3	3.6	—	—	14.6	22.3
美　国	2.8	2.5	19.1	2.6	88	12	17.4	40.4

资料来源：美国凯撒家庭基金会（Kaiser Family Foundation，KFF）。

首先，从医院密度看，2017年美国每百万人约拥有19.1家医院，而可比国家的均值为36.3家。1990—2017年间，前者减少了28%，而后者仅减少13%。HHI（Herfindahl - Hirschman，赫芬达尔—赫希曼）指数显示美国国内医院的集中度（2016年HHI为5790）已远超2500的阈值，相关领域为高度集中市场（Ryan Nunn et al.，2020）。竞争的缺乏推高了医疗服务的价格，但却无助于服务质量的提升。另从医院床位数来看，2016年美国每千人拥有2.8张病床，可比国家为4.4张，且其急诊床位数也远低于后者，这种短缺在严重的流感季已有充分的表现（Dylan Scott，2020）。

其次，从医护人员来看，美国医生的分布严重偏向高薪的专科医生，全科医生占比仅为12%。同时，其千人医生数远低于可比国家平均水平，而执业护士数略高。据美国医学院校协会2018年的一项研究，到2030年其医生缺口将达42600—121300名，其中初级保健医生短缺14800—49300名（Association of American Medical School，2019）。初级医疗保健是防御新冠疫情的第一道防线，它可以避免非必要人群前往医院看急诊或者门诊，从而在减少该部分人感染几率的同时提高医疗资源的利用效率。美国相关医生资源的短缺对疫情的防治产生了不利的影响。

此外，在以磁共振成像（MRI）设备为代表的医疗技术设备方面，美国的投入更高，这也推高了其国内的医疗成本。每百万美国人约拥有40.4台核磁共振成像机，而可比国家平均仅为22.3台。虽然该类设备有利于提高医疗诊断的准确性，但其数量多未必意味着使用率高。根据OECD资料，奥地利、德国和法国虽然拥有更少的设备，但人均核磁共振检查数量却与美国相似。

（三）医疗服务行业呈现高支出低效率特征

尽管美国在尖端医疗技术等方面拥有绝对的领导地位，但很多美国人却难以获得负担得起的医疗保健服务。据世界卫生组织2019年发布的数据，其医疗卫生支出总额约占GDP的17.1%，其中私人支出约占8.8%，超出OECD主要国家水平；公共支出占比（8.3%）总体与英国等国相似（见图4-1），但人均数据却远超可比国家。这一方面导致其国内约25%的成年人会因医疗费过高而放弃必要的诊疗（张梦旭，2019）；另一方面也给联邦政府带来了沉重的负担。总统预算局（OMB）2020财年预算报告显示，2019财年医疗保险（Medicare）支出扣除保费为6450亿美元，预计未来十年，该支出的年复合增速为7.8%，到2029年将达1.36万亿美元规模，远超国防，跃居联邦第二大支出。如果再加上医疗补助（Medicaid）等项目，联邦政府在医疗保健方面的支出压力会更大（见图4-1）。

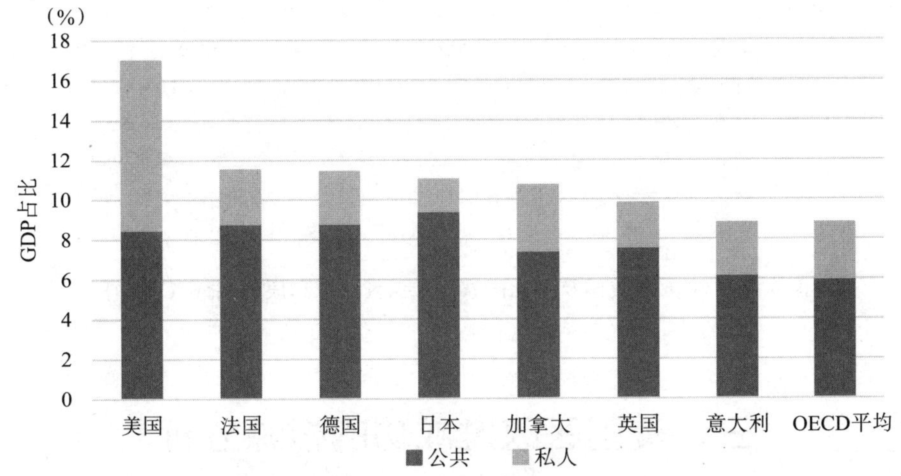

图4-1　美国等发达国家公共和私人医疗卫生支出的GDP占比

资料来源：Ryan Nunn et al.，A dozen facts about the economics of the U. S. health-care system，Brookings，2020-03-10，https：//www. brookings. edu/research/a-dozen-facts-about-the-economics-of-the-u-s-health-care-system/.

然而，高支出并未给多数美国民众带来更好的就医效果。全因死亡率（all-cause mortality rates，按各国年龄差异调整后的每10万人死亡人数）是衡量一国医疗质量、进行国际横向比较的重要指标之一。1980—2017年该指标在各国普遍呈下降趋势，但美国的下降幅度（29%）远不及可比国家平均水平（44%），至2017年其数据为840.2，而后者为668.6。如果将新冠疫情致死人数计算在内，上述差距会更大。另外一个较为广泛使用的指标是可承受死亡率（mortality amenable to healthcare），它衡量的是经过及时有效治疗护理可加以避免的死亡率，反映了各国医疗保健的有效性。基于该数据所构建的医疗保健获取和质量（HAQ）指数的分值为从0至100。得分越低，一国医疗保健有效性越差，越高则越好。美国的得分为88.7，远低于可比国家平均水平93.7（见图4-2）。

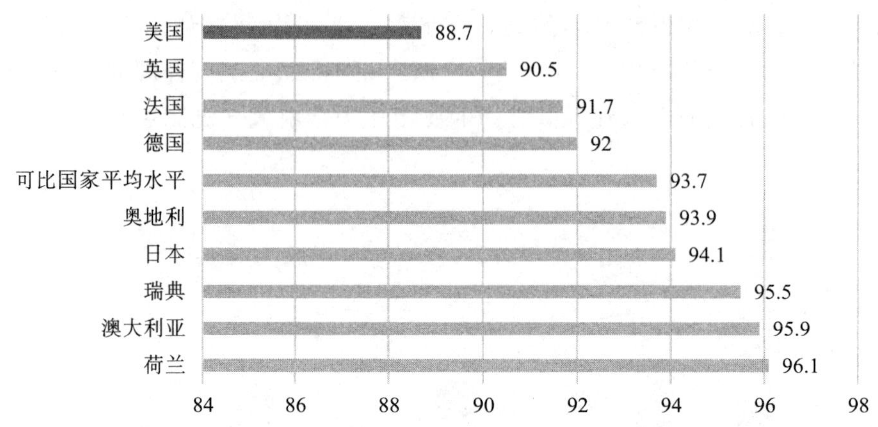

图 4－2　2016 年美国及可比国家医疗保健获取和质量指数（HAQ）

三、美国医改难成功的根源分析

美国作为当今世界头号强国却一直没有建立起覆盖全民的医保体系，其中所反映出的并非其能力或者技术上的缺陷，而是更深层次的文化背景、价值取向，以及构建于其自由思想文化基础之上的民主制度和体制安排问题。更一般地来看，这实际上折射出了其文化和制度在社会安全网络构建上的失效。

文化是社会发展过程中人类所创造出的可进行代际传递的精神和物质财富的总和（林毅夫，2018）。与马克思的经济基础和上层建筑理论一致，马林诺夫斯基进一步将其细分为三个层次，分别为：器物，即生产工具、生产方式等；组织，即政治、经济、社会组织形式等；精神，即价值取向等（马林诺夫斯基，1946）。在器物方面，美国代表着全球最高医疗技术水准。其精神文化层面所倡导的自由、民主和暗含其中的社会达尔文主义，以及与这种精神自洽的私有制和市场经济体系为技术创新提供了有力的支撑。然而，这种文化土壤却与社会保障网络所强调的社会共济不大相容，而且构架于自由民主之上的联邦制及“三权分立”政治制度又分散了政府的力量，使其难以通过强制性手段来构建起完整统一、覆盖广泛的社会保障体系。同时，移民社会及潜伏其中的种族矛盾、高度的市场化及分散的私人经营模式等都对美国的社会力量产生了腐蚀。而组织层面市场、政府、社会力量发展的不均衡，又进一步加剧了强势利益集团对弱势群体的压制，进而导致社会公平和正义的缺失。从被追捧和模仿到被质疑和诟病，美式自由民主似乎正在丧失最初的生命力。

（一）对自由和民主的滥用

自由和民主是美国思想文化和政治制度的基石。其早期的民主思想建立在清教徒们对信仰自由和政治平等的诉求之上，此后被殖民的历史也使他们更加明晰了自由和自治的重要性。在政治组织层面，国父们精心设计的美式民主政治架构就充分体现了对这种自由的捍卫。其宪法仅赋予联邦政府有限的权力，却把大部分更贴近普通大众的权力留给了州和地方。这表明从建国之日起美国就只是要建立一个拥有有限权力的联邦政府以确保个人能够继续作为自由人而生活。可以说，对自由选择权力的崇拜和对大政府家长制的恐惧深深地印刻在美国人的基因里，这种精神文化土壤上很难生长出由政府主导的覆盖全体民众的医保体系。

与此同时，美式自由和民主在现实中日益被曲解和滥用。很多美国民众认为《宪法》和《人权法案》中的公民权利（civil）和自由（liberty）原则保障的是其按自由意志行事、不受限制和拘束的权利（freedom）。而事实上，自由（liberty）建立在不侵犯他人自由的基础之上，即“人得自由，而必以他人之自由为界”（约翰·穆勒，1981）。对此，最高法院法官菲利克斯·法兰克福特（Felix Frankfurter）曾表示，美式自由的标志性事件常常与不太友善的人有关。而且美式民主也是可以被操纵的。例如，既得利益者以保障选择自由为旗号，煽动人们用脚投票反对政府主导的强制性医保。他们甚至将强制性公共医保与“共产主义”联系起来，把对意识形态的操纵作为推翻医改提案的最有力武器。对此，克林顿医改的推动者希拉里·克林顿在1994年曾自嘲道，尽管这些理念是错误的，但是反对者们在传播这些具有政治意味的信息时非常老练，而这又总会被医改推动者所忽略（Karen S. Palmer，1999）。再如，新冠疫情期间，很多民众反对政府的居家令，甚至将戴不戴口罩上升为政治问题。其中所体现的是零和博弈的自由和易被操纵的民主，这些都加剧了美国社会的对立和撕裂。

（二）政治和社会撕裂导致改革失灵

对于政府失灵，一些研究人员认为它是指政府活动并不总是如理论上能够做到的那样有效（丁煌，1999）。人们对公共物品的需求无法在代议制民主政治中得到很好的满足（唐兴霖，2000）。在美式民主体制中，民众与政府间是委托代理关系。其隐含的假设是政府是大公无私的，而事实上美国的两党及其当选总统等都有着自身的诉求，且他们在一些情况下甚至会针锋相对、互不相让。联邦政府越来越频繁的停摆就是这种政治斗争的集中表现之一。同时，由于其权力在地方、州和联邦各级以及不同部门之间被分割，美国政府体系中存在着无数阻碍改革的“刹车”点。再加上外部各种利益集团对政府的游说和绑架，政府内部、党派以及各集团间纷繁复杂的利益关系较为严重地拖累了政策的效率，导致政府在公共服务、市场调节等领域行动迟缓，甚至发生严重的政府失灵。这些问题在医改历程上也有突出表现。

首先，美国两党在执政理念以及很多关键问题上都存在着明显分歧，两者交替执政难免导致医改进程的反复。共和党的哲学更倾向于个人自由和权利，支持小政府。他们认为“大政府”是一种浪费，是经济发展的障碍。其所坚守的是达尔文式资本主义。而民主党人更重视平等和社会（社区）责任。他们希望政府在社会中发挥更积极的作用，并相信这种参与能提高人们的生活质量，有助于实现社会公平的宏大目标。二者的执政理念反映在医保问题上就是，民主党支持全民医疗体系和政府的参与，而共和党则认为私营公司提供的医疗保健服务更有效率，并坚决反对奥巴马医改的强制性条款。在正常情况下，这种两党间的掣肘、制衡是政治体制中的一种纠错机制，可以保证政策不至于发生过大偏差，但是这同时也会导致政策的低效率和不延续。也就是说，几乎难以相容的两个极端的交替执政难免会导致医改的间断反复和政策制度的割裂。

其次，分散的联邦制也不利于医改政策在全国的推行。于美国而言，联邦政府的权力是州赋予的且被限制在《宪法》的清单范围之内，而一切未经列举的权力均属于州。在医保等领域，没有州府的响应，联邦政府的政策很难真正推广落地。例如，奥巴马医改所提出的扩大医疗保险（Medicare）的计划至今还有 14 个州没有参与，而对于特朗普所提出的医疗政策，响应的州也并不多。再加上红色和蓝色州在执政理念方面的差异，要想建立覆盖全民的医保体系确实非常困难。

最后，美国的医保覆盖情况与收入划分密切相关，据此可形成两大利益集团。其中一方是已拥有雇主保险的群体，他们不希望为其他人分摊保费，因而不支持政府的全民医保体系；另一方是没有医保的群体，他们希望通过政府主导的医改获得医保。而前者往往是社会主流人群和中间力量，是政府为获选票而主要拉拢的人群；后者多为低收入和边缘群体，有一定的投票权，且存在影响社会稳定的风险，所以政府也需关注其诉求（任丽娜，2019）。联邦政府的医改方案需要在二者的利益诉求之间权衡选择。例如，特朗普更偏重于既得利益者而忽略了低收入和边缘人群，这在一定程度上加剧了后者在新冠疫情期间的风险暴露，进而导致更为严重的社会分化和撕裂。而奥巴马在为低收入和边缘群体提供更多保障的同时，也引起了一些既得利益者的不满。考虑到美国社会不断拉大的贫富差距及各群体的不同诉求，要想建立一个覆盖全民的医保体系，难度不容小觑。

（三）社会正义缺失，凝聚力差

相较于政府、社会、市场均衡发展的欧洲，美国呈现出明显的大市场、小政府、小社会的结构。移民来源的多样化和由来已久的种族矛盾致使其社会凝聚力较差，而过于强大的市场及其背后的商品思维以及分散的私人经营模式又对社会组织产生了一定的腐蚀，这些都加剧了社会失灵。对于社会失灵，一种解释是指社会成员缺乏社会正义和自治动力，出现集体沉默或者被边缘化的情况。其结果将是社会监督、公益性的缺失，并且还可能会加剧市场和政府失灵。

首先，美国的医疗协会等团体表现出了明显的以自身利益为中心的倾向，没有起到应有的自治和维护社会正义的作用。例如，美国医学会（AMA）几乎可以称得上是公共医保的坚决反对者。在它的反对下，1935年的《社会保障法》最终未对医保内容做出规定；20世纪60年代，为反对医疗保险计划（Medicare），该会还发动了一场耗资巨大的公众运动。而且这类专业团体对医疗体系的影响至今依然很明显，例如通过对住院医生职位的限制等方式减少行业竞争，左右医疗费用进而获取垄断利润。再如，面对基本医疗供给不足的情况，医疗协会并未采取足够有效的措施来维护社会公平正义。

其次，工会组织本应是推动全民医保体系的积极力量，但在美国，它们似乎更强调自身的诉求。例如，在20世纪初，由于担心政府篡夺工会在提供社会福利方面的角色，美国劳工联合会（AFL）一再谴责强制医疗保险，并将它描述成一种不必要的家长式改革。这种对自身所代表群体的反叛，也增加了医改过程中各方利益博弈的复杂性，加大了为医改凝聚力量的难度。

最后，在美国的百年医改中，草根群体也并未发挥应有的作用。而事实上，该群体的力量是巨大的，其在历史上的主动行动曾有力地促成了医疗保险（Medicare）的通过。然而，由于社会凝聚力较差等原因，这些群体在关键时刻的失声也加剧了公共医保体系构建的困难性。

参考文献

1. Aaron E. Carroll and Austin Frakt, The Best Health Care System in the World: Which One Would You Pick?, the New York Times, 2017 - 09 - 18, https: //www. nytimes. com/interactive/2017/09/18/upshot/best - health - care - system - country - bracket. html.

2. ABC News, Competition among State, Local Governments Creates Bidding War for Medical Equipment, 2020 - 04 - 04, https: //abcnews. go. com/US/competition - state - local - governments - creates - bidding - war - medical/story? id = 69961539.

3. Anya van Wagtendonk, the Government is Distributing Emergency Covid - 19 Supplies. But some States are Losing out, Vox, 2020 - 03 - 29, https: //www. vox. com/policy - and - politics/2020/3/29/21198704/emergency - covid - 19 - supplies - fema - states - federal - government.

4. Association of American Medical School, 2019 - 04 - 23, https: //www. aamc. org/news - insights/press - releases/new - findings - confirm - predictions - physician - shortage.

5. Dylan Scott, Coronavirus is exposing all of the weaknesses in the US health system, Vox, 2020 - 05 - 16, https: //www. vox. com/policy - and - politics/2020/3/16/21173766/coronavirus - covid - 19 - us - cases - health -

care – system.

6. Edwrad R. Berchick et al. , Health Insurance Coverage in the United States：2018，US Census Bureau，2019 – 11 – 08，https：//www. census. gov/library/publications/2019/demo/p60 – 267. html.

7. Karen S. Palmer，A Brief History：Universal Health Care Efforts in the US，the Spring，1999 PNHP meeting，https：//pnhp. org/a – brief – history – universal – health – care – efforts – in – the – us/.

8. KFF，The U. S. Has Fewer Physicians and Hospital Beds Per Capita Than Italy and Other Countries Overwhelmed by COVID – 19，2020 – 03 – 27，https：//www. kff. org/health – costs/press – release/the – u – s – has – fewer – physicians – and – hospital – beds – per – capita – than – italy – and – other – countries – overwhelmed – by – covid – 19/.

9. Megan Leonhardt，Uninsured Americans could be facing nearly ＄75，000 in medical bills if hospitalized for coronavirus，CNBC，2020 – 04 – 01，https：//www. cnbc. com/2020/04/01/covid – 19 – hospital – bills – could – cost – uninsured – americans – up – to – 75000. html.

10. Nicolas Shanosky et al. , How do U. S. healthcare resources compare to other countries? KFF，2020 – 08 – 12，https：//www. healthsystemtracker. org/chart – collection/u – s – health – care – resources – compare – countries/#item – start.

11. Robin A. Cohen et al. , Health Insurance Coverage：Early Release of Estimates From the National Health Interview Survey，2016，National Center for Health Statistics，2017 – 05，https：//www. cdc. gov/nchs/data/nhis/earlyrelease/insur201705. pdf.

12. Ryan Nunn et al. , A dozen facts about the economics of the U. S. health – care system，Brookings，2020 – 03 – 10，https：//www. brookings. edu/research/a – dozen – facts – about – the – economics – of – the – u – s – health – care – system/.

13. Selena Simmons – Duffin，Trump Is Trying Hard To Thwart Obamacare. How′s That Going? NPR，2019 – 10 – 14，https：//www. npr. org/sections/health – shots/2019/10/14/768731628/trump – is – trying – hard – to – thwart –

obamacare – hows – that – going.

14. Tami Luhb, The future of Obamacare is at risk again. Here′s what′s at stake, CNN, 2020 – 11 – 10, https: //edition. cnn. com/2020/09/21/politics/supreme – court – obamacare – affordable – care – act/index. html.

15. Valerie Henderson, Through the Years: A Timeline of Health Insurance in the U. S. , MotivHealth Insurance Company, 2020 – 02 – 07. https: //www. motivhealth. com/evolving – health – insurance/through – the – years – a – timeline – of – health – insurance – in – the – u – s/.

16. 丁煌. 西方行政学说史［M］. 武汉：武汉大学出版社，1999.

17. ［美］哈维·S. 罗森，特德·盖亚著. 财政学（第十版）［M］. 郭庆旺译. 北京：中国人民大学出版社，2015.

18. 林毅夫. 解读中国经济［M］. 北京：北京大学出版社，2018.

19. 任丽娜. 美国医改举步维艰的公共选择理论分析［J］. 辽宁大学学报（哲学社会科学版），2019，47（3）：168—176.

20. 唐兴霖. 公共行政学：历史与思想［M］. 广州：中山大学出版社，2000.

21. ［英］马林诺夫斯基著. 文化论［M］. 费孝通等译. 北京：商务印书馆，1946.

22. ［英］约翰·穆勒著. 群己权界论［M］. 严复译. 北京：商务印书馆，1981.

22. 赵海荣. 美国医改法案对我国商业健康险市场发展的启示［J］. 辽宁经济，2019（1）：19—21.

24. 张梦旭. 高昂医疗开支让美国民众发愁（深度观察）［N］. 人民日报，2019 – 11 – 25，http: //paper. people. com. cn/rmrb/html/2019 – 11/25/nw. D110000renmrb_20191125_1 – 16. htm.

第五章 就业靠财政政策来托举

本章导读：

在十年前的金融危机中，美国经济受到重创，数百万人失去工作。奥巴马政府通过扩张性财政政策，使美国经济和就业逐步走出周期性阴霾，但更深层次的结构性矛盾却日益突出。如何解决结构性失业及劳动参与率回升难问题成为特朗普政府的重要任务。在就业政策方面，美国经验有其可取之处，也存在一些误区。其就业促进政策在奥巴马和特朗普两届政府间不仅存在一定的连贯性，而且也有因时因势的调整。但与 OECD 其他国家相比，其政策不够灵活。并且美国以财政政策托举就业、用贸易保护主义保护国内就业的做法长期来看也可能会适得其反。

本章对 2007—2009 年金融危机后美国就业形势及其财政促进政策进行了梳理，剖析了其就业形势的特点、影响因素，对比了奥巴马和特朗普政府以及美国和 OECD 其他国家在就业促进政策上的特点，并在此基础上总结了其就业政策的优点和不足。

十余年前的金融危机使美国陷入了失业问题的泥潭，在奥巴马、特朗普政府扩张性财政政策的推动下，美国就业形势得到了较为明显的好转，但结构性失业及劳动参与率提升难问题却日益突出。

一、金融危机后的美国就业情况

十余年前的金融危机既对美国经济产生了重创，也对其就业有重大冲击。经过十多年的修复，美国就业情况有很大好转。

（一）金融危机后美国就业总体情况

2007—2009年房地产泡沫破裂并由此引发次贷危机，美国陷入了1929—1933年大萧条以来最严重的经济衰退。期间失业人数超过了800万人，至2009年10月失业率已经上升到10%，为危机前的两倍多，其中失业时间在六个月及以上者占总失业人口的一半左右。

在奥巴马任内，经过财政、货币政策的强力刺激，美国逐步从经济衰退中复苏。新增就业岗位达1580万个，超过了七国集团其他经济体的总和；失业率（2016年12月为4.7%）与2009年10月的峰值（10%）相比下降了一半以上，远超预期；所有工人（包括受薪经理和主管）经通胀调整后的平均周薪上升了4.0%，其中生产和非管理员工的工资上涨了3.7%；2016年美国家庭收入中值达59039美元，比2008年“实际”（经通胀调整）水平高出2963美元，上涨5.3%[①]。

特朗普上任之后，美国就业数据继续保持向好态势。在其执政的头19个月内，新增就业岗位360万个，与奥巴马任期最后19个月的增量（390万个）大致相当[②]。但从行业细分看，2016年以来商品生产行业[③]就业增长突出，而经季节调整的服务业就业增速却有所放缓。在其执政的头26个月内，非农就业人数增加了512.1万人，尽管增速有所下降，但仍然延续了2010年10月以来月度就业人数连续增长的趋势；失业率继续下降，特朗普宣誓就职时为4.7%，而2019年4月已降至3.6%（1969年12月以来的最低水平），连续14个月保持在4%以下（见图5－1、图5－2、表5－1）。

① Jason Furman, Eight Years of Labor Market Progress and the Employment Situation in December, the White House, https://obamawhitehouse.archives.gov/blog/2017/01/06/eight-years-labor-market-progress-and-employment-situation-december.

② Scott Horsley, Fact Check: Who Gets Credit for the Booming U.S. Economy? National Public Radio, 2018-09-12, https://www.npr.org/2018/09/12/646708799/fact-check-who-gets-credit-for-the-booming-u-s-economy.

③ 美国劳工部所称的“商品生产”岗位包括制造业、建筑业和石油钻探等。

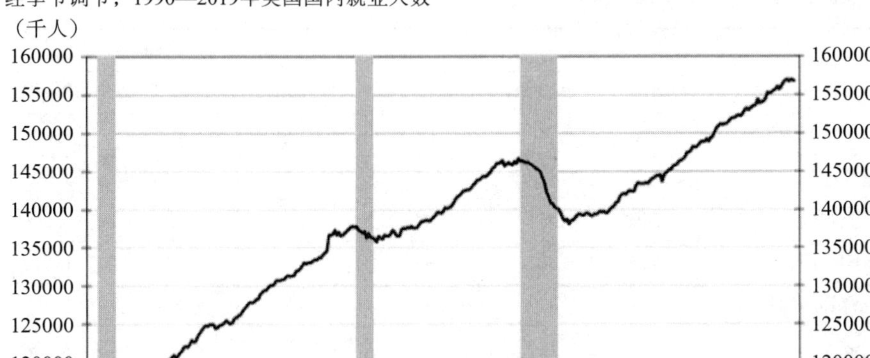

图 5－1　美国国内就业人数

注：图中阴影区域代表由美国国家经济研究局（NBER）确定的经济衰退期。

资料来源：U. S. Bureau of Labor Statistics, Charting the labor market: Data from the Current Population Survey (CPS), 2019－05－03.

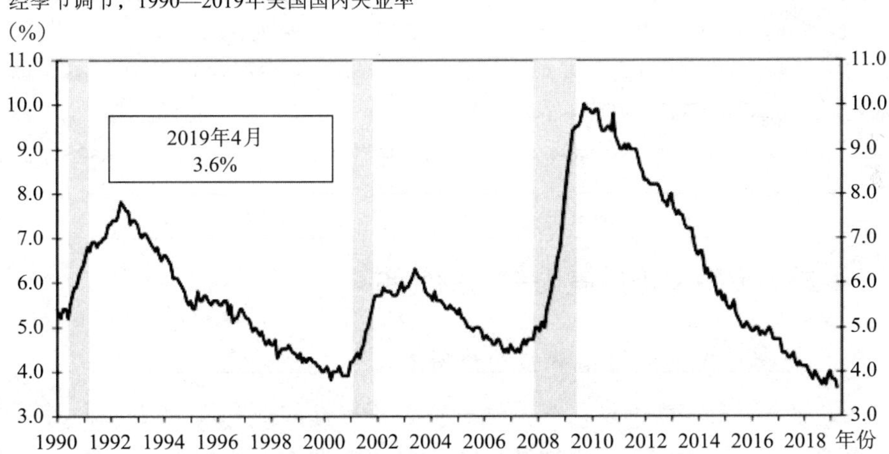

图 5－2　美国国内失业率

注：图中阴影区域代表由美国国家经济研究局（NBER）确定的经济衰退期。

资料来源：U. S. Bureau of Labor Statistics, Charting the labor market: Data from the Current Population Survey (CPS), 2019－05－03.

表 5－1　　2016—2018 年 7 月美国主要领域就业变化情况

行业名称	就业人数变化情况（单位：千人）			年复合增长率		
	2016 年	2017 年	2018 年 7 月	2016 年	2017 年	2018 年 7 月
采矿、伐木业	－85	52	30	－11.6%	8.0%	7.4%
建筑业	186	199	142	2.8%	2.9%	3.5%
专业和商业服务	340	431	304	1.7%	2.1%	2.5%
休闲及酒店管理	405	301	—	2.6%	1.9%	1.5%
教育和健康服务	583	423	232	2.6%	1.8%	1.7%
制造业	－33	189	173	－0.3%	1.5%	2.4%
金融活动	166	114	54	2.0%	1.4%	1.1%
贸易、运输和公用事业	370	143	174	1.4%	0.5%	1.1%
信息行业	51	－34	12	1.8%	－1.2%	0.7%
服务业	2173	1489	982	1.8%	1.2%	1.3%
商品生产行业	68	440	345	0.3%	2.2%	2.9%
非农就业总计	2241	1929	1327	1.6%	1.3%	1.5%

注：2016 年和 2017 年就业人数变化指的是从 1 月到 12 月的就业人数变化。

资料来源：Mark Muro and Jacob Whiton，As midterm elections near，smaller，redder places show more economic growth，Brookings Institution，2018－09－09，https：//www.brookings.edu/blog/the－avenue/2018/09/06/as－midterm－elections－near－smaller－redder－places－show－more－economic－growth/.

（二）金融危机后美国就业的特点

1. 周期性失业中隐含着结构性因素

失业主要有三种类型：结构性失业、摩擦性失业和周期性失业。前两者构成了自然失业率，而周期性失业一般出现在商业周期的收缩阶段。在经济衰退期，商品、服务需求的急剧下降迫使企业大量裁员以削减成本，而没有收入来源的失业工人难以维持原有的购买力，从而致使消费进一步走弱，并由此造成经济和就业形势的不断恶化。因此，周期性失业的规模往往也会更大，例如 2007—2009 年金融危机中美国失业率的快速攀升。

十年前的金融危机在美国一些地区造成了严重的破坏，地方产业或一蹶不振或转移到其他地方，这又导致了结构性失业问题：失业工人，特别是其中的低技能工人，如果不迁移或进入新行业，就难以找到工作。但是知识技能水平的局限性成为他们转行的阻碍，而住房危机又使情况变得更糟，赔钱卖房的巨额损失使人们很难下定决心迁移至其他有空缺岗位的地方。

结构性失业很难衡量，但可以从就业数据中看出端倪，即金融危机后失业率的飙升（2009 年 10 月达到峰值 10.0%）并非纯周期性的。虽然至 2017 年 3 月总体失业率（U－3，即没有工作且在过去四周内积极寻找工作的人在总劳动力中的占比）已经完全恢复，但 U－1（衡量的是失业 15 周及以上的劳动力所占比例）和 U－6（衡量的是失业人口、非自愿兼职工作人口以及希望工作但却无实际行动的人口在总劳动力中的占比）仍高于危机前的低点①（见图 5－3）。

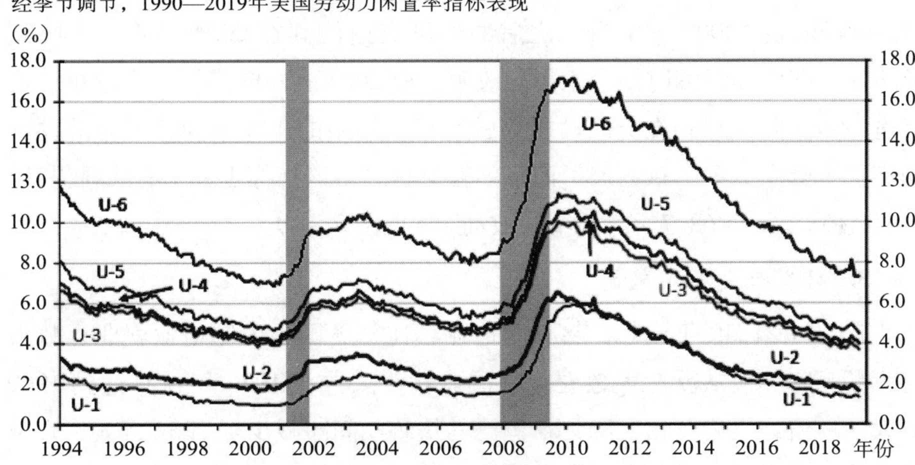

图 5－3　美国劳动力闲置率相关指标表现

注：图中阴影区域代表由美国国家经济研究局（NBER）确定的经济衰退期。

资料来源：U. S. Bureau of Labor Statistics, Charting the labor market: Data from the Current Population Survey (CPS), BLS, 2019－05－03.

① U－3 Unemployment rate was 4. 5 Percent in March 2017; U－6 was 8. 9 Percent, Bureau of Labor Statistics, 2017－04－12, https: //www. bls. gov/opub/ted/2017/u－3－unemployment－rate－was－4－point－5－percent－in－march－2017－u－6－was－8－point－9－percent. htm? view_full.

美国国内职位空缺的问题也比较突出。在奥巴马的第二个任期内，有25个月的职位空缺数超过了500万个，而在此之前，只有2001年1月份的职位空缺超过500万个[①]。另根据劳工统计局2019年2月份的数据，自特朗普上任以来，空缺职位约增加了146.3万个，增幅为26.0%。其中，2018年11月份未填补的职位空缺更是超过了760万个，为近18年来的最高水平[②]。

此外，国际货币基金组织（2011）也认为，2007—2009年金融危机在一定程度上加剧了美国国内的结构性失业问题，并通过研究得出结论，2010年美国结构性失业率较危机前（2006年底）上升了约1.75个百分点。

2. 尽管失业率不断下降，但劳动参与率却无明显提升

从1950年到2019年，美国国内平均劳动参与率为62.99%，其峰值67.30%出现在2000年1月，之后的经济衰退使其在2004年4月下降到65.9%，即使在复苏时期也未得到改善，而2007—2009年的金融危机又使其进一步下降。尽管在奥巴马执政后期有了较多的工作机会，但是劳动参与率仍下降了2.8个百分点。而特朗普上台之后该指标也并未有明显提升，一直在63.2%至62.7%之间窄幅波动[③]（见图5-4）。

3. 制造业失业率较高

自20世纪40年代起，与非制造业相比，美国国内制造业就业人数占比不断下降。仅从就业人数看，制造业就业人数在1976年6月达到1960万人的峰值，之后开始下降，在奥巴马执政期间净减少了19.2万人，直至特朗普上台之后才重新有了明显增长。数据显示，从特朗普就职到2019年3月，制造业就业人数增加了45.3万人，增幅达3.7%，而同期总体就业增长率为3.5%。尽管制造业就业增速略高于总体就业，但相较于2007年

---

① Brooks Jackson, Obama's Final Numbers, FACT CHECK. ORG., 2017-09-29, https://www.factcheck.org/2017/09/obamas-final-numbers/.

② Brooks Jackson, Trump's Numbers, April 2019 Update, FACT CHECK. ORG., 2017-04-11, https://www.factcheck.org/2019/04/trumps-numbers-april-2019-update/.

③ Kimberly Amadeo, Labor Force Participation Rate and Why It Hasn't Improved Much, the Balance, 2019-06-25, https://www.thebalance.com/labor-force-participation-rate-formula-and-examples-3305805.

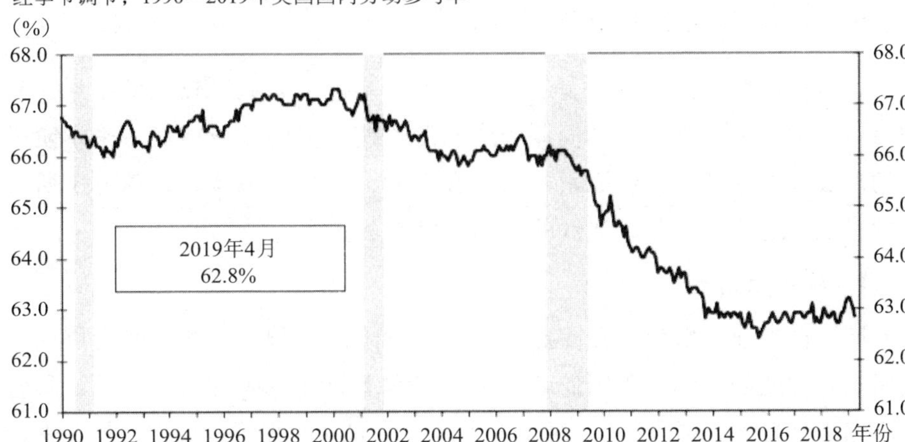

图 5-4　美国国内劳动参与率

注：图中阴影区域代表由美国国家经济研究局（NBER）确定的经济衰退期。

资料来源：U. S. Bureau of Labor Statistics, Charting the labor market: Data from the Current Population Survey (CPS), 2019-05-03.

12 月金融危机开始时，制造业就业人数仍减少了 92 万人[①]（见图 5-5）。

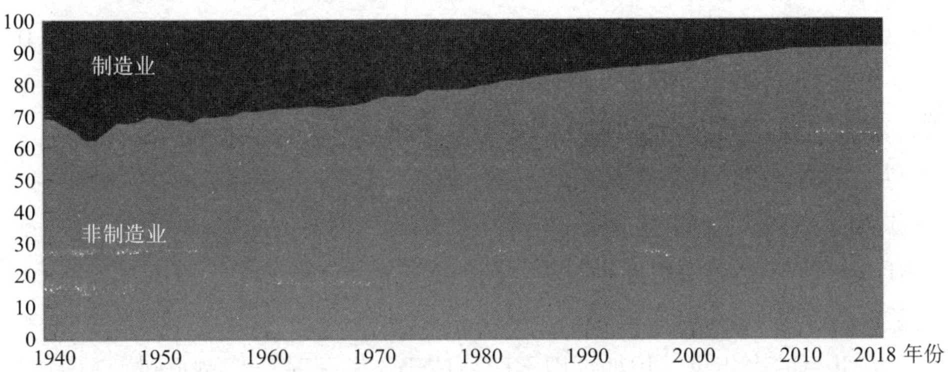

图 5-5　1939—2018 年 9 月美国制造业和非制造业就业情况对比（农业除外）

注：非制造业包括采矿和伐木业、建筑、私人服务和政府就业。年值为月度数据的平均值。

数据来源：US Bureau of Labor Statistics, Current Employment Statistics.

① Brooks Jackson, Trump's Numbers, April 2019 Update, FACT CHECK. ORG., 2017-04-11, https://www.factcheck.org/2019/04/trumps-numbers-april-2019-update/.

（三）影响美国就业的因素分析

金融危机后美国就业所呈现出的特点是多种因素共同作用的结果，其中一些因素是周期性的，如商业的周期性收缩对美国就业市场带来了阶段性的、极大的破坏；一些因素是长期存在的，如技术进步、全球分工所带来的影响；还有一些是趋势性的，如人口老龄化等。

1. 周期性因素

周期性失业一般出现在商业周期的收缩阶段，就业复苏用时受周期性因素破坏程度的影响。美国的就业形势基本上与商业周期保持一致，尽管并不完美。自 1939 年以来，对于大多数经济周期的高峰和低谷，就业率往往在之后的几个月内也达到峰值或低点。然而，在近两次经济复苏中，就业率的回升却大幅滞后。2001 年 11 月经济周期低谷出现之后，就业率仍继续回落了 21 个月才开始回升，这种情况还属首次；2009 年 6 月经济衰退拐点显现，但在接下来的 8 个月内就业岗位仍在持续减少，金融危机的极大破坏性或许是其部分原因。

与历次经济衰退相比，2007—2009 年金融危机的破坏性仅次于 1929—1933 年大萧条，对就业影响极大。从失业人数来看，2008 年 1 月至 2010 年 2 月期间美国非农就业人数减少了 870 万人，降幅为 6. 3%。只有二战期间的失业情况（从 1943 年 11 月到 1945 年 9 月，就业率下降了 10. 1%）能与之相比。从恢复就业的用时来看，2007—2009 年金融危机之后的就业复苏用时 51 个月，是美国历史上就业复苏用时最长的一次，比 1990—1991 年经济衰退之后的复苏用时（用时 23 个月，被称为“失业型复苏”）还要长得多①（见表 5 - 2）。

在此后的多年里，周期性因素的余威仍不断显现。金融危机使很多人丧失就业意愿、退出劳动力大军。金融危机期间，劳动力市场的骤然降温使得美国国内雇员的失业时间更长。2006—2010 年，美国国内平均失业时间从 6. 8 周增加到了 33. 1 周，并在 2011 年和 2012 年达到了 39. 4 周的高点。在此期间，长期失业者（失业超过 27 周）的占比从 2006 年的 17. 6%

① U. S. Bureau of Labor Statistics（2016），Current Employment Statistics survey：100 years of employment，hours，and earnings.

表5-2　1939—2015年商业周期峰谷和就业率转折点的月份比较

美国国家经济研究局确定的经济周期情况		就业率转折点		就业率转折点提前/滞后经济周期情况	
经济周期高峰月份	经济周期低谷月份	就业率峰值月份	就业率低点月份	提前/滞后经济周期高峰的时间（单位：月）	提前/滞后经济周期低谷的时间（单位：月）
1945年2月	1945年10月	1943年11月	1945年9月	-15	-1
1948年11月	1949年10月	1948年9月	1949年10月	-2	0
1953年7月	1954年5月	1953年7月	1954年8月	0	3
1957年8月	1958年4月	1957年4月	1958年6月	-4	2
1960年4月	1961年2月	1960年4月	1961年2月	0	0
1969年12月	1970年11月	1970年3月	1970年11月	3	0
1973年11月	1975年3月	1974年7月	1975年4月	8	1
1980年1月	1980年7月	—	—	—	—
1981年7月	1982年11月	1981年7月	1982年12月	0	1
1990年7月	1991年3月	1990年6月	1991年5月	-1	2
2001年3月	2001年11月	2001年2月	2003年8月	-1	21
2007年12月	2009年6月	2008年1月	2010年2月	1	8

资料来源：U. S. Bureau of Labor Statistics（2016），Current Employment Statistics survey：100 years of employment，hours，and earnings.

上升到了2010年的43.4%（2018年该比例降到了21.4%，仍高于危机前水平）①。而失业时间越长，在一个月内找到工作的可能性就越小。Ryan Nunn等（2019）研究发现，短期失业者（失业时间少于5周）在一个月内找到工作的可能性超过失业一年及以上的人的三倍。面对就业难题，有部分长期失业人员丧失就业意愿、退出了劳动力大军，还有部分学生选择在学校进行更长时间的学习。但是在就业黄金时期（25岁—54岁）离开劳动力市场的人，很可能没有机会再恢复其职业生涯（见图5-6）。

① Ryan Nunn，Jana Parsons，and Jay Shambaugh，How difficult is it to find a job? Brookings，2019-05-02，https：//www. brookings. edu/blog/up-front/2019/05/02/how-difficult-is-it-to-find-a-job/.

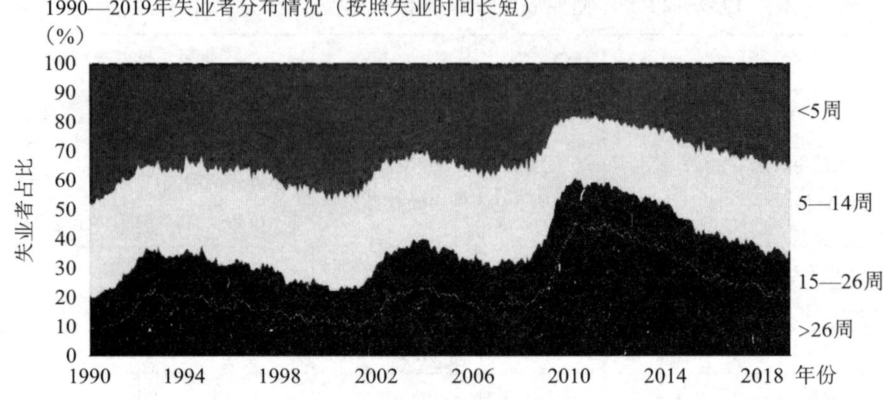

图 5－6 失业者按照失业时间长短的分布情况

注：数据经季节性调整，月度数据的起止时间为 1990 年 2 月至 2019 年 3 月。

资料来源：劳动统计局 1990—2019 年的《当前人口调查》。

2. 结构性因素

一是长期影响因素。受技术进步、全球分工等长期因素的影响，美国低端制造业等劳动密集型产业的失业率不断上升，且失业工人由于技术局限等原因很难再就业。

技术进步是导致结构性失业的重要原因之一。科技进步带来了机器生产对人力劳动的替代以及劳动生产率的提升，同水平产出所需劳动力数量减少，越来越多的工人面临着裁员压力。且这部分工人往往技术能力较差，面对日益提高的岗位技能要求，再就业难度较大。美国制造业就面临着技术进步所带来的就业窘境。David 等（2016）通过研究指出，尽管技能要素的价格不断上涨，但美国等发达国家的制造业似乎仍越来越倾向于选择高技能工人，这表明该行业正在经历一种技能偏好的需求转移，这种需求转移从逻辑上讲是由新技术的采用引起的。Kim Ruhl 等（2018）进一步通过模型证明了从 1992 年到 2012 年，劳动生产率提升所造成的岗位减少量约占美国制造业岗位减少总量的 85%。而且由于技能的局限性，这些制造业失业工人很难再找到合适的工作。

劳动密集型产业向人力成本低的发展中国家转移，美国国内结构性失业问题加剧。美国制造业就业趋势的变化反映了全球化的一些特征，即在全球分工和竞争中，为降低成本，劳动密集型制造企业纷纷进行外包生产甚至整体迁往国外，而未能成功降低成本的企业，则往往会在廉价进口产品的冲击下萎缩甚至倒闭。根据美国经济分析局数据，2014 年制造业增加值占 GDP 的比重仅为 12%，低于 1947 年的 26%。另根据 Gary Clyde Hufbauer 等（2017）研究，2001 年至 2016 年 16 年间，美国每年受制造业外贸影响而减少的就业岗位约为 156250 个，其中约 10 万个是制造业岗位。而服装行业所受影响尤为明显，1990 年 1 月以来，该行业已失去 86% 的就业岗位。原来在工厂中从事低端工作的美国雇员纷纷失业，且由于技术能力没有获得及时更新，再就业难度很大。

二是周期性因素演化为结构性因素，使结构性失业问题进一步恶化、凸显。美国的一些地方经济和产业在 2007—2009 年金融危机中遭到了严重破坏，失业工人如果不迁移至新地区或进入新行业，就可能无法实现再就业，但技能的局限性和迁移的成本却成为了他们重新择业的巨大障碍。另外，失业时间越长再就业的难度往往也会越大。这场经济衰退致使逾 800 万人失业，其中约一半人的失业时间达到或超过六个月，而随着失业时间的增加，失业者的技能和经验也会逐渐过时。这也就意味着当经济复苏时，他们可能无法填补新增工作岗位的空缺，从而导致周期性失业演变为结构性失业，结构性矛盾进一步恶化、凸显。

3. 劳动参与率

一是趋势性因素。人口老龄化改变了美国劳动参与率的长期趋势特征。根据亚特兰大联邦储备银行（Federal Reserve Bank of Atlanta）数据，与 2006 年同期相比，2019 年 1 季度美国劳动参与率下降了 2.76%，其中绝大部分是由退休人员的增长引起的。另根据国会预算局的估计，在未来十年，65 岁及以上人口的数量将继续增长约三分之一，从 2018 年占总人口的 16% 升至 2029 年的 20%。随着占人口比重较大的婴儿潮一代逐渐达到退休年龄、离开劳动力市场，再强劲的就业形势也很难使劳动参与率回到过去水平。

二是其他因素。阿片类药物的滥用等也是劳动参与率降低的原因。阿片类药物的滥用降低了男性的劳动参与率。美国疾病控制与预防中心（2017）报告称，2015 年美国人均阿片类药物处方量是 1999 年的 3 倍，而 25—54 岁人群中阿片类药物处方的过量率最高（2016 年数据）。另据 Alan（2017）研究，在 1999—2015 年男性劳动参与率下降幅度中，有 20% 是由阿片类药物依赖造成的（见图 5 - 7）。

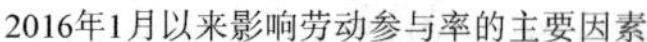

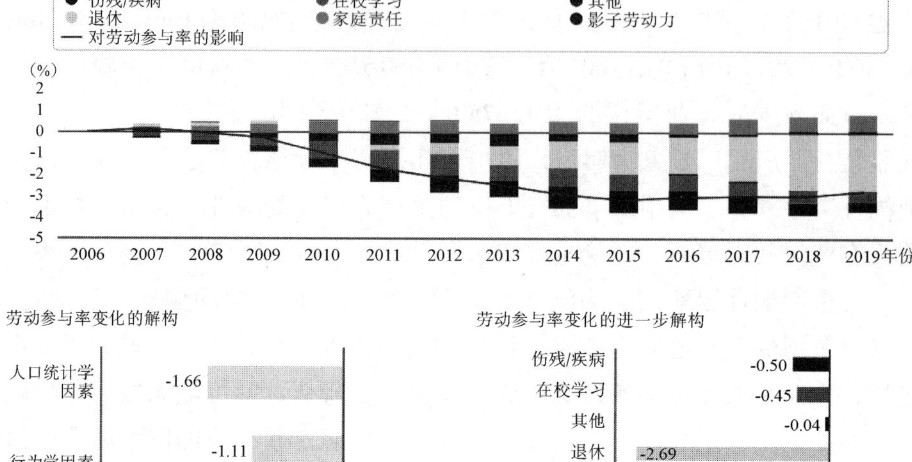

图 5－7　美国劳动参与率动态影响因素

资料来源：Labor Force Participation Dynamics，Federal Reserve Bank of Atlanta，https：//www. frbatlanta. org/chcs/labor－force－participation－dynamics. aspx.

工资水平的差异使得学历较低男性的劳动参与率较低。2017 年，与具有大学学历的男性（就业率为 90%）相比，没有大学学历的男性的就业率只有 78%。其主要原因之一是工资收入的差距。2015 年数据显示，受过大学教育的男性每小时可以赚到 22 美元，而未受大学教育的男性平均每小时仅挣 8 美元①。工资水平的巨大差异不利于激励学历较低男性积极参与工作。

二、金融危机后美国促进就业的财政刺激政策

美国的扩张性财政政策在解决周期性失业问题方面效果较为显著。然

① Erin Wolcott，1 out of 5 men who didn't go to college don't have jobs Here's why，CBS News，2018－06－04，https：//www. cbsnews. com/news/1－out－of－5－men－who－didnt－go－to－college－dont－have－jobs－heres－why/？ftag＝CNM－00－10aac3a.

而，面对结构性失业以及劳动参与率提升难问题，美国政府的应对方式却存在很多误区。一味地进行财政扩张并不能取得很好的成效，与 OECD 其他国家相比，其就业政策明显缺乏必要的灵活性。

（一）美国促进就业的财政举措

面对陷入经济衰退的美国，奥巴马一上任便采取了强有力的财政刺激政策，通过提振需求和投资、提高就业保障等着重解决了突出的周期性失业问题，并通过就业培训、信息服务等政策在一定程度上触及了结构性失业问题。而特朗普上台之后，周期性失业已经弱化，如何在奥巴马政策的基础上，提高劳动参与率、减少结构性失业成为了日益重要的课题（见表 5－3）。

表 5－3　　奥巴马、特朗普提振就业的财政政策

	奥巴马政策列举	特朗普政策列举	政策异同
财政支出方面			
福利改革	《1996 年个人责任与工作机会和解法案》使美国福利体系成为一个以工作换取有时限援助的体系。但为了提振需求、刺激就业，奥巴马政府豁免了对申请者的工作要求，让没有积极寻找工作、参与职业培训的失业者也能获得福利救济，极大地增加了福利补贴的领取人数和支出金额。	特朗普认为，福利体系的负担过重、效率不高，福利项目参与人数不应成为衡量该体系成功与否的标准，应更注重结果，即有多少人从贫困走向了经济独立。因而，特朗普政府指示各机构进行福利改革，在现行法律允许的范围内加强和扩大福利项目对受惠人工作参与的要求。	奥巴马政策目标是保障需求、刺激经济、降低失业率；而特朗普旨在鼓励工作、减少劳动力人口对福利项目的依赖，提高劳动参与率。 总体来说，福利政策从被动走向主动。
基础设施建设	建设符合 21 世纪要求的基础设施是奥巴马政府创造就业、促进经济增长、提高美国竞争力的关键内容。除政府投资外，奥巴马也非常鼓励私人参与。	根据 2019 财年总统预算报告，特朗普政府的基础设施计划将解决基础设施投资、所有权和责任之间的不平衡问题，并通过联邦资金直接投入和鼓励非联邦资金投资相结合，创造 1 万亿美元的基础设施投资总额。	奥巴马和特朗普都通过加大基础设施建设支出来进一步夯实美国经济快速发展的基础，并且都提到了引入私人投资的问题。但相较而言，奥巴马更注重创造就业；特朗普更细化了私人资金引入等问题。

续表

	奥巴马政策列举	特朗普政策列举	政策异同
能源政策	2009年《美国复苏与再投资法案》中许多投资都是专门针对清洁能源的，包括超过700亿美元的税收抵免和涉及清洁能源的直接支出。奥巴马在2011年的国情咨文中呼吁到2035年要有80%的电力来自清洁能源。此外，他还计划提高燃油效率标准，并扩大在阿拉斯加和西南海岸的近海石油、天然气勘探。	重申了实现美国能源主导地位的承诺，包括实现能源独立，以确保未来几十年的能源安全；建立国际能源领导地位，巩固美国在国际能源领域的影响力。为此，特朗普政府将充分利用未开采的能源及先进技术，减少管制负担，促进相关私营部门的发展，释放能源潜力，为美国公民提供更清洁、更有效和更负担得起的能源。	奥巴马希望通过加大能源，尤其是清洁能源方面的支出，在促进就业的同时，推动美国能源体系向更清洁的能源转型。在奥巴马能源政策的基础上，特朗普进行了一些调整，更加强调能源独立的目标，并且更加强调调动市场的力量。
儿童保育	通过补充营养援助项目（SNAP，前身为食品券）、劳动所得税抵免（EITC）和儿童税收抵免（CTC）来为经济脆弱家庭提供经济援助；大力支持联邦健康家庭法案及“带头休假”运动，从而推动了州和地方一级的变革，数十个州和城市通过了带薪探亲假以及对这些家庭有重大影响的工作安排法律。	《减税和就业法案》、劳动所得税抵免（EITC）、照顾儿童及被抚养人税收抵免（CDCTC）等提供了儿童相关的福利和税收抵扣。2018年的儿童保育与发展基金增资法案向各州提供了资金，以资助低收入家庭的儿童保育。此外，食品券、医疗补助、住房援助和贫困家庭临时救助项目等也为低收入家庭的儿童保育提供了支持。	奥巴马和特朗普都从解决家庭难题入手来促进就业。相较而言，奥巴马更强调社会公平问题，而特朗普则更希望通过解决儿童保育问题，来提升女性的劳动参与率。
职业培训	强调以工作为导向的就业培训。让雇主参与制定培训计划、投资学徒培训和在职培训；政府提供补助资金并在全国拓展以就业为导向的行业伙伴关系；以各机构总结出的培训项目成功要素清单来指导培训工作；跟踪	成立美国工人全国委员会，统一负责制定国家战略，确保美国工人获得创新教育、就业培训等机会；提供逾40个拨款项目来支持劳动力发展并力求使这些项目更具创新性、更加有效；致力于促进美国企业、工人和教	奥巴马政府在着重解决周期性失业问题的同时，也开始着手解决更深层次的结构性失业问题；特朗普政府延续了奥巴马时期的部分政策，并希望通过建立跨部门的专门机构，来统筹管理

续表

	奥巴马政策列举	特朗普政策列举	政策异同
职业培训	评估培训项目的就业结果；为州和地方政府提供信息指导和激励措施，推动其建立起具有区域特色的就业驱动战略；在高校等机构中设置就业驱动培训战略创新试点，并大力推广行之有效的方式。	育机构之间的工作伙伴关系；提供就业信息指导。	就业相关事宜，以提高职业培训等的政策效率。
应对阿片类药物危机	在奥巴马执政的最后一年，联邦政府推动国会通过了10亿美元的阿片类药物危机拨款。	特朗普在2017年10月宣布阿片类药物（opioid）危机为公共卫生紧急事件，并采取了一系列的行动来打击药物滥用、成瘾等问题。	特朗普政府延续了奥巴马的政策主张，并且在重视程度和政策力度上有所加强。
财政收入方面			
减税降负	奥巴马时期进行了一系列的减税，其中最重要的一次是在2010年，提供了约8580亿美元的减税额度，其主要内容包括：将布什时期的减税政策延期两年，继续维持全民减税的格局；延长针对长期失业者的救济法案；给予企业总计1400亿美元的资本改善减税和800亿美元的研发税收抵免；将美国公民的遗产税免征额设定为500万美元、税率设定为35%，同时对大学学费等也有一定的支持和减免。	签署《减税和就业法案》。在个人所得税方面，降低了边际税率，提升了标准扣除额，提高、扩大了儿童相关的税收抵免，并简化了报税手续。在企业所得税方面，在设备和无形资产上的投资可被完全扣除，最高边际税率从35%下调至21%。同时，税收制度从对全球收入征税的全球税收制度转变为属地税制。总部设在美国的公司将海外利润带回美国国内时将不再额外征税，而对当前递延纳税的海外利润则会征收较低的一次性汇回税（repatriation tax）。	奥巴马时期的减税是为提振经济的被动选择，民众获得感不强，且一些政策并不利于社会公平，如提高遗产税免征额很有可能会刺激富人向后代转移更多的资产而削弱美国也已成熟的慈善体系；而特朗普时代的减税则是为赢取民众支持并推动国内经济和就业的主动选择，其中比较有特点的是将全球税收制度转变为属地税制，以推动美国企业将海外收入汇回国内。

续表

	奥巴马政策列举	特朗普政策列举	政策异同
贸易政策	强调拓展国际贸易合作以在国际市场上为美国企业争取更多机会，例如加入《跨太平洋伙伴关系协定》（TPP）等。同时还加强了国际贸易执法以保证美国企业的利益。2009—2015年初，美国向世界贸易组织（WTO）提出了约20项执法申诉，比其他任何成员国都多。2012年还成立了首个专门对国际贸易进行调查的政府机构，即美国贸易代表办公室管理的跨部门贸易执法中心（ITEC）。此外，2009年还对从中国进口的轮胎加收了35%的关税。	按照“美国优先”的原则，对国际贸易政策及国际关系进行了调整和重塑，退出了包括《跨太平洋伙伴关系协定》（TPP）在内的一系列贸易合作组织和协议。此外，为保护美国本土产业、缩减贸易赤字、确保美国利益，特朗普政府还对多国进口产品加征关税，并挑起了与中国的贸易战。	在国际贸易政策方面，奥巴马选择以开放合作的方式来增进美国企业在国际市场的利益，但同时也表现出了一定的贸易保护主义倾向，例如对从中国进口的轮胎加征关税。从表面上看该项政策结束了美国轮胎产量急剧下滑的状态，保住了轮胎行业1200个就业岗位。但这也给特朗普利用关税政策实行贸易保护打了个样。特朗普政府质疑并推翻了奥巴马时代所建立的一些国际贸易合作，并走向了更加激进的贸易保护主义。

资料来源：作者整理。

（二）美国促进就业财政政策的特点

1. 在保持政策延续性的基础上，针对就业形势变化适时调整政策

奥巴马和特朗普都采取了扩张性的财政政策，都加大了对基础设施、能源、职业培训、儿童保育等的投入，都推行了减税和福利改革。但奥巴马通过财政扩张主要解决的是周期性失业问题，而特朗普则侧重于对已有政策进行调整，使之更适用于解决日益突出的结构性失业和劳动参与率不高的问题。为了促进制造业就业回暖，特朗普甚至将奥巴马时期已有的贸易保护主义倾向推向极端，对多国进口产品加征关税并挑起了与中国的贸易战。

2. 长期、短期政策平衡，在保障短期就业的同时，增强经济长期发展的后劲

奥巴马政府所采取的一系列财政刺激政策，不仅意在解决经济和就业的眼前问题，而且也为美国的长期发展奠定了基础。其中，修建、维护道路、桥梁等基础设施，增强了美国的交通运输能力，提高了经济运行效率；加大对绿色能源的支持，乃至之后特朗普在能源独立方面的投入都在一定程度上地推动了美国的能源安全进程。

3. 在劳动力市场政策方面，逐渐变得更加积极主动

奥巴马豁免了对失业保险金申领者的工作要求，让没有积极寻找工作、参与职业培训的失业者也能获得福利救济，这实际上是一种在特殊经济状态下实行的被动的劳动力市场政策，旨在提振需求，促进生产和就业。但随着周期性失业问题的缓解，这种政策的弊端也日益显露出来，例如给财政带来的压力以及对就业的反向激励等。因而特朗普上台后又重新加强了福利项目对受惠人工作参与的要求。相较原政策而言，特朗普的福利改革提高了项目资金使用效率，减少了劳动力人口对福利项目的依赖，有助于提高劳动参与率，是一种更加积极的劳动力市场政策。此外，奥巴马和特朗普政府在就业培训等方面的政策，也在一定程度上使美国就业政策更加积极主动。

（三）美国促进就业财政政策的问题和误区

1. 与 OECD 大多数国家相比，美国的劳动力市场政策不够灵活

Charnovitz（1986），Kletzer（2001），Aldonas，Lawrence，and Slaughter（2008）等都建议美国政府出台更为积极的劳动力市场政策。Chad（2019）指出，美国目前在积极的劳动力市场政策上的支出约占 GDP 的 0.1%，而其他 31 个经合组织成员国的平均水平为 0.5%。其他国家的成功经验表明，与开展公共工程项目相比，更加积极的劳动力市场政策能更有效地遏制劳动参与率的下降并缩短失业时间（见图 5－8）。

2. 一味依靠扩张性财政政策促进就业导致财政风险增加

首先，目前美国的经济和就业增长以预算赤字和债务负担为代价。为应对金融危机、刺激经济和就业的复苏，奥巴马上任后大量发行债务筹措

2016年，OECD国家在最常见的积极的劳动力市场政策方面的支出占各自GDP的比重
——各国在公共就业服务和相关行政活动方面的支出

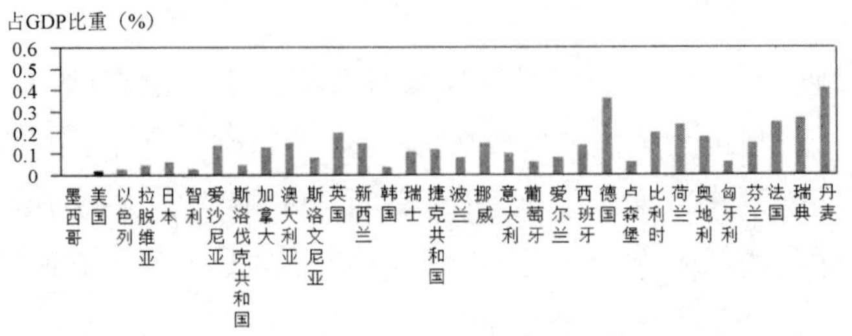

各国在培训方面的支出

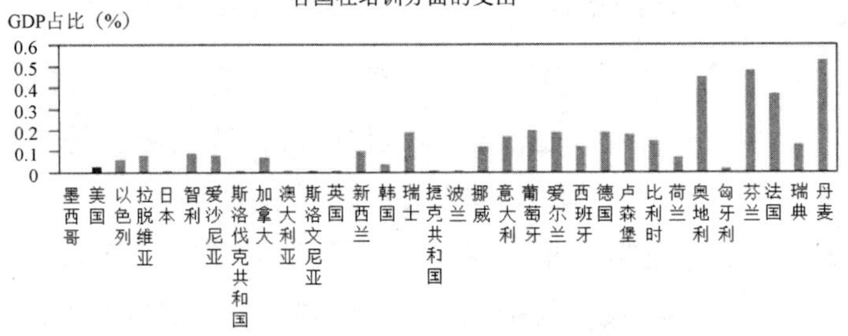

各国在就业激励机制方面的支出

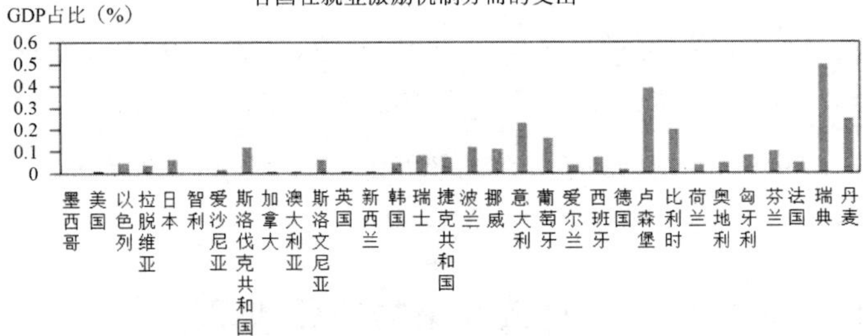

各国在直接创造就业机会方面的支出

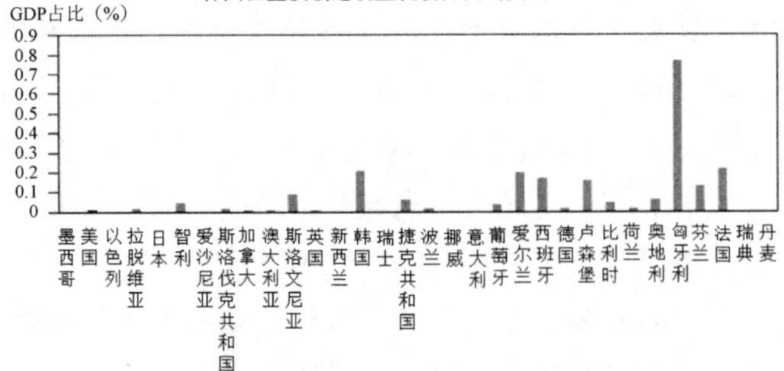

图 5－8　OECD 各国在积极的劳动力市场政策方面的支出

资料来源：Chad P. Bown et al.（2019），Active Labor Market Policies：Lessons from Other Countries for the United States，Brookings Institute for International Economics.

资金，联邦债务在其任期内出现了前所未有的增长。在他2009年1月就职时，美国联邦债务规模为10.63万亿美元，而他卸任时却已增至19.95万亿美元，几乎翻了一番。现任总统特朗普的减税增支政策又造成了财政赤字和债务规模的进一步增加。2019财年美国联邦预算赤字为9840亿美元，比2018年增加了18%，联邦债务也在2019年2月11日突破了22万亿美元的大关（见表5－4、图5－9）。

表5－4　　2015—2019年美国财政预算收支情况　　单位：十亿美元

项目 \ 年份	2015	2016	2017	2018	2019
支出：					
自主性支出					
国防	583	595	590	634	678
非国防	581	627	610	636	626
小计，自主性支出	1165	1223	1200	1270	1304
法定支出					
社会保障	882	924	939	987	1046
医疗保险	540	589	591	582	625
医疗救助和基于市场的医疗保健补助金	350	367	375	400	412
补贴	—	—	39	48	45
其他法定支出	529	607	574	577	567
基建计划津贴	—	—	—	—	45
小计，法定支出	2301	2487	2519	2593	2739
净利息	**223**	**240**	**263**	**310**	**363**
救灾费用调整	**—**	**2**	**—**	**—**	**—**
总支出	3688	3951	3982	4173	4407
收入：					
个人所得税	**1541**	**1628**	**1587**	**1660**	**1688**
公司所得税	**344**	**293**	**297**	**218**	**225**
社会保险与退休金：					
社保工资税	770	798	851	852	905
医保工资税	234	244	256	259	275

续表

项目 \ 年份	2015	2016	2017	2018	2019
失业保险	51	50	46	48	47
其他退休金	10	10	10	10	11
消费税	**98**	**97**	**84**	**108**	**108**
遗产赠予税	**19**	**21**	**23**	**25**	**17**
关税	**35**	**37**	**35**	**40**	**44**
存款收益，美联储系统	**96**	**116**	**81**	**72**	**55**
其他杂项收入	**51**	**43**	**48**	**48**	**51**
废除和替代奥巴马医改的补贴	**—**	**—**	**—**	**—**	**-3**
总收入	3250	3336	3316	3340	3422
赤字	**438**	**616**	**665**	**833**	**984**
净利息	223	240	263	310	363
基本赤字/盈余（-）	215	376	403	522	621
预算内赤字	466	624	715	828	977
预算外赤字/盈余（-）	-27	-8	-49	5	7

资料来源：2015 年及 2016 年数据来自美国总统预算局 2017 财年预算；2017—2019 年数据来自美国总统预算局 2019 财年预算。

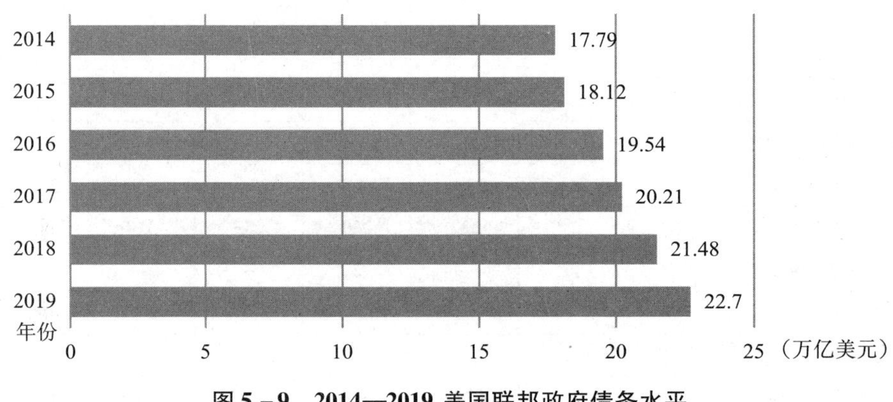

图 5-9　2014—2019 美国联邦政府债务水平

资料来源：U. S. Office of Management and Budget, https://www.whitehouse.gov/omb/historical-tables/.

其次，联邦政府的财政风险不断增加。2018 年美国联邦政府财务报告、国会预算办公室（CBO）和政府问责局（GAO）的预测都显示，联邦政府如果不调整政策，预算赤字和公众持有债务占 GDP 的比重将继续增长，而这种债务增速超过 GDP 增速的情况将使主要财政项目面临财务挑战和风险，当前的财政政策不可持续（见图 5－10、图 5－11）。

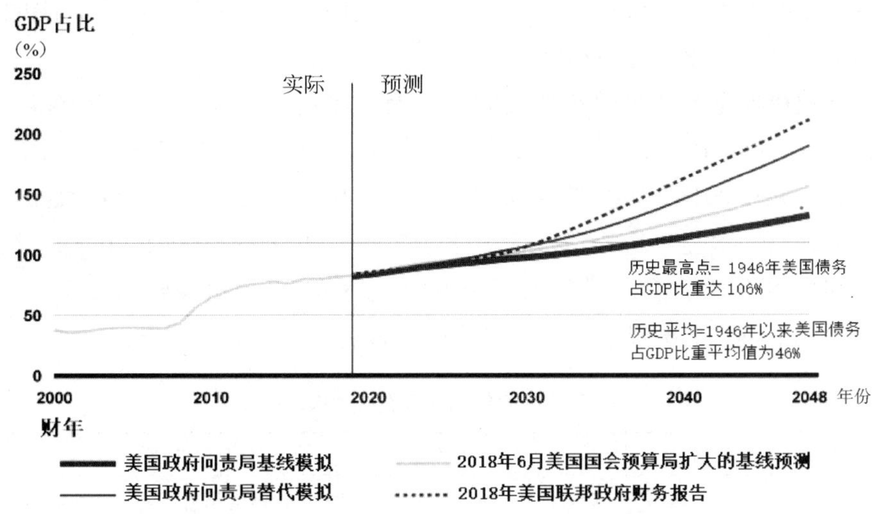

图 5－10　公众持有的债务占 GDP 的比重

资料来源：U. S. Accountability Office, THE NATIONS FISCAL HEALTH：Action Is Needed to Address the Federal Government's Fiscal Future, 2019－04－10, https：//www.gao.gov/products/GAO－19－314SP.

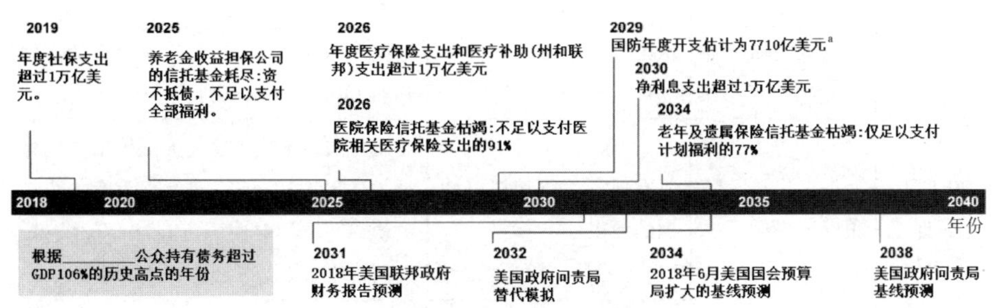

图 5－11　主要财政项目将面临财务挑战和风险

资料来源：U. S. Accountability Office, THE NATIONS FISCAL HEALTH：Action Is Needed to Address the Federal Government's Fiscal Future, 2019－04－10, https：//www.gao.gov/products/GAO－19－314SP.

3. 通过贸易保护主义来保护国内就业，从长远来看将对美国经济产生负面影响

特朗普的贸易保护主义政策从短期来看，可能对保护国内企业和就业具有一定的效果；但从长期来看，政策的副作用将有损美国主要经济主体的利益，进而拖累其经济和就业。

专业机构预测关税政策对美国经济有一定的负面影响。自 2016 年以来，美国实际 GDP 增长率连续 3 年不断攀升。同时，失业率也持续保持下降势头，并在 2018 年 9 月降至 3.7%，为近 50 年来的新低。但特朗普的关税政策却给美国经济造成了极大的不确定性。美国政府机构、国际组织、智库和咨询公司等对该政策的潜在影响进行了估计，总体结论是，特朗普的关税政策将对美国经济产生一定的负面影响（见表 5－5）。

表 5－5　美国关税政策对美国经济的影响

日期	机构	相关关税政策	预测的结果
2018 年 4 月	达拉斯联邦储备银行	232 条款下钢、铝进口关税；假设与欧盟和中国的关税战升级	美国 GDP 年增长率下降 0.24%；投资下降 0.45%；对所有美—中和美—欧盟贸易征收禁止性关税，美国 GDP 年增长率下降幅度将扩大至 3.49%
2018 年 6 月	贸易伙伴关系	232 条款下钢、铝进口关税	美国 GDP 年增长率下降 0.2%
2018 年 7 月	彼得森国际经济研究所	拟议的 232 条款下汽车关税	根据车型的不同，美国汽车价格的涨幅将在 1409 美元至 6971 美元之间
2018 年 9 月	经济合作与发展组织	所有现行关税和拟议增加的关税	与现行关税影响相比，美国价格水平将增长 0.3%—0.4%；若新增汽车禁止性关税，并增加对中国进口产品的关税，美国价格水平增长幅度将达 1%。
2018 年 9 月	巴克莱银行	假设美国在与中国以及全球的贸易中征收的进口关税达 20%	美国 GDP 年增长率下降 0.2%—0.4%；假如美国对所有贸易伙伴都征收 20% 的关税，美国 GDP 年增长率下降幅度将达 1%
2018 年 10 月	国际货币基金组织	所有现行关税和拟议增加的关税	美国 GDP 年增长率下降 0.2%；如果对汽车加收关税，并增加中国进口产品关税，美国 GDP 年增长率下降幅度将达 1%

续表

日期	机构	相关关税政策	预测的结果
2018 年 11 月	繁荣美国联盟	232 条款下钢、铝进口关税	美国 GDP 年增长率下降 0.11%
2018 年 11 月	impactECO	所有现行关税和拟议增加的关税	假如美国对进口汽车加收关税并对中国进口产品再增加关税，且受到关税报复，美国 GDP 年增长率将下降 1.78%
2018 年 12 月	税务基金会	所有现行关税和拟议增加的关税	美国 GDP 年增长率下降 0.12%；如果对汽车加收关税，并继续增加中国进口产品关税，美国 GDP 年增长率下降幅度将达 0.5%
2019 年 1 月	国会预算局	所有现行关税	2029 年前，美国 GDP 年增长率平均下降 0.1%

资料来源：Brock R. Williams et al., Trump Administration Tariff Actions: Frequently Asked Questions. Congressional Research Service. February 22, 2019. https://crsreports.congress.gov/product/pdf/R/R45529.

特朗普关税政策对美国多种微观经济主体产生了不利影响。根据美国国会研究服务处（2019）研究，加收关税会通过影响进口商品的价格直接影响经济活动，并通过汇率和实际收入的变化间接影响经济活动。

对美国消费者的影响。较高的关税税率往往会导致关税产品及下游相关产品的价格上涨，从而有损消费者的福祉。例如，美国洗衣机的月度价格，与 2018 年 1 月关税生效前相比，有了大幅上涨（见图 5－12）。

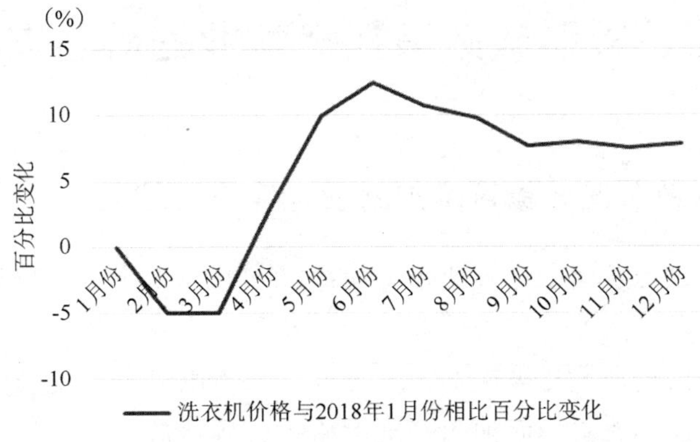

图 5－12　美国国内洗衣机价格变化情况

资料来源：基础数据来自美国劳工部统计局数据，国会研究服务中心进行的分析。

对下游产业美国生产商的影响。特朗普关税政策导致以关税产品作为投入品的美国生产商的生产成本增加。其中，美国汽车行业可能是受冲击最大的行业之一：钢铁投入成本上升；美国对每年200亿美元的进口零部件征收关税；每年向中国出口的130亿美元的组装汽车承受报复性关税。

对美国出口商的影响。受报复性关税影响，美国出口商在国际市场上可能处于价格劣势。自2018年7月欧盟、加拿大和墨西哥实施232条款报复性关税以来，美国向这三个国家的月平均出口水平分别下降了37%、23%和10%（见图5－13）。

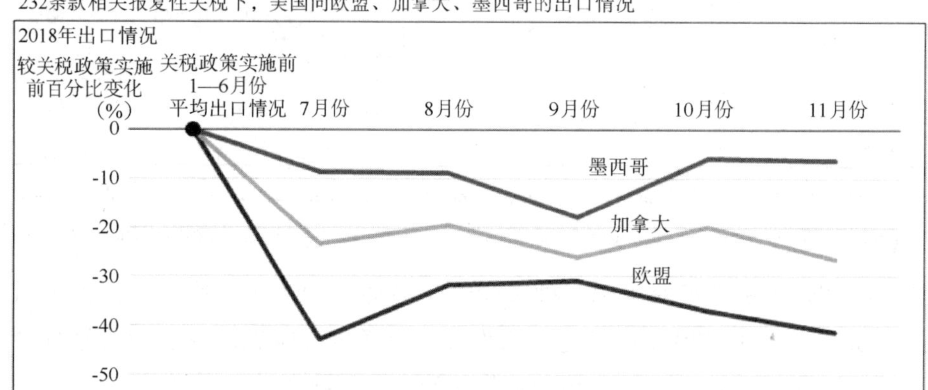

图5－13　报复性关税下，美国向欧盟、加拿大、墨西哥的出口情况

资料来源：基础数据来自美国人口普查局、国会研究服务中心进行的分析。

三、以财政政策托举就业的得与失

（一）财政刺激政策可增加就业也能拖累就业

面对经济衰退及周期性失业，主流经济学观点常常会建议通过增加预算赤字来加速经济复苏，促进就业增长。从理论上讲，扩张性财政政策一般会对劳动力市场产生积极影响：一方面，扩大财政支出能够通过影响总需求来促进就业的改善，而加大基础设施投资等措施更是可以通过增加政府雇佣来直接推动就业；另一方面，在财政收入端推行减税降费也可以提振投资、消费，增加市场对劳动力的需求，提升人们的工作意愿。

然而，随着经济接近充分就业，财政刺激将呈现出边际效应递减的趋势，而且如果一味依靠财政扩张还会导致经济发展成本增加，进而拖累就业。扩张性财政政策往往伴随着政府债务的增加，这也意味着更多的家庭和企业会将资金投向国债。为争夺资金，市场利率将会被抬高，这会对私人部门的投资和生产活动产生挤出效应。其结果是，私人部门资本品（例如，工厂建设、电脑购置等）投资减少，生产效率降低。而生产效率的增长是工人实际薪酬增长的主要驱动力，所以减少投资会通过影响平均薪酬而降低人们的工作意愿。同时，私人部门生产的萎缩还会直接导致失业人员增加，从而推升整体失业率。

另外，现实中失业率与其他指标之间的差异，也使政策的制定和传达变得更为复杂。如果失业率下降，但经济仍然较为疲软，那么可以继续推行刺激性政策，而不用担心通胀上升的问题；如果经济疲软程度没有估计的那么严重，那么从理论上讲，持续的刺激将导致通胀上升。但是由于政策变化对经济的影响具有滞后性，如果政策制定者等到通胀开始上升时才收紧政策，可能就为时已晚。具体而言，2007—2009 年的金融危机可能已永久地改变了美国的潜在产出水平和劳动力市场活力，经济和就业很难再回到危机前的发展轨道上去，新的趋势正在形成。这时对失业率和其他经济指标做出正确判断的难度很大。在这种情况下，面对结构性失业、劳动参与率不高的问题，与“大水漫灌式”的财政刺激相比，微观的结构性政策措施，或者说积极的劳动力市场政策（例如能够直接作用于岗位创造、就业指导、职业培训等的支出或税收政策）更有可能产生积极效果。这对中国完善促进就业的财政政策具有参考价值。在制定促进就业的财政政策过程中，首先要对劳动参与率和结构性就业情况进行整体分析和把握。

（二）财政就业政策的延续性

特朗普时期就业的增长并非其一届政府之功。在奥巴马政府的经济刺激计划下，美国从 2007—2009 年金融危机的阴影中走出。在特朗普当选之前，失业率已进入下行通道，就业人数、工人的平均周薪、家庭收入水平等指标都不断走强，同时基础设施、能源等方面的巨额财政投入也为经济发展打下了基础。特朗普任内良好的经济和就业形势离不开奥巴马的政策铺垫，且目前的失业率基本上是沿着奥巴马时期的下降趋势继续下行。由此可知，如今美国良好的就业局面并非特朗普一届政府之力，而是长期财政扩张的结果。

主要财政政策的延续性对美国就业率形成了持久的刺激。奥巴马和特朗普都采取了扩张性的财政政策。但奥巴马通过财政扩张主要解决的是周期性失业的问题，而特朗普则在保持主要政策基调延续性的基础上，进行了局部调整，使之更适用于解决日益突出的结构性失业和劳动参与率不高的问题。保持政策的延续性并根据实际情况进行适当调整，能够最大限度地发挥各项政策措施的作用，有利于使经济主体形成稳定的预期，从而保障和推动投资、消费、就业等的稳定增长。结合中国情况，稳就业的关键也是稳预期，财政要为稳预期注入确定性，并确保主要财政就业政策的延续性，形成稳定的政策预期。

（三）财政刺激政策与劳动力市场政策的呼应

劳动力市场政策有积极和被动之分，二者的本质区别是，前者以一种积极支持和鼓励的方式，寻求通过更为直接的途径来增加失业工人找到工作的可能性，比如为失业工人提供培训和求职援助，鼓励雇主扩大劳动力规模等；后者则只是通过失业保险、救济金等，为失业工人提供经济援助，却没有解决其再就业问题，例如对失业工人领取失业金不附加必须参加培训或工作等前提条件。

积极的劳动力市场政策在保障公平的同时也兼顾了效率。面对结构性失业，“大水漫灌式”的财政刺激可能会适得其反，微观的结构性政策措施，或者说积极的劳动力市场政策更有可能产生积极效果。积极的劳动力市场政策主要包括就业安置、培训、就业激励和直接创造就业等。根据OECD国家的实践经验，就业安置服务、培训等在促进就业方面都取得了较好的效果。解决中国的就业问题，也可更多采用积极的劳动力市场政策，增强政策的灵活性和针对性（见表5－6）。

表5－6　积极的劳动力市场政策及其效果汇总

政策类型	目的	优点	缺点	实证评估
就业安置服务	提升技能，促进更好的就业	缩短失业时间；成本效率高	不直接创造就业；需要监管	正面的

续表

政策类型	目的	优点	缺点	实证评估
培训项目	提升技能，促进更好的就业	劳动力更有弹性；工资更高	项目相关性很重要；花费大	正面的（尤其是中期效果）；潜在的短期成本较大
雇主补贴	增加雇佣岗位	创造就业	需要进行准确定位；福利可能会由公司而不是工人获得；花费大	好坏参半
工资保险	提升工作意愿	创造就业	如果没有准确定位，可能适得其反；可能导致失业登记人数增加；花费大	大体上是积极的
公共工程	直接创造就业	效果立竿见影	花费大；负面信号效应	负面的
自主创业	直接创造就业	鼓励创业；属于受过良好教育的人的工作	效果有限；失败率高	至今几乎没有证据能证明其有效性

资料来源：Chad P. Bown et al., 2019, Active Labor Market Policies: Lessons from Other Countries for the United States, Brookings Institute for International Economics.

（四）财政政策与就业：短期与长期

奥巴马政府在应对经济危机和周期性失业问题时，并非眉毛胡子一把抓，而是充分考虑了加大基础设施和能源投入的眼前利益和长远意义。修建、维护道路等基础设施，增强了美国的交通运输能力，提高了经济运行的效率，为经济的复苏和进一步发展打下了基础；加大对绿色能源的支持，乃至之后特朗普在能源独立方面的投入都在一定程度上推动了美国的能源安全进程。

但是，特朗普为保障国内就业采取了极端的贸易保护措施，这是不可取的。从短期来看，虽然可能会对国内制造业发展和就业率的提升产生一定的效果，但从长期来看，政策的副作用将损害广泛的美国经济主体的利益，进而拖累美国的经济和就业。面对全球分工，应该采取更加积极的态度，因势利导，为受影响工人提供有效的保障和就业指导，促进失业人员的就业转型和国内经济结构的调整升级。

参考文献

1. Alan B. Krueger, Where Have All the Workers Gone? An Inquiry into the Decline of the U. S. Labor Force Participation Rate, BPEA Conference Drafts, Brookings Institution, 2017 – 09 – 07, https://www.brookings.edu/wp – content/uploads/2017/09/07_krueger.pdf.

2. Aldonas, Grant D., Robert Z. Lawrence, and Matthew J. Slaughter. 2008. Succeeding in the Global Economy: An Adjustment Assistance Program for American Workers. Policy Research White Paper (June). Washington: Financial Services Forum.

3. Brooks Jackson, Obama's Final Numbers, FactCheck.org, 2017 – 09 – 29, https://www.factcheck.org/2017/09/obamas – final – numbers/.

4. Brooks Jackson, Trump's Numbers, April 2019 Update, FactCheck.org, 2019 – 04 – 11, https://www.factcheck.org/2019/04/trumps – numbers – april – 2019 – update/.

5. Brock R. Williams et al., Trump Administration Tariff Actions: Frequently Asked Questions. Congressional Research Service. 2019 – 02 – 22, https://crsreports.congress.gov/product/pdf/R/R45529.

6. Chad P. Bown et al. (2019), Active Labor Market Policies: Lessons from Other Countries for the United States, Brookings Institute for International Economics.

7. Barclays, U. S. – China Trade Tensions: When Giants Collide, 2018 – 09 – 12.

8. Congressional Budget Office, the Budget and Economic Outlook: 2019 to 2029, January 2019, pp. 25 – 29.

9. Charting the labor market: Data from the Current Population Survey (CPS), U. S. Bureau of Labor Statistics, 2019 – 05 – 03.

10. Charnovitz, Steve. 1986. Worker Adjustment: The Missing Ingredient in Trade Policy. California Management Review 28, No. 2: 156 – 73.

11. David H. Autor, David Dorn and Gordon H. Hanson (2016), The China Shock: Learning from Labor – Market Adjustment to Large Changes in Trade, Annual Review of Economic 2016, 8: 205 – 40, https://www.ddorn.

net/papers/Autor – Dorn – Hanson – ChinaShock. pdf.

12. Executive Order Reducing Poverty in America by Promoting Opportunity and Economic Mobility, Whitehouse, 2018 –04 –10, https://www. whitehouse. gov/presidential – actions/executive – order – reducing – poverty – america – promoting – opportunity – economic – mobility/.

13. Erica York, The Economic and Distributional Impact of the Trump Administration's Tariff Actions, the Tax Foundation, December 5, 2018.

14. FACT SHEET: Ready to Work At a Glance: Job – Driven Training and American Opportunity, The Whit House, 2014 – 07 – 22, https://obamawhitehouse. archives. gov/the – press – office/2014/07/22/fact – sheet – ready – work – glance – job – driven – training – and – american – opportunit.

15. Erin Wolcott, 1 out of 5 men who didn't go to college don't have jobs. Here's why, CBS News, 2018 –06 –04, http://www. cbsnews. com/news/1 – out – of – 5 – men – who – didnt – go – to – college – dont – have – jobs – heres – why/?ftag = CNM –00 –10aac3a.

16. Fitzenberger, Bernd, Olga Orlanski, Aderonke Osikominu, and Marie Paul. 2013. Déjà Vu? Short – Term Training in Germany 1980 – 1992 and 2000 – 2003. Empirical Economics 44, No. 1: 289 –328.

17. Gary Clyde Hufbauer & Zhiyao (Lucy) Lu, (2017), "The Payoff to America from Globalization: A Fresh Look with a Focus on Costs to Workers", Policy Briefs PB17 – 16, Peterson Institute for International Economics. https://ideas. repec. org/p/iie/pbrief/pb17 – 16. html.

18. International Monetary Fund, World Economic Outlook 2018: Challenges to Steady Growth, October 9, 2018, pp. 33 –35.

19. Jason Furman, Eight Years of Labor Market Progress and the Employment Situation in December, the White House, https://obamawhitehouse. archives. gov/blog/2017/01/06/eight – years – labor – market – progress – and – employment – situation – december.

20. Jeffrey Ferry and Steven L. Byers, Measuring the Impact of Steel Tariffs on the U. S. Economy, Coalition for a Prosperous America, November 2018.

21. Joseph Francois, Laura M. Baughman, and Daniel Anthony, Round 3:

Trade discussion of Trade War, The Trade Partnership, Policy Brief, June 5, 2018.

22. Kehoe, Timothy J. ; Ruhl, Kim J. ; Steinberg Joseph B. Global Imbalances and Structural Change in the United States. Journal of Political Economy, April 2018, Vol. 126, No. 2. http://users. econ. umn. edu/ - tkehoe/papers/SavingGlut. pdf.

23. Kimberly Amadeo, Labor Force Participation Rate and Why It Hasn't Improved Much, the Balance, 2019 - 06 - 25, https://www. thebalance. com/labor - force - participation - rate - formula - and - examples - 3305805.

24. Labor Force Participation Dynamics, Federal Reserve Bank of Atlanta, https://www. frbatlanta. org/chcs/labor - force - participation - dynamics. aspx.

25. Mark Muro and Jacob Whiton, As midterm elections near, smaller, redder places show more economic growth, Brookings Institution, 2018 - 09 - 09, https://www. brookings. edu/blog/the - avenue/2018/09/06/as - midterm - elections - near - smaller - redder - places - show - more - economic - growth/.

26. Michael Sposi and Kelvinder Virdi, Steeling the US. Economy for the Impacts of Tariffs, Federal Reserve Bank of Dallas, Economic Letter, Volume 13, No. 5, April 2018.

27. Mary E. Lovely, Jeremie Cohen - Setton, and Euijin Jung, Vehicular Assualt: Proposed Auto Tariffs Will Hit American Car Buyers' Wallets, Peterson Institute for International Economics, Policy Brief 18 - 16, July 2018.

28. Marc Mauer, The Obama Legacy: Chipping Away at Mass Incarceration, Talk Poverty, 2016 - 12 - 21, https://talkpoverty. org/2016/12/21/obama - legacy - chipping - away - mass - incarceration/.

29. OECD, Interim Economic Outlook, 2019 - 09 - 20.

30. Opioid Prescribing Where you live matters, Centers for Disease Control and Prevention , 2017 - 07, https://www. cdc. gov/vitalsigns/pdf/2017 - 07 - vitalsigns. pdf.

31. Office of the United States Trade Representative, FACT SHEET: The Obama Administration's Unprecedented Trade Enforcement Record, https://

ustr. gov/about – us/policy – offices/press – office/fact – sheets/2015/january/fact – sheet – obama – administration% E2% 80% 99s.

32. Ryan Nunn, Jana Parsons, and Jay Shambaugh, How difficult is it to find a job? Brookings, 2019 – 05 – 02, https: //www. brookings. edu/blog/up – front/2019/05/02/how – difficult – is – it – to – find – a – job/.

33. Robert E. Scott, Aluminum Tariffs Have Led to a Strong Recovery in Employment, Production, and Investment, Economic Policy Institute, December 11, 2018.

34. Scott Horsley, Fact Check: Who Gets Credit for the Booming U. S. Economy? National Public Radio, 2018 – 09 – 12, https: //www. npr. org/2018/09/12/646708799/fact – check – who – gets – credit – for – the – booming – u – s – economy.

35. Terrie Walmsley and Peter Minor, Estimated Impacts of U. S. Sections 232 and 301 Trade Actions, ImpactECON, November 2018.

36. The CNN Wire Staff, Obama energy plan would open Atlantic and Gulf drilling, 2010 – 04 – 01, http: //edition. cnn. com/2010/POLITICS/03/31/obama. energy/index. html.

37. THE NATION'S FISCAL HEALTH: Action Is Needed to Address the Federal Government's Fiscal Future, U. S. Accountability Office, 2019 – 04 – 10, https: //www. gao. gov/products/GAO – 19 – 314SP.

38. U. S. Bureau of Labor Statistics (2016), Current Employment Statistics survey: 100 years of employment, hours, and earnings.

39. U – 3 Unemployment rate was 4. 5 Percent in March 2017; U – 6 was 8. 9 Percent, Bureau of Labor Statistics, 2017 – 04 – 12, https: //www. bls. gov/opub/ted/2017/u – 3 – unemployment – rate – was – 4 – point – 5 – percent – in – march – 2017 – u – 6 – was – 8 – point – 9 – percent. htm? view_full.

第六章 美式“民主”预算制度的无奈

本章导读：

美式“民主”常为人们称颂甚至模仿，但事实上，其民主制度并非完美无缺。其“三权分立”、两党轮流执政以及联邦、州和地方的过度分权等制度安排，一方面削弱了专制独裁的可能性，并有利于避免政策出现过大偏差；但另一方面却为各项改革设置了许多人为的刹车点，拖累了政府的行动能力和政策的效率，同时也滋养了当政者的短视行为。这种美式“民主”的无奈客观上造成了部分制度的割裂、改革的反复、政府的停摆、债台的高筑等问题。

本章从国家治理的角度，分析了美式“民主”预算制度所造成的日益频繁的政府停摆问题及其背后所隐藏的政治架构、党派纷争等深层原因，阐述了在风险社会下，美国预算治理功能不足对其自身的国家治理以及全球风险治理的严重危害。

2018 年 12 月 22 日，因特朗普政府与美国国会在美墨边境墙预算问题上无法达成一致意见，导致约四分之一的美国联邦政府机构陷入“停摆”，约 80 万联邦政府雇员被迫无薪工作或被强制休假。在“停摆”的第 35 天，即 2019 年 1 月 25 日特朗普和国会两党领导人终于达成妥协，联邦政府将重新开门并运作 3 周，暂时结束“停摆”。此次“停摆”是美国历史上“停摆”时间最长的一次。表面看，“停摆”起因于美国白宫和国会民主党人在修建美墨边境墙等问题上分歧严重，但这只是此次“停摆”的导火索。近十几年以来，美国联邦政府“停摆”频次不断加快，停期不断拉长，造成的影响或危害也在不断加大，反映出美式“民主”预算制度的缺陷。

美式“民主”预算制度由于其严格性和严肃性，在美国的国家治理体系中发挥着重要作用，也是维护美国在全球唯一霸主地位的重要基础性制度。但在一方面全球化不断推进，另一方面以单边主义、民粹主义为代表的“逆全球化”势力抬头，国际政治和经济形势正经历百年未有之大变局、全球治理公共风险加剧的背景下，美式“民主”预算制度暴露出应对风险能力不够的问题，难以与日益升级的全球和国家风险治理需求相匹配。在当下，美式“民主”预算制度不仅表现出以“三权分立”政治架构为基础的特点，更淋漓尽致地反映出共和、民主两党政治斗争激化、以党派利益绑架国家利益、肆意将国内风险向国外转移的趋势。作为唯一超级大国，美国联邦政府“停摆”不仅对美国政治、经济、社会造成负面影响，其对全球治理前景带来的不确定性风险也将上升，可能成为全球重要风险源。

一、“停摆”愈演愈烈，根源在于美式“民主”预算制度不能适应风险社会治理的需要

（一）不可否认，美国联邦预算充分体现相互制衡理念，在严格性和严肃性方面有优势

美国联邦预算制度设计不仅体现美国预算的法定性、刚性的特点，更将参众两院、总统与国会之间相互牵制的分权理念体现得淋漓尽致。在议会内阁制国家中，通常情况下来自议会多数党组成内阁，预算由内阁及行政部门编制，议会一般只需通过即可。但美国却有所不同。虽然美国总统每年都会发表预算报告，但国会具有立法权，任何法案（包括预算）要想成为法律，都必须经过两院的投票批准，最后由总统签字生效。因此经常会出现“总统想实施某种政策，但预算未通过”的情况。美国联邦预算具有法定性，当预算完成了在国会的立法程序送交总统签字时，如果总统赞同该法案，签字后便成为法律。如果总统行使否决权，该预算就无法成为法律。此时国会有两种选择：一是对法案重新投票，如果经两院 2/3 议员通过，即使总统反对或不签字，预算自动成为法律；二是重新修改预算至

符合总统的要求，不过需要在参众两院重新投票，再走一遍立法程序。美国立法及预算程序的制度设计，主要是为了限制总统或国会任何一方独大，以保证法案成为法律前有严谨的考量及周到的设计，体现“民主”政治的基本要求。

（二）“成也萧何败也萧何”，风险社会下美国联邦预算缺陷显现

美国联邦预算制度具有严肃性、严格性，但事物都有两面性，这样的程序使得预算形成法律的难度加大，围绕新财政年度预算案的两党争执达不成一致而导致政府部门“停摆”就是典型的例子。美国联邦政府“停摆”为什么在最近十几年高发频发？根本原因在于，随着全球面临大变局，不确定性明显增加、风险不断加剧。与之相适应，作为国家治理的重要基础性制度安排，包括预算制度在内的财政制度也应适应变化，增强在变局中有效应对风险的能力。如果保持僵化不变，则难以应对风险，或预算制度本身就成为风险的重要来源。

历史上，美国联邦政府机构曾出现多次因预算问题而被迫“停摆”的事件。据统计，自 1977 年以来，联邦政府部门“停摆”已超 20 次，持续时间短则 1 天，长则数周。美国联邦政府之所以出现部门“停摆”，和美国国会的结构与立法程序有密切关系。

美国联邦政府“停摆”的频次有加快趋势，2018 年一年，美国联邦政府就因白宫与国会无法在预算问题上达成一致，3 次陷入“停摆”危机，一年内关门 3 次乃近 40 年来首次。前两次持续时间较短，而第三次持续长达 35 天，刷新美国联邦政府历史上最长停摆时间记录。美国联邦政府“停摆”频次加快与长期以来过度依赖临时预算案（CR）有关。每年美国联邦政府预算若成立，意味着经国会批准，并由总统签署的 12 项拨款法案必须全部表决通过。如果截至 9 月 30 日这些拨款法案还未通过，到通过为止的这段期间会通过临时预算案过渡。从惯例看，每年国会上关于拨款的讨论都很难达成共识，12 项拨款法案全部在财年内通过是极其罕见的事情。从 1977 年以来预算的通过情况来看，所有拨款法案在期限内通过的只有 1978 年、1988 年、1994 年、1996 年 4 个年度，也就是说大部分财年都需要推出临时预算案，但哪怕只是部分拨款法案未通过，也会加大政府“停摆”风险。在当年度预算快要用完或者是临近财年末（9 月 30 日）以

及临时预算快要用完时，尤其是总统主张实施的政策预算未被采纳时，政府“停摆”风险会进一步加大。

多年来，美国国会依赖于临时预算案的次数不断增加，加大了白宫与国会的不稳定因素。从最近这次情况看，虽然 2018 年 1 月 25 日晚，美国总统特朗普签署了临时性预算案，同意美国联邦政府重新开门三周。但如果特朗普同国会民主党人在三周内无法达成长期性协议，政府将再次陷入“停摆”危机。因此，依靠临时预算案只是一个妥协性、过渡性的办法，并不能解决两党根本政治分歧，也无法避免政府面临一次又一次的“停摆”风险。

（三）美国政治极化加剧，反映出其国家治理的深层次问题

美国实行的是总统制，国会议员和总统通过不同的选举产生，并不是由一方（如国会）选举出另一方（如总统）。因此，美国历史上很少有总统和国会多数派都来自同一政党。另外，各个部门受不同的政党统治的现象时常发生，在这种背景下，预算案更加不好通过，史上的“停摆”大多发生在两党分歧严重，白宫和国会分别为两党控制的时期。而这次的特殊之处在于，“停摆”发生在白宫、国会两院均为共和党控制之际，这种情况是不多的。

此次“停摆”是近年来美国两大政党逐渐势均力敌，对立激化升级的结果。理论而言，如果一方党派获得优势地位，比较容易出现政治性妥协。但一旦两大政党势力不分伯仲，问题就会变得棘手。如果两大政党之间互相妥协并合作，对于执政的一方是极为不利的，不利于维持民众支持率。因此，势均力敌的两大政党为了展示自己鲜明的独特个性，经常会形成对立局面。更为糟糕的是，2018 年 1 月 3 日，民主党接管美国众议院，民主党人南希·佩洛西就任众议院议长，国会两院不再由共和党单独控制，由两党分别控制的“分裂”国会势必出现更多政治僵局和“囚徒困境”博弈，导致决策低效和内耗增多。

二、“停摆”或将造成严重后果，引发新的更大风险

（一）部分公共服务停止，给民众生活以及正常商业活动造成影响

美国联邦政府此次长达35天的“停摆”直接影响了美国近3%的劳动力，包括80万名联邦政府职员和约400万联邦承包商员工。80万联邦政府职员不得不回家待业或被迫无薪出勤，越来越多的人因不满意无薪上班而以生病为由请假缺勤。包括机场安检、国家公园在内的多项公共服务也受到了不同程度的影响。400万联邦承包商员工高度依赖联邦政府进行运营，这些企业在“停摆”期间业绩受到一定损害，如“政府办公圈”的商超连锁等。依赖政府低保生存的低收入群体生活也受到影响。随着政府关门的持续，2018年3月份开始，食品的发放可能受到影响。另外，政府关门对美国正常商业活动的影响已开始显现，如企业上市和并购交易审核被推迟，很多公司无法获得产品销售许可，旅行延误，小企业无法从美国小企业管理局获得援助等

（二）影响经济增长，投资者和消费者“不确定性”预期增加

白宫经济顾问委员会2018年1月15日估计，38万的联邦政府职员被要求回家待业，只要政府停摆一直持续，每停摆一周GDP将会被拉低0.08个百分点，联邦承包商的停工将会造成GDP被再拉低0.05个百分点，合计GDP增长率每周被拉低0.13个百分点。政府停摆持续四周以上，美国1—3月份的GDP增长率按照年均增长率计算将会被拉低0.5个百分点以上①。

除了拉低经济增速风险增大，政府“停摆”也给消费者心理造成消极

① Tankersley, Jim. Shutdown's Economic Damage Starts to Pile Up, Threatening an End to Growth. The New York Times. 2019-01-16 [2019-01-16]. ISSN 0362-4331.

影响，间接影响宏观经济。被迫回家待业以及无薪出勤的联邦政府职员的消费行为也会对经济产生影响。这些家庭的支出会随之减少，加上政府提供服务的减少可能会产生类似于典型经济衰退的宏观经济结果①。根据美国西北大学副教授斯科特·贝克和纽约大学副教授康斯坦丁·亚内里斯的分析显示，2013 年政府关门期间，领不到薪水的政府职员消费支出下降了 10%—15%。美国密歇根大学在 2018 年 1 月 18 日发布的 1 月份消费者消费指数显示，同上个月相比消费指数下降 7.6%，停留在 90.7%，降至 2016 年 11 月份特朗普当选总统以来时隔 2 年 3 个月的最低水平。更危险的是，持续的政府关门会给投资者和消费者营造一种“不确定性”的预期，这对美国乃至全球经济的潜在危害更大。

（三）给逼近的债务上限问题蒙上阴影，或将引发更大风险

在部分政府机构停止运转的情况下，只要国债还本付息以及军事等主要业务能够维持，且带来的影响并非长期性，政府机构“停摆”对经济的影响并非首要问题，最大的威胁是债务上限问题。债务上限是指法律确定的联邦政府的最大债务限额，国会负责决定联邦政府可以举债的最大限额，提高债务上限必须得到国会的认可，而 2019 年 3 月 1 日政府债务临时上限就要到期。虽然美国财政部可以通过“特别措施”来暂时规避不偿还债务的危机，但实际上就是减少支出，实施财政紧缩，将对美国经济繁荣产生影响，并损害全球经济增长。

历史上，美国联邦政府能否按期支付的不确定性曾经就引发过各种消极负面的因素。如 2011 年，国会就债务上限的讨论曾经陷入僵局，标准普尔宣布将美国债务的信用等级从 AAA 降到 AA+，这在近百年来属首次，也是美国历史上首次失去 AAA 主权信用评级，当时引发了美股和全球股价短暂大跌。此次也不例外，提高债务上限最终必然会上升到国会层面讨论。假如两党的斗争上升至债务上限审议问题，将会对经济造成更大影响。近年来债务上限成为政治争端常利用的手段。虽然债务上限逼近，但从目前局势来看，两党达成合作共识有很大障碍。如果届时达不成共识，

① Darryl Fears (4 January 2019) Three dead in national parks as shutdown wears on. [2019-01-05].

债务上限得不到提升将会引起部分违约，新的金融危机爆发的可能性将增大。美国2019财年联邦预算案显示，财政赤字规模创2011年以来的最高纪录，随着债务问题日益严重，美国信用降低的风险上升。美国信用降低将威胁美元的基础货币地位，表现在外汇市场上即美元可能出现长期下跌趋势。美元贬值会影响海外投资者的资金回流，导致美国国债价格下跌和股价下跌。而美元以及股价下跌，则有可能造成美国经济转向衰退，并引发美国乃至全球整个金融市场一连串的连锁反应，爆发新的全球性金融危机（见表6-1）。

表6-1　美国债务上限相关关键事件

时间	事件	关注点
2011年8月5日	美国国债降级	标准普尔将美国国债由AAA级降为AA+
2013年10月16日	政府“停摆”，市场动荡	确立提高债务上限法案成为关键，即使规避违约还是引起了市场波动
2018年1月20日	政府“停摆”	停摆至1月22日，持续3天
2018年10月1日	2019财年预算开始	9月末通过临时预算案（不含边境墙预算费用）
2018年12月22日	部门政府部门“停摆”	临时预算案到期，部分政府部门“停摆”
2019年3月1日	债务上限到期	2019年3月1日债务上限将再次生效

三、“如果你不能预算，你如何治理?”

预算问题是一国财政的核心，是关乎国家治理的大事，而对于大国财政来说，其预算问题则是关乎全球治理的大事。财政专家威尔达夫斯基（Aaron Wildavsky）说：“如果你不能预算，你如何治理?”另一位财政专家希克（Allen Schick）也说：“毫不夸张地说，一个国家的治理能力在很大程度上取决于它的预算能力。”如果看不懂美国这一超级大国的预算，就难以看懂全球风险与全球治理的动向和趋势。

（一）预算制度设计，要适应风险社会的治理要求

企业关门现象在任何国家都不鲜见，政府关门却不多见，但在美国政

治中，联邦政府关门并不是什么新鲜事，1981 年以来便已发生近 20 次。在中国主流报道中，美国联邦政府“关门”在很大程度上被解读为美国政府治理能力下降、政治信用透支等略显夸大的说法。实际上，美国联邦政府关门不是一种偶然，而是一种必然，这种必然来自其制度设计：通过国会控制预算的权利，对政府进行约束。从理论上讲，这是一种成功的制度，通过这个制度使权力有边界、受约束。一直以来，很多国家推崇并学习西方国家的民主制度，有成功的案例，也不乏失败的典型。事实上，西方国家多年的实践证明，这种制度并不完美，存在缺陷，西方民主会出现各种各样的问题，像美国这样的发达国家也面临着国家治理难题，精巧设计、彼此制约的权力最后变成了福山所说的“否决型政体”。尤其是在风险社会，这样的体制不仅导致美国联邦政府治理效率越来越低下，也暴露出西方民主制度的严重缺陷，而且缺陷越来越严重。预算经常沦为两党相互攻击、博弈、谋取政治利益的工具，公共利益被抛之脑后，严重到损害民众的利益。也就是说，任何一种制度都不会完美无缺，运行到一定程度都会产生瓶颈，为防范致命性风险，不能故步自封，而要不断进行自我变革，否则，制度自信不可能彻底，也不可能久远。

（二）对美式“民主”预算制度可能造成的全球风险后果，要高度警惕

论全球地缘政治实力，美国仍然是目前全球唯一的超级大国，美国财政政策的任何调整，包括预算、赤字、减税等，都会受到全世界密切关注。这是由美国的经济影响力、综合实力决定的。一个大国任何财政政策的变化，都必然对周边国家和世界经济产生影响。美国联邦政府“停摆”，表面上看是一个预算问题，是美国“国内”的财政问题，但如果以这种传统眼光看这一事件，就会忽视其背后对全球的风险。当今世界，国家有大有小，有“大国财政”和“小国财政”。看待美国联邦政府“停摆”事件，需要有“大国财政”思维，突破一国国内的界限，从全球化的角度来思考问题，从更加宏观的视野去看待财政的作用。不仅看表面，还应该看到美国经济深层次的结构性问题，要高度警惕债务上限无法顺利上调引发美国主权信用评级面临负面调整造成的风险。如果该风险引发债券价格下跌预期，则持有美国国债的各国央行、投资者将面临资产缩水的风险，进

而可能降低部分国家央行的信用，造成所在国家货币贬值，给实体经济带来重创。中国是美国国债的最大持有国，如果美元和美国国债走势下行，会使中国外汇资产蒙受严重损失。同时，还会引起国际上以美元计价的大宗商品价格的新一轮上涨，造成全球性通货膨胀，使中国面临输入型通胀的压力陡增。

（三）必须高度重视预算的治理功能，提高国家治理能力

当今，全球贸易战威胁以及世界大国之间日益加剧的政治紧张局势是全球主要风险源。多边贸易规则或将进一步受到侵蚀。除此以外，西方多国也正苦恼于国内政治的"失序和混乱"。世界正处于风险高度积聚状态，每个国家都面临着各种公共风险威胁，国家治理和全球治理面临空前挑战。法国"黄背心"运动、美国联邦政府"停摆"等由财政预算问题引发的社会危机、政治危机事件频发，持续周期越来越长。在不同的国家，公共风险表现为不同的特征。在议会民主制国家，可能表现为政府"停摆"、街头抗议等；而在中国，预算是中国共产党领导下全国人民的一件政治生活大事。虽然不存在执政党和在野党之间的对立博弈，但随着现代预算制度的推进，如果预算被认为不符合公共利益，或其合法性受到质疑，这种矛盾可能会通过其他形式表现出来，导致不稳定、不和谐情况发生。在当前全球经济增速放缓、中美经贸关系紧张背景下，风险隐患更大，尤其需要重视预算在国家治理中的核心作用。

参考文献

1. www. congress. gov. Congressional Research Servic. Senate & House Appropriations Committee.

2. Smith, Noah. The Economy Can't Shrug Off the Shutdown Forever. Bloomburg. 2019 – 01 – 16.

3. White, Ben. Shutdown raises the risk of recession. Politico. 2019 – 01 – 16.

第七章　财政改革挑战重重

本章导读：

在全球化进程中，美国虽然获益良多，但随着经济的发展、产业结构的调整等，其国内的利益结构也发生了变化，潜藏的矛盾冲突不断被激化：就业和收入分配等民生问题凸显、贸易逆差持续扩大、日益官僚化的美国联邦政府越来越难以满足民主需要。特朗普上任之后全方位着手国家治理体系的改革，并在社会、市场、政府三个方面均采取了重大举措。虽然仅从经济数据本身来看，在其任期内，美国迎来了史上最长扩张周期，这似乎证明了改革的有效性。然而，看似向好的经济表象下，一些深层次的问题并未得到解决。并且特朗普政府在经济走强时大规模减税增支，又进一步推高政府的赤字和债务。从长期来看，美国经济超预期增长背后所隐藏的一系列风险或将拖累美国乃至全球的经济前景。

本章围绕着特朗普政府的财税改革，介绍了改革背景即美国所面临的经济社会及政府信任等问题，梳理总结了特朗普上任后在财政收入、支出以及管理方面的一系列改革措施，并对改革效果及其对全球的影响进行了分析和评价。

自2007—2009年金融危机以来，需求的萎缩和增长的低迷导致全球存量市场资源进一步收缩，各国政府在经济困难时期越来越多地寻求保护本土产业，“全球化”进入深度调整期。虽然美国在全球化过程中获益良多，但是伴随着经济的发展和产业结构的调整，其国内利益结构也随之发生了变化，潜伏其中的矛盾冲突逐渐被激化。在这样的背景下，高举“美国优先”大旗的特朗普当选美国第45任总统，并采取了一系列政策措施来调节国内矛盾、促进经济发展和就业、维护和提升政府形象，以赢取选民的支持。从经济表象来看，美国在特朗普任内迎来了历时最长的经济扩张，就业市场也得到极大的提振。然而，特朗普政府的改革却难以解决深层次的经济社会问题，且其在经济强劲时急功近利地推行财政扩张，也使财政走上了不可持续之路。长期来看，美国繁荣背后财政和社会风险或将拖累其未来的发展前景乃至威胁全球的稳定与发展。

一、改革背景

（一）就业及收入分配等民生问题凸显

在技术进步和全球化等长期趋势性因素的影响下，低端制造业外移以及外国非熟练工人的大量涌入挤压了美国本土低技能工人的生存空间。而2007—2009年金融危机对整体经济环境的巨大破坏使得就业等民生问题更为凸显。且美国原有社会福利体系支出大但效率不高的明显缺陷，严重影响了财政对公共资源的配置效果，无力解决诸多民生问题。

1. 低技能工人生存空间被挤压

伴随着技术的进步，机器生产代替了人力劳动，而在全球化进程中，低端制造业为降低生产成本又纷纷外移，这些都对美国制造业的就业形势产生了冲击。自20世纪40年代起，与非制造业相比，美国国内制造业就业人数占比不断下降。从数据上看，该领域就业人数在1976年6月达到1960万人的峰值之前一直处于增长状态，之后开始下降，并在奥巴马执政期间净减少了19.2万人。

全球化不仅仅指的是资本和商品的全球化，还包括劳动力的跨国流动。在此过程中，来自世界其他国家的移民大量涌入美国，其中的非熟练工人挤占了本土同水平工人的岗位，拉低了平均工资，增加了低技能工人就业的难度。

如果说技术进步和全球化是在逐步挤压美国本土低技能工人的生存空间，那么十多年前的金融危机对该类人群的影响就堪称剧变。该次危机在美国一些地区造成了严重的破坏，地方产业或一蹶不振或转移到其他地方，就业市场急转直下。失业工人，特别是其中的低技能工人，如果不迁移或进入新行业，就难以找到工作，但是知识技能水平的局限性已然成为他们转行的阻碍。

2. 劳动力参与率仍然相对较低

十余年前的大衰退使美国陷入了失业问题的泥潭，在奥巴马政府扩张性财政政策的推动下，其就业形势得到了较为明显的好转，但劳动力参与率却并未提升。根据美国劳工统计局资料，其劳动力参与率峰值67.30%出现在2000年1月，之后的经济衰退使其在2004年4月下降到65.9%，即使在复苏时期也未得到改善，而2007—2009年的大衰退又使其进一步下降。尽管在奥巴马执政后期有了较多的工作机会，但是劳动力参与率仍下降了2.8个百分点。

3. 国内收入分配愈加不平等

从数据上来看（见图7－1），1980年美国收入最高的1%的成人（20岁及以上人群）收入总额占国民收入的10%左右，2016年增长至20%；与此同时，收入排名后50%的成人收入占国民收入的比例从20%下降至13%[①]。根据世界银行2019年1月更新的基尼系数，美国从1979年的0.35上升到2016年的0.42。从家庭收入情况来看（见图7－2），高收入家庭在1970年至2000年期间大幅上升，进入2000年以后变化很小，中低收入家庭则一直处于停滞状态，总体来看，1970—2014年高收入与低收入家庭的收入差距呈扩大趋势。从各收入阶层家庭数量来看（见图7－3），1970—2000年中等收入家庭占比不断下降，即中产阶级空心化。家庭收入在收入中位数50%—150%之间（中产阶级的代表）的家庭占比已经从1970年的58%下降到2014年的47%。减少的中等收入家庭中大约有一半通过收入分配实现向上增长，而另一半则进入了低收入家庭阶层。但如果将中等收入家庭占比下降的部分拆开来看，在1970—2000年期间，更多的中等收入家庭进入高收入行列；而2000年之后的中等收入家庭中只有0.25%进入高收入阶层，3.25%的家庭沦入了低收入阶层[②]。

---

① World Inequality Report 2018, https://wir2018.wid.world/files/download/wir2018－full－report－english.pdf.

② Ali Alichi, Kory Kantenga and Juan Solé, Income Polarization in the United States, IMF Working Paper, June 2016, http://imf.org/external/pubs/ft/wp/2016/wp16121.pdf.

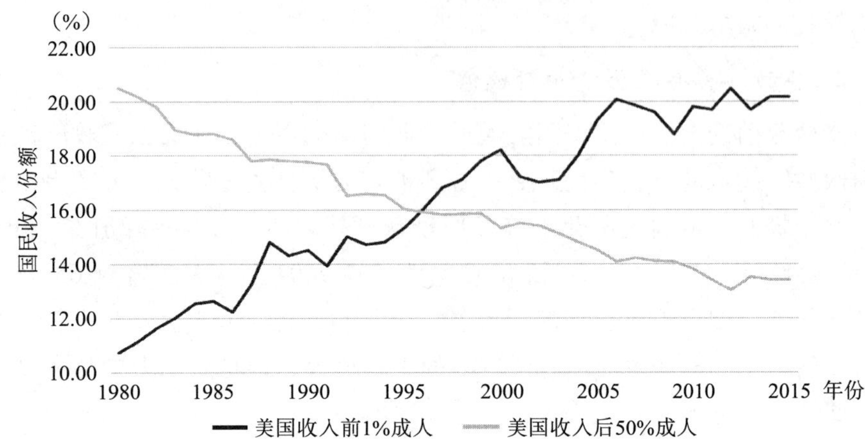

图 7－1　美国收入前 1% 成人与收入后 50% 成人的收入占国民收入份额

注：2016 年，收入前 1% 成人的收入份额在欧洲为 12%，而在美国则超过 20%。

资料来源：时间财富与收入不平均数据库（WID. world），世界不平均报告 2018（wir2018. wid. world）。

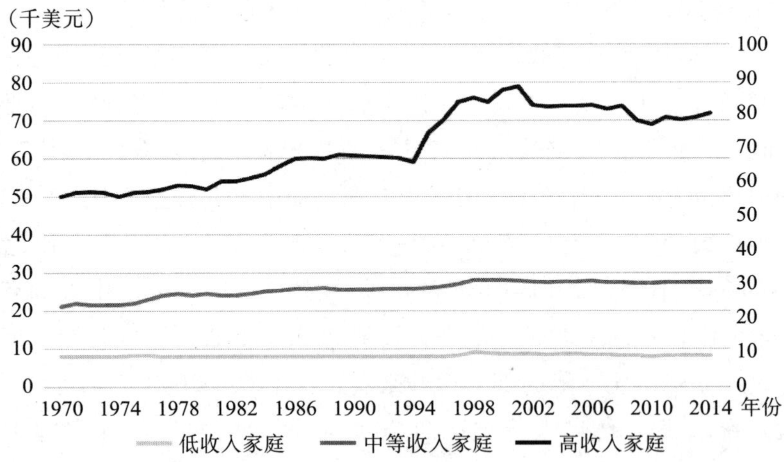

图 7－2　1970—2014 年美国家庭平均收入（2005 财年不变美元）

资料来源：2016 年 IMF 工作论文 "Income Polarization in the United States".

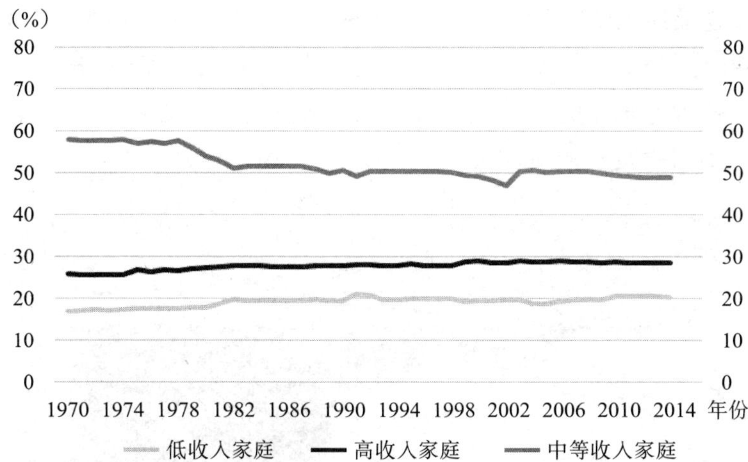

图 7－3　1970—2014 年美国各收入阶层家庭数量占家庭总数百分比

资料来源：2016 年 IMF 工作论文 “Income Polarization in the United States”.

4. 福利体系支出大但效率不高

美国福利体系已经成长为一个庞大的官僚系统，有多少人参加了福利项目成为了衡量该体系成功与否的标准，却不注重有多少人从贫困走向了经济独立。2017 年，联邦政府在援助低收入者方面花费了 7000 多亿美元，但大多数非现金福利项目的受助人并不受工作要求的约束，这滋生了失业者等群体对福利体系的依赖，增加了财政负担，却无利于实现政策初衷，即为真正有需要的人提供公共援助，以有效帮助人们进入劳动力市场并摆脱贫困。

（二）全球市场中的竞争压力增大

在全球化背景下，任何国家和地区的产业、税收政策的调整都会对其他国家和地区产生影响。美国产业结构的调整助推了其低端制造业的外移，但国内对相关产品的刚性需求却不减，这使得其贸易逆差的出现和扩大难以避免。与此同时，其他发达国家为吸引投资而降低企业相关税负的举措，也会在国际市场上影响美国境内企业的表现。

1. 国际贸易中长期存在巨额逆差

美国进出口贸易在 20 世纪 70 年代由顺差转为逆差，其中商品贸易一直处于逆差状态，服务贸易则为长期的顺差。截至 2017 年第三季度，美国商品贸易逆差达5970亿美元，服务贸易顺差为1830亿美元，贸易逆差总计达4140亿美元。另根据2016年双边贸易的数据，美国与中国、日本、墨西哥、德国等国家的贸易差额占到了美国贸易差额总量的98%，其中尤以美国对中国的贸易逆差最大[①]（见图7－4）。

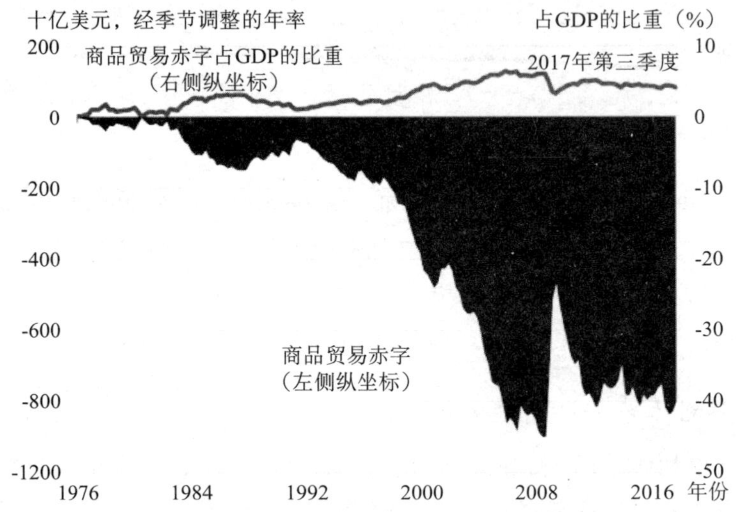

图7－4　1976—2017年美国商品贸易赤字及其占GDP的比重

资料来源：Economic Report of the President, Feburary 2018.

2. 过高的税负拖累企业国际竞争力

2018财年总统经济报告指出，美国国内的资本形成受到了两种经济趋势交汇的严重损害，一是资本的国际流动性上升；二是美国企业所得税的国际竞争力下降。数据显示（见图7－5），尽管1993—2017年间美国联邦法定最高企业所得税税率一直保持在35%不变，但经济合作与发展组织（OECD）中其他发达经济体的税率却在稳步下降。从2000年至2017年，经合组织国家企业所得税的平均税率从32.3%下降到了23.8%；美国企业所得税综合税率（联邦和州的税率）却仅从39.3%下降到38.9%（主要受州级水平下调的影响）。按照该税率从高向低排序，美国从排名第17的发达国家变成了税率最高的发达国家。而该税率会影响投资项目在整个生命周期内的税后利润，进而会影响资本对投向地点的选择。于美国而言，

① Economic Report of the President, Feburary 2018.

相对过高的税率不利于留住国内资金和吸引外国直接投资，同时也削弱了本土企业的国际竞争力。

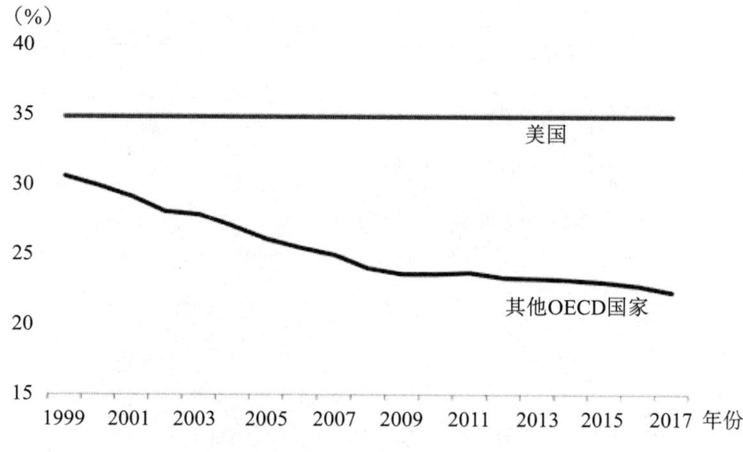

图 7－5　1997—2017 年 OECD 国家公司所得税有效平均税率

注：以上材料中包括了相关国家及地区的数据。

资料来源：Economic Report of the President，Feburary 2018.

（三）联邦政府难以满足民众期望

由于历史沿革等原因，美国联邦政府变得日益复杂化、官僚化。过多的监管、公共服务的碎片化管理、较低的信息化程度、有待提升的办事效率等使其难以满足美国民众的现实需求。皮尤研究中心的政府信任度调查显示，2017 年底美国民众对联邦政府的信任度已接近历史低点，他们认为在国家安全、食药安全、移民体系、环境保护、经济发展、基础设施、社会保障、教育和扶贫等领域，联邦政府所做的努力仍然远远不够（见图 7－6）。

监管负担问题。几十年来，联邦机构对个人、企业、土地所有者、州和地方政府施加了无数的监管要求。不可否认，其中一些监管是为了达到当时重要的公共目标，但目前来看不少规定是重复的或者已经过时。这些规定的持续生效造成了沉重的监管负担。

政府间协作问题。联邦机构各自独立为政可能会损害跨机构的合作，导致公共服务的碎片化管理或交付成本过高的问题。例如，以支持贫困人口为单一目的的福利项目就有 80 多个。

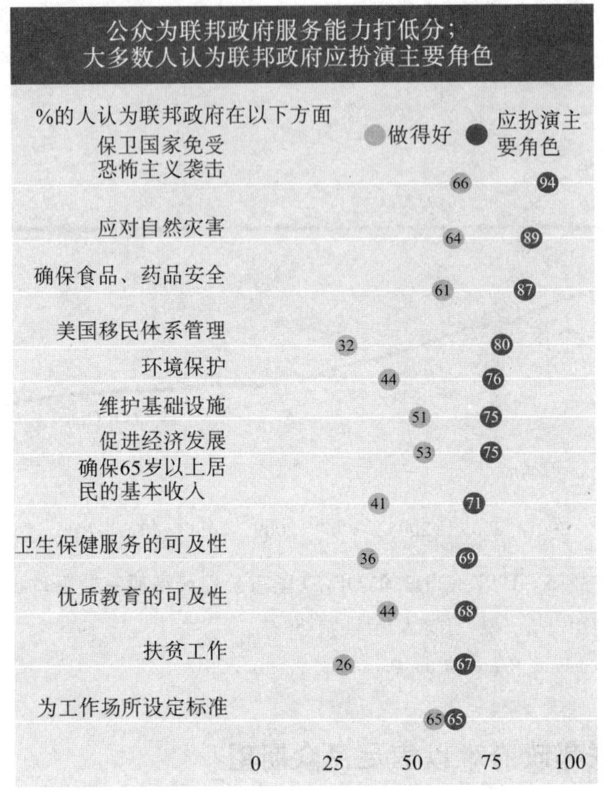

图7-6　公众对美国联邦政府服务能力的打分情况

资料来源：PRESIDENTS MANAGEMENT AGENDA，https：//www. whitehouse. gov/wp－content/uploads/2018/04/ThePresidentsManagementAgenda. pdf.

决策问题。高效的决策必须是基于事实并且是公开透明的，但联邦政府机构并不总是运用事实数据进行决策。同时，美国公众缺乏对联邦计划和服务进行反馈的有效渠道，而得不到有效的反馈就难以持续改进联邦政府的服务。

领导和文化问题。管理者需要足够的判断力来有效地提供公共服务、培养员工并解决实时问题。然而，由于联邦政府部门日益官僚化，公共服务的提供和员工的培养并不尽如人意。

技术能力问题。过时的、不安全的技术可能会使公众的利益受到损害，让公众感到不安。然而，太多的联邦雇员还在依赖过时的技能。一项研究发现，退伍军人事务部（VA）在记录和记录信息方面花费了超过1.5

亿小时，而国土安全部（DHS）通过提高的自动化标准每年可节省 80 万小时。这些都说明，联邦政府的技术能力亟待提高。

二、特朗普政府的改革举措

特朗普上任之后全方位着手国家治理体系的改革，并在社会、市场、政府三个方面均采取了重大举措。在其第一份《总统经济报告》中，特朗普对其任期内愿景做出了较为明确的阐述，所涉内容主要包括促进就业和工资增长、实现能源优势、扩大基础设施建设、鼓励创新、增强市场活力、提振贫困社区发展等。

（一）财政支出方面的主要行动

提高社会福利项目效率。为降低财政负担、提高劳动力参与率和社会福利项目的效率，2018 年 4 月，特朗普总统签署了 13828 号行政命令，指示各机构改革福利项目，以鼓励工作、减少劳动人口对福利项目的依赖。本次福利制度改革的目标是：在法律规定的框架内帮助受助人实现经济独立（包括加强对福利项目受惠者的工作要求）；建立强大的社会网络，使受助人以可持续的方式摆脱贫困（包括通过工作和婚姻等）；解决单亲、曾被监禁者、无家可归者、滥用药物者、残疾人和无所事事的青年等难以找到工作并维持就业的难题；平衡灵活性和问责要求，以满足州、地方、部落政府和其他机构调整公共援助项目的独特需求，并确保福利服务和管理机构可以对结果负责（包括评估措施的设计和跟踪，以评价项目是否帮助人们摆脱贫困）；缩小官僚机构的规模并精简服务，以促进资源的有效利用；为低收入和低资产的人提供福利；通过合并或取消重复的或无效的联邦计划来减少资金浪费；建立一套系统，使联邦政府能够随时且便利地掌握州、地方和部落的项目成功失败情况及信息，以使其他州和地方能够从中学习并受益；授权私营部门和地方社区制定、实施以地方为基础的贫困解决方案①。

支持工薪家庭。美国政府认为，如何平衡工作和孩子的抚养虽然是每个家庭的私人问题，但是这个问题处理不好也会产生重大的社会影响，例如影响就业率和经济的增长。为帮助工薪家庭处理好孩子抚养问题，政府在福利制度等政策方面向有孩子的家庭倾斜。例如，2017 年的《减税和就业法案》（Tax Cuts and Jobs Act）将每个孩子的最高儿童抵税金额从 1000 美元提高一倍至 2000 美元；劳动所得税抵免制度（EITC）每年为两孩家庭提供高达 5828 美元的福利；照顾儿童及被抚养人税收抵免（CDCTC）等制度中也包含了儿童相关的福利和税收抵扣内容；2018 年美国总统特朗普还签署了一项 24 亿美元的儿童保育与发展基金（the Child Care and Development Fund）增资法案，以向各州提供总计 81 亿美元的资金用于资助低收入家庭的儿童保育。此外，食品券、医疗补助、住房援助和贫困家庭临时救助项目（TANF）等福利项目也为从事低收入工作的成人及其子女提供了援助。

（二）财政收入方面的主要改革

降低个人所得税和企业所得税负担。2017 年 12 月，美国国会通过了《减税和就业法案》（Tax Cuts and Jobs Act），并由总统签署成为法律。这是美国近几十年来最重要的减税和税收改革法案。该法案有四个目标：为中等收入家庭减税、简化申报手续、通过税收减免实现经济增长、促进海外收入汇回国内。

在个人所得税方面，该法案降低了边际税率，提高了标准扣除，扩大了儿童相关的税收抵免，并简化了报税手续。此外，一些受欢迎的扣除类别得到了保留，例如按揭利息和慈善捐款扣除，某些主要使高收入家庭受益的扣除项目受到了限制或者直接被取消（见表 7－1）。

① Executive Order Reducing Poverty in America by Promoting Opportunity and Economic Mobility, Whitehouse, 2018－04－10, https://www.whitehouse.gov/presidential－actions/executive－order－reducing－poverty－america－promoting－opportunity－economic－mobility/.

表 7－1 《减税和就业法案》（2018 纳税年度）与之前税法在个税级数、税率等方面的比较

单位：美元

单身纳税人				已婚共缴纳税人			
之前的税法		减税和就业法案		之前的税法		减税和就业法案	
10%	$0－$9525	10%	$0－$9525	10%	$0－$19050	10%	$0－$19050
15%	$9525－$38700	12%	$9525－$38700	15%	$19050－$77400	12%	$19050－$77400
25%	$38700－$93700	22%	$38700－$82500	25%	$77400－$156150	22%	$77400－$165000
28%	$93700－$195450	24%	$82500－$157500	28%	$156150－$237950	34%	$165000－$315000
33%	$195450－$424950	32%	$157500－$200000	33%	$237950－$424950	32%	$315000－$400000
35%	$424950－$426700	35%	$200000－$500000	35%	$424950－$480050	35%	$400000－$600000
39.6%	$426700+	37%	$500000+	39.6%	$480050+	37%	$600000+

资料来源：Preliminary Details and Analysis of the Tax Cuts and Jobs Act，Tax Foundation，2017－12－18，https：//taxfoundation.org/final－tax－cuts－and－jobs－act－details－analysis/.

在企业所得税方面，该法案允许企业完全扣除在设备和无形资产上的投资，并将最高边际税率从35%下调至21%。同时，将税收制度从对全球收入征税的全球税收制度转变为属地税制。总部设在美国的公司将海外利润带回国内时将不再额外征税，而对当前递延纳税的海外利润则会征收较低的一次性汇回税（repatriation tax）。

加征关税。按照“美国优先”的原则，特朗普政府对多国进口产品加征关税，以保护美国本土产业，缩减贸易赤字，确保美国利益。根据201条款和232条款，美国对光伏电池及其组件、家用大型洗衣机及部分配件、钢、铝实施的进口限制和关税适用于大多数国家；根据301条款等美国对从中国进口的多数产品加征了高额的关税。此外，特朗普政府还对进口汽车及铀发起了232调查，这可能导致美国对价值约3610亿美元的进口汽车以及约20亿美元的进口铀加征关税。且关税政策仍存在进一步升级的可能。

（三）财政管理方面的改革举措

改革财政部机构设置。改革及改组行政部门是美国政府现代化改革中的重要内容，其中不乏跨部门、跨机构的整合，其目的是提升联邦政府的服务和管理能力。所涉及的财政部机构改革为，将烟酒行业所有的监管责任从司法部烟酒枪炮及爆裂物管理局（ATF）转移到财政部酒、烟税收与贸易局（TTB）等[①]。

放松监管。为减轻过度的监管的负担，充分发挥民众的创造力，促进经济增长和创新，联邦政府进行了放松政策管制的改革，具体措施包括修订管制程序、修改或取消现有规则、定期更新规则等。本次改革以成本效益分析为指导，各机构被赋予了监管成本的上限，这为各机构评估管制成本、考虑解除管制行动以及确定优先事项等提供了框架。而且相关改革强调，在成本效益分析中，除了进行特定监管法规的成本效益测试之外，还要对所有监管法规组合进行分析。

① Budget of the U. S. Government, Office of Management and Budget, Fiscal Year 2019.

三、财政改革的效果及影响

2009年6月美国经济基本从金融危机中恢复，并显示出了较高的弹性，而且在国内政策收紧（2011—2015年财政刺激累计回撤幅度占GDP的5.25%）和一系列外部冲击下，其经济仍保持较好的势头。特朗普上任后，经济继续保持增长，失业率不断下降、工资水平有所上升且通胀较为温和。仅从经济数据本身来看，在特朗普任期内，美国迎来了史上最长扩张周期，这似乎证明了其改革的有效性。然而，看似向好的经济表象下，一些深层次的问题并未得到解决。同时，从政策与经济周期的关系来看，在预期向好的情况下，美联储已于2017年开启缩表进程，但特朗普政府却采取了与货币当局截然相反的政策，在经济走强时大规模减税增支，进一步推高政府的赤字和债务。从长期来看，其经济超预期增长背后所隐藏的一系列风险或将拖累美国乃至全球的经济前景。

（一）失业率下降与裁员潮并存

特朗普政府一系列“亲工人”的政策似乎重新激活了美国的劳动力市场。根据白宫2019年4月份发布的信息，在过去的13个月里，美国失业率一直处于或低于4%的水平，这是近50年来如此低的失业率持续时间最长的一次。拉美裔、非裔和亚裔美国人的失业率都跌至历史最低水平。此外，在2018年，女性失业率也降至近65年来的最低水平。另根据美国劳工统计局资料，自特朗普当选以来（2016年11月—2019年3月），28个月中有26个月的新增就业岗位超过了10万个。过去12个月平均每月新增就业岗位21.1万个，而过去6个月平均每月新增就业岗位20.7万个，上述数据均高于2017年新增就业岗位的月平均情况（17.9万个/月）。与此同时，部分“闲置劳动力”重新进入劳动力市场。2019年第一季度，71.4%的就业人口来自“闲置劳动力”，3月，劳动参与率（跟踪有多少人在工作或正在寻找工作）上升至63%，比2016年11月特朗普当选时高出0.3个百分点，其中黄金年龄成年人（25—54岁）劳动参与率保持在82.5%，比2016年11月总统选举时高出1.1个百分点。

美国劳动力市场看似欣欣向荣，但实际情况却并不乐观，自2012年开始的裁员潮似乎从未停止。根据美国白宫于2019年4月份发布的数据，虽然名义工资同比增长率已连续8个月保持在3%或以上的水平，但是实际工资的增长率还不到1%，增长并不显著。即使如此，人力成本的上升叠加关税政策导致的原材料成本上涨，已然超过一些企业的承受能力。为降低成本，企业纷纷选择裁员，其中制造业尤为严重。根据美国第三方咨询公司数据，仅2018年前11个月，美国企业就已经宣布了近50万人的裁员计划，同比上涨25%；2019年第一季度的裁员计划涉及约19万人，同比上涨36%①，与新增的就业岗位持平。

（二）减负减压短期可提振经济，但难改中长期增长的乏力

财税改革之前美国企业所得税税率位于发达国家的最高水平。针对这种情况，联邦政府一方面通过《减税和就业法案》削减企业所得税、加快短期资本投资的费用化，以降低资本成本；另一方面通过保护主义政策寻求为本土企业提供有利的市场环境，以促进投资回流和经济规模的扩大。2018年有5000亿美元从海外汇入美国，且同年实际GDP的增长率超过了国际社会的预期，达2.9%。这说明短期内财税改革取得了一些成效。

但这种情况在2019年第一季度开始出现了变化。作为GDP主要拉动因素的消费和投资都呈现疲态，其中国内消费增长率为1.2%，比上一季度下降48%；投资增长率为2.7%，比上一季度下降50%，进口更是出现负增长，为-3.7%，创2015年以来的新低②。虽然在特朗普的政策下，贸易赤字缩减至6034亿美元，但是进口减少所带来的直接影响是原材料成本上升，这在钢铁行业和汽车制造行业表现得尤为明显，而成本的上涨又会削弱美国企业的国际竞争力。以上种种迹象表明，在财税改革的第三个财年，美国经济已经开始出现增长乏力状况。

（三）短期经济增长的代价是对长期财政和社会良性发展的透支

在支出方面，收支失衡致使债务利息快速上升，国防军事呈挤压社保

① 数据来自美国民间第三方咨询公司Challenger，Gray & Christmas第一季度统计数据。

② 数据来自联邦政府财政部公布的2019年第一季度财政报告。

福利之势。在联邦政府的支出结构中，社保福利、债务利息、国防军事支出是主要部分，三项合计约占联邦政府总支出的70%。其中，社保福利支出包括社会保险、医疗保险和医疗补助计划等，合计占总支出的50%左右，而且由于人口老龄化和医疗成本上升等原因，社保福利支出具有较强的刚性。债务利息支出主要与债务规模和利率相关，鉴于联邦政府已积累起高达22万亿美元的巨额债务，该项支出的增长在所难免。同时，不容忽视的是，债务利息支出的快速上升是财政失衡的直接表现，而伴随着支出的持续增长，利息支出和预算赤字或将陷入相互推升的恶性局面。

相较于前两项，特朗普政府尤为强调国防军事支出。强大的军事威慑力是其推行“美国优先”政策，对全球化进行重塑的重要保障。数据显示，2018财年美国的国防自主性支出约占联邦政府全部财政支出的15%，占自主性支出总额的近一半。2019财年该项支出实际金额更是高达716亿美元。由于特朗普政府过于强调国防军事支出的增长，社会福利支出也面临着被挤压的风险。例如，2020财年总统预算案迫于赤字和债务压力，在进一步增加国防军事支出的同时，将社保福利等非国防项目支出削减了9%。

在收入方面，减税政策收效甚微，财政及社会困境日益凸显。为增强本土对资金的吸引力、提升国内企业的国际竞争力，特朗普政府推出了“美国历史上最大规模的减税”，将全球减税竞争推向高潮。虽然美国当局认为此次减税将刺激经济增长、增加财政收入，但2018财年的情况却并不尽如人意：政府总收入规模略有上升，占GDP的比重却有所下降，收支缺口扩大，财政困境进一步凸显。

同时，减税政策还使税收结构有所改变，个人所得税收入的占比进一步上升，但其重点征收人群仍为中产阶级。而资本利得税和企业所得税的优惠政策又使高收入群体获得了更多的利益。这就意味着，在新一轮税改中，中产阶级被进一步挤压，高收入群体成为最大受益者，社会分化加剧。

此外，受美国“逆全球化”战略的影响，关税收入显著增加。加收关税虽然在短期内为部分国内企业提供一定的保护，但却广泛地推涨了生产原料的价格，并最终将保护成本转嫁给了下游消费者。同时贸易摩擦中美国进口额的显著下降也进一步拉低了人民的福祉。

增支减收、逆势而为难以提振国内经济，财政政策不可持续。联邦政府的财政改革可概括为“增支减收”。若在衰退期采取该政策，适当增加预算赤字或将有助于刺激经济复苏，但在经济强劲时仍进行财政扩张，势必会将赤字和债务推向不归路。近半个世纪的赤字政策使联邦政府积累了大量债务，尤其是在2007—2009年金融危机时，大规模的财政刺激使债务快速膨胀。危机之后的经济回暖为缩小收支缺口、偿还债务提供了契机，但特朗普政府却急功近利地希望继续依靠财政扩张来实现美国的再次强大，同时通过对全球化的重塑来保障其在全球的利益。其结果显然并不乐观：“增支减税”对经济的提振效果有限，收入和支出之间的结构性失衡却给财政带来巨大压力。随着联邦政府债务规模突破22万亿美元大关，政府财务报告、国会预算办公室（CBO）和政府问责局（GAO）的预测都显示，当前的财政政策不可持续（见表7-2）。

表7-2　2020财年总统预算案中赤字情况　单位：十亿美元

	2018财年	2019财年	2020财年
收入	3330	3438	3645
支出	4109	4529	4746
赤字（-）	-779	-1092	-1101

资料来源：OMB FISCAL YEAR 2020 BUDGET OF THE U. S. GOVERNMENT，https：//www. whitehouse. gov/wp-content/uploads/2019/03/budget-fy2020. pdf.

（四）阶级固化和社会撕裂的深层问题难以得到解决

难改中产阶级空心化趋势。早在特朗普就职以前，美国就已经呈现出收入差距扩大、中产阶级空心化的趋势。中产阶级既要直接缴税，又要面对通货膨胀导致的财富缩水。其大量财富或是以租金的形式转移至企业家手中，或是以福利安排的形式由政府转移给穷人。特朗普政府的“新政”并未改变这种现状。2017年的税改使联邦政府的税收结构出现了变化，以中产阶级为主要负担群体的个人所得税收入占比进一步上升，企业所得税收入比重下降。这种变化意味着中产阶级税收负担的加重。同时，联邦政府为了刺激经济而实施的对企业的税收优惠和补贴等政策，并未从根本上提升这些企业的国际竞争力。这就导致政府的付出难以通过企业的发展来弥补，而其中的部分成本最终又会被转嫁到普通民众头上。此外，虽然目前美国名义工资增长率已达3%的水平，但实际工资却增长缓慢。而且资本利得税的广泛优惠又使得高收入群体进一步获益，中产阶级的相对收入则进一步缩水（见表 7－3）。

表 7－3 个税和企业所得税在联邦政府财政收入中的占比 单位：十亿美元

主要来源	2016 年		2017 年		2018 年	
	金额	在总收入中的占比（%）	数额	在总收入中的占比（%）	数额	在总收入中的占比（%）
个人所得税	1546	47.31	1587	47.87	1684	50.59
企业所得税	300	9.18	297	8.96	205	6.16

资料来源：Congressional Budget Office; Office of Management and Budget; Department of the Treasury.

预算压力或将加剧社会分化。迫于预算赤字和债务压力，2020 财年总统预算案在进一步增加国防支出的同时，将社会保障、医疗教育等非国防项目支出削减了 9%。根据该预算案，联邦政府要在未来 10 年削减 1.5 万亿美元的医疗补助，取消《平价医疗法案》（Affordable Care Act）下的医疗补助扩张计划；削减 8450 亿美元的联邦医疗保险计划（Medicare）支出，削减幅度约为 10%；削减 250 亿美元的社会保障支出；削减 2200 亿美元的补充营养援助计划（SNAP）支出；向贫困家庭提供的临时援助将减少 210 亿美元；削减 2070 亿美元的学生贷款项目，取消公共服务贷款减免项目（the public service loan forgiveness program），削减学生资助贷款等。在福利项目支出的大幅削减下，受损方将主要集中在中低收入群体，美国社会的贫富分化可能将因此而加剧（见图 7－7）。

（五）对全球的稳定与发展构成威胁

特朗普高举“美国优先”大旗，将贸易战烧至包括中国、欧盟等主要经济体，极大地阻碍了全球化进程和世界经济的发展。贸易局势紧张，加上持续的政治风险和金融动荡，可能预示着广泛的经济低迷。2019 年 2 月 19 日，世贸组织发布的全球贸易景气指数（WTOI）值为 96.3，低于该指数 100 的基线值，为 2010 年 3 月以来的最低水平。整体指数的疲软是由全球出口订单指数（95.3，基准线为 100）、国际航空货运量（96.8，基准线为 100）等成分指数的大幅下跌推动的，而这些指数似乎都受到了贸易紧张加剧的影响。

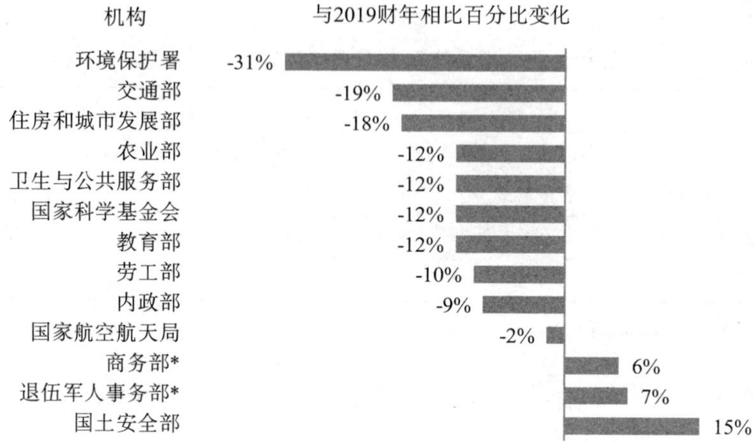

图 7－7　2020 年总统预算案将削减大量的公共服务支出

注：商务部资金的增加来自为 2020 年进行的人口普查提供的资金。退伍军人事务基金的增加在很大程度上是由于医疗保健成本的上升和 2018 年使命法案的实施，该法案使退伍军人可以在退伍军人事务部设施之外获得医疗保健。

资料来源：Tara Golshan，Trump's 2020 budget proposal seriously cuts the nation's safety net，Vox，2019－03－11，https：//www. vox. com/policy－and－politics/2019/3/11/18259789/trumps－2020－budget－proposal－cuts.

特朗普政府对"国家安全"的片面强调及其不断扩大的军费开支对世界和平产生了扰动。斯德哥尔摩国际和平研究所（Stockholm International Peace Research Institute）数据显示，2017 年全球各国军费开支超过 1.7 万亿美元，达到冷战结束以来的最高水平。其中，美国的军费开支占全球的 40% 左右。实际上，美国军费开支在奥巴马政府后期已开始缩减，但是在特朗普上任后又恢复了增长。居高不下的军费预算凸显了美国在全球的军事投放以及新装备、新武器的研发投入等。而美国军费支出的增长或将引发新一轮的军备竞赛，使区域摩擦和争端升级，国际局势的不稳定性加剧，全球和平发展的进程将因此而受到威胁。

长期来看，美国繁荣背后的财政和社会风险或将拖累其未来的发展前景乃至威胁全球的稳定与发展。当前美国的财政健康问题及深刻的社会矛盾都为其未来的发展埋下了隐患，而一旦美国的财政或者社会危机爆发，就极可能引爆新一轮经济衰退甚至经济危机。在全球化的背景下，这种危机会极快地传导至全球其他国家和地区。2007—2009 年的金融危机就是全球风险传导的前车之鉴。因而，从某种程度上讲，全球其他国家可能不得不为美国政策偏差所导致的部分成本买单。

参考文献

1. Growing the American Economy: The Economic Report of the President, Council of Economic Advisers, February 21, 2018, https://www.whitehouse.gov/briefings-statements/growing-american-economy-economic-report-president/.

2. Budget of the U. S. Government, Office of Management and Budget, Fiscal Year 2019, https://www.whitehouse.gov/wp-content/uploads/2018/02/budget-fy2019.pdf.

3. Congressional Budget Office, the Budget and Economic Outlook: 2019 to 2029, January 2019, pp. 25-29.

4. Brock R. Williams et al., Trump Administration Tariff Actions: Frequently Asked Questions. Congressional Research Service. February 22, 2019. https://crsreports.congress.gov/product/pdf/R/R45529.

5. WTO trade indicator points to slower trade growth into first quarter of 2019, World Trade Organization, 2019-02-19, https://www.wto.org/english/news_e/news19_e/wtoi_19feb19_e.htm.

6. Bureau of Economic Analysis, Gross Domestic Product Quarter and Annual 2018 (Initial Estimate), http://www.bea.gov/systems/files/2019-03/gdp4q18_ini2.pdf.

7. Economic Report of the President, March 2019, https://www.whitehouse.gov/wp-content/uploads/2019/03/ERP-2019.pdf.

8. Consumer prices up 1.6 percent over 12 months ending January 2019, Bureau of Labor Statistics, Feb. 19, 2019, http://www.bls.gov/opub/ted/2019/Consumer-prices-up-1-point-6-percent-over-12-months-ended-january-2019.htm.

9. Monetary Policy Report submitted to the Congress on February 22, 2019,

pursuant to section 2B of theFederal Reserve Act, Board of Governors of the Federal Reserve System. https://www.federalreserve.gov/monetarypolicy/2019-02-mpr-part1.htm.

10. Monthly Budget Review: Summary for Fiscal Year 2018, Congressional Budget Office, 2018-11-07, www.cbo.gov/publication/54647.

11. Bureau of the Fiscal Service's Fiscal Years 2018 and 2017 Schedules of Federal Debt FINANCIAL AUDIT, November 2018, https://www.treasurydirect.gov/govt/reports/pd/feddebt/feddebt_ann2018.pdf.

12. President Donald J. Trump will Make the American Military Great Again, Whitehouse, 2017-12-12, https://www.whitehouse.gov/briefings-statements/president-donald-j-trump-will-make-american-military-great/.

13. Tara Golshan, Trump's 2020 budget proposal seriously cuts the nation's safety net, Vox, 2019-03-11, https://www.vox.com/policy-and-politics/2019/3/11/18259789/trumps-2020-budget-proposal-cuts.

14. Global military spending remains high at $1.7 trillion, Stockholm International Peace Research Institute, 2018-05-02, https://www.sipri.org/media/press-release/2018/global-military-spending-remains-high-17-trillion.

15. John W. Schoen, Trump claims 'billions of dollars are pouring into the coffers of the USA' because of his tariffs, but that's just a drop in the bucket, 2018-11-29, https://www.cnbc.com/2018/11/29/trump-claims-money-pours-in-because-of-tariffs-but-they-are-not-much.html.

16. President Donald J. Trump's Historic Tax Cuts Are Delivering Real Savings And Creating More Opportunity For All Americans, Whitehouse, 2019-04-15, https://www.whitehouse.gov/briefings-statements/president-donald-j-trumps-historic-tax-cuts-delivering-real-savings-creating-opportunity-americans/.

17. U.S. Job Growth Remains Strong, Adding 196, 000 Jobs in March and Surpassing Market Expectations, Whitehouse, 2019-04-05, https://www.whitehouse.gov/articles/u-s-job-growth-remains-strong-adding-

196000 – jobs – march – surpassing – market – expectations/.

18. 2016 年 IMF 工作论文 "Income Polarization in the United States".

19. "Jobs Supported by Exports 2015: An Update," Office of Trade and Economic Analysis, International Trade Administration, Department of Commerce, April 8, 2016, http://www.trade.gov/mas/ian/build/groups/public/@tg_ian/documents/webcontent/tg_ian_005500.pdf.

20. Deregulation that Frees the Economy, White House, 2018 – 02 – 21, https://www.whitehouse.gov/articles/deregulation – that – frees – the – economy/.

21. RESIDENT'S MANAGEMENT AGENDA, https://www.whitehouse.gov/wp – content/uploads/2018/04/ThePresidentsManagementAgenda.pdf.

22. Executive Order Reducing Poverty in America by Promoting Opportunity and Economic Mobility, Whitehouse, 2018 – 04 – 10, https://www.whitehouse.gov/presidential – actions/executive – order – reducing – poverty – america – promoting – opportunity – economic – mobility/.

23. Preliminary Details and Analysis of the Tax Cuts and Jobs Act, Tax Foundation, 2017 – 12 – 18, https://taxfoundation.org/final – tax – cuts – and – jobs – act – details – analysis/.

24. IMF, 2019 ARTICLE IV CONSULTATION—PRESS RELEASE; STAFF REPORT; AND STATEMENT BY THE EXECUTIVE DIRECTOR FOR THE UNITED STATES, 2019. 06.

25. Hughes, Jonathan and Cain Louis P. American Economic History [M]. New Jersey: Pearson Education, Inc. 2007.

26. [美] 约瑟夫·E. 斯蒂格利茨著. 全球化逆潮 [M]. 章添香等译. 北京: 机械工业出版社, 2019.

第八章　财政政策负重前行

本章导读：

2008 年之前美国大多数经济学家认为货币政策是抵御经济衰退的第一道也可能是唯一一道防线。然而，危机过后，传统货币政策受困于利率下限，非常规金融工具的风险又尚不明朗，货币政策不再是美国抵御危机的第一选择。不过，低利率环境却给财政政策发挥作用提供了有利的环境。财政的逆周期调节作用主要通过相机抉择财政政策和自动稳定器两种手段来实现。前者虽然在抵御上轮危机中发挥了一定的作用，但其固有缺陷依然存在，这也使其广受批评和怀疑。于是，经济学家们开始将重点转向财政自动稳定器功能，并据此对原有逆周期调节项目进行改革，以期减少政治程序的干扰、增强调控的及时性和有效性，从而为应对下轮危机备足弹药。

本章对美国近几十年的宏观经济稳定政策进行了梳理，总结了货币政策和财政政策的作用效果及政策空间，对比了相机抉择财政政策和自动稳定器功能的优缺点，并且在此基础上介绍了美国自动稳定器的主要项目状况以及专家学者对其功能改进的建议。

货币政策在 2007—2009 年经济危机之前被美国经济学家视为抵御经济衰退的圭臬。因而在该轮危机期间，相关政策被极大地调用，传统货币政策几乎被用至极限，量化宽松等其他货币政策工具的使用也达到了空前规模。后危机时代，面对艰难复苏的经济形势、随时可至的下一轮衰退以及前所未有的货币政策掣肘，经济学家开始重新审视财政政策，并将其作为未来重要的需求管理工具。鉴于财政相机抉择的政策时滞及支出规模不足等问题，经济学家提出了增强自动稳定器的改革，为应对下轮危机备足弹药。

一、问题显露：货币政策受困，财政“自动化”不足

2007年12月—2009年6月，美国遭遇了大萧条以来最严重的经济危机。为抵抗衰退，联邦基金利率几乎降至极限，量化宽松规模达到空前水平，第一个财政刺激方案《2008年经济刺激法案》（Economic Stimulus Act of 2008）于2008年2月13日推出，最大刺激方案《复苏与再投资法案》（ARRA）于2009年2月正式签署。在大规模政府干预下，其国内生产总值虽然在2009年第三季度恢复增长，但危机后遗症却长期存在。后危机时代，美国经济隐患犹存，而货币政策又受利率掣肘。在此背景下，经济学家提出了加大财政干预力度的建议，以备足子弹，抵御随时而至的新一轮衰退。

（一）双管齐下抗衰退，复苏之路仍坎坷

在美国，尽管20世纪30年代的大萧条促使许多经济学家及决策者开始重视政府调控，但大规模的干预措施仍饱受争议和程序制约。然而，面对2007—2009年间不断恶化的经济形势，这个传统的市场经济国家却不得不一再升级刺激计划，货币、财政双管齐下，以谋求经济的触底反弹。

1. 不断升级的刺激计划

衰退初期的干预措施。2007年12月是官方事后确认的衰退开始时间，而美联储早在当年8月份就已经开始通过贴现贷款为银行提供流动性，并从9月份起三次调降联邦基金利率（从5.25%降至4.25%），同时还创建了短期标售工具（TAF），以向流动性短缺的银行提供匿名借款。次年1月22日联邦基金利率下调至3.75%，8天后，又下调至3%。3月11日，美联储推出定期证券借贷工具（TSLF），允许银行将高等级的抵押贷款支持证券兑换成流动性更强的国库券，并通过一级交易商信贷便利（primary dealer credit facility）向金融机构提供援助。与此同时，联邦基金利率进一步下调至2.25%。与货币政策相比，财政政策动作迟缓，直至2008年2月布什总统才签署《2008年经济刺激法案》（Economic Stimulus Act of 2008），

以期通过退税、税收激励等来避免经济衰退。此为该轮危机中的第一个财政应对举措。

危机期间的干预措施。2008 年下半年，美国经济开启“自由落体”模式，金融市场更是一副世界末日景象。在此期间，美联储一方面不断扩大非常规信贷机制，以向金融部门注入资金；另一方面继续调降联邦基金目标利率，直至 0—0.25% 区间（12 月 16 日）的有效下限。2009 年 3 月，由于无法进一步降低联邦基金利率，公开市场委员会实施了第一轮“量化宽松”，通过购买约 1.7 万亿美元的中长期国债、抵押贷款支持证券等，将资产负债表迅速扩大。与此同时，财政刺激计划也相继推出。2008 年 10 月 3 日，国会通过《紧急经济稳定法案》（the Emergency Economic Stabilization Act of 2008），允许财政部动用 7000 亿美元购买陷入困境的金融机构的不良资产。2009 年 2 月中旬，二战以来联邦政府最大开支计划——《复苏与再投资法案》（ARRA）由奥巴马签署生效，其中涉及的财政支出（减税）规模约达 8000 亿美元。

2. 艰难反复的复苏之路

在大规模政府干预下，美国 GDP 于 2009 年第三季度开始恢复增长，但危机留下的伤痕却至今未愈，经济前景仍然堪忧。

劳动力市场不活跃。2009 年 10 月，美国总体失业率攀升至 10%，为 1983 年以来的最高水平。其中，女性就业率虽然于 2017 年恢复到了衰退前水平，但男性数据直至 2019 年初仍未恢复。而长期失业率（失业 27 周以上人口占劳动力比重）则在 2010 年 4 月达到 4.4%，远高于危机前（2007 年 12 月）的 0.9% 和历史（1983 年 6 月）最高点 2.6%。值得注意的是，黄金年龄人群就业率在 2018 年底恢复到了衰退前（2007 年 12 月）的 79.7%，但仍低于经济上升时期（2000 年前后）的 81.9%，这说明一部分黄金年龄人群因大衰退而完全离开了劳动力市场。

更严重的社会不平等。首先是就业不公平问题更加突出。2007—2010 年本科毕业生的失业率从 2.0% 上升到 4.7%，大学肄业群体从 3.6% 上升到 8.4%，高中学历群体从 4.4% 上升到 10.3%，高中辍学群体从 7.1% 飙升至 14.8%，大学学历群体和高中辍学者之间的失业率差距扩大了一倍。其次是代际财富分配不平等加剧。衰退期间的工作机会有限且起薪更低，此时走上职业生涯的毕业生往往会受到长期甚至终生的影响，与上代人相比，他们在财富积累方面处于劣势。再次，不同收入阶层的受影响程度和恢复速度差异明显。与富裕阶层相比，房产在中低收入者总财富中占据重要地位，但其估值却在上轮危机中贬损惊人且恢复缓慢，这使该阶层受到严重影响。另从平均收入恢复到衰退前（2007 年）的时间长度来看，最富有的 5% 人口用了 4 年，中产阶级需要 9 年，底层的 1/5 人口至今仍未恢复。

经济发展趋势不乐观。危机中，全要素生产率下降，产出增长率放缓，经济长期发展潜力受损。期间，私人投资下降了 21%，新成立公司的数量明显减少，这意味着人均资本及新技术研发投入缩水；经济下行导致州和地方政府税收减少，教育、医疗保健、基础设施等公共投入受预算平衡和举债能力的约束而削减；联邦政府为抵御衰退出台的增支减税政策导致赤字和债务增加，联邦债务公众持有量占 GDP 比重从 35%（2006 年）上升到 72%（2013 年）。2019 年联邦政府债务规模达 22 万亿美元，占 GDP 比重 110%。

（二）金融工具空间有限，财政工具担大任

在当前的美国，传统货币政策几乎已被用至极限，非常规金融工具的风险又尚不明朗，而财政政策却在抗击上一轮经济衰退中证明了自己，且低利率环境也为其提供了发挥更大作用的可能性。

1. 货币政策不再是抵御危机的第一选择

在美国，货币政策权力掌握在具有高度独立性和自主权的技术专家手中，政策依据为宏观经济形势。因而，美联储能对不断变化的经济情况及时做出反应。也正是由于它在响应速度上具有无可比拟的优势，2008 年之前大多数经济学家认为货币政策是抵御经济衰退的第一道也可能是唯一一道防线。然而，在过去的三次衰退中，联邦基金利率降低了 5.2 到 6.7 个百分点。截至 2019 年 3 月，实际利率为 2.4%，长期利率预计在 2.5% 到 3.0% 之间，削减空间非常小。尽管理论上名义利率可以小于零，但实践中代价很大。因此，政策制定者可能会越来越多地转向其他货币政策工具比如量化宽松或直升机撒钱。然而，非常规工具的风险仍不完全为人所知，例如中央银行资产负债表的扩张是否有限度，超过限度有什么后果等等，诸多问题尚待研究。

2. 上一轮经济危机中，财政功效显著

虽然财政在上轮危机中的动作慢于货币当局，但与以往相比已大为改观，且其作用效果对于经济的企稳回升而言是不可替代的。根据美国国家经济研究局（NBER）商业周期测定委员会（Business Cycle Dating Committee）的分析，从2008年2月13日《2008年经济刺激法案》（Economic Stimulus Act of 2008）签署生效到2012年底工资税削减政策到期，五年间美国国会通过了至少18项法案，财政刺激计划总额超1.5万亿美元。这有力地促进了经济的企稳回升。另据Jason Furman（2018）测算，2008年以来的一系列财政刺激法案对产出具有持续的提振作用，其中对2010年第三季度的影响最大，提升幅度约为GDP的3.4%；就业市场也从中受益，就岗位创造情况来看，在2008年起的五年内财政政策创造的岗位数约达1000万个。

3. 财政政策被寄予厚望，将成为重要的需求管理工具

当前联邦基金利率接近下限，这虽然限制了货币政策的空间，但却为财政政策效用的发挥提供了有利的环境。从理论上讲，当利率长期保持在低水平时，对财政政策"挤出效应"的担忧便成为多余，公共支出反而会带来"挤入效应"。此时，财政投入一方面可以提高个人可支配收入和生产效率；另一方面还可以通过推升预期通货膨胀率来拉低实际利率水平，进而带动消费和投资的增长。另外，针对财政扩张所带来的债务问题，美联储、经济合作与发展组织（OECD）、国际货币基金组织（IMF）的解释是，由此带来的GDP增长可能会超过债务的增长，联邦债务率或可降低①。因而，目前美国许多经济学者更寄希望于财政政策发挥更大的作用。

（三）相机抉择调控乏力，自动稳定是重点

1. 美国相机抉择财政政策及其缺陷

美国在上轮经济危机中动用了大量的相机抉择财政政策。截至2012年

① Jason Furman, The Fiscal Response to the Great Recession: Steps Taken, Paths Rejected, and Lessons for Next Time, Brookings, 2018-09-11, https://www.brookings.edu/wp-content/uploads/2018/08/12-Fiscal-Policy-Prelim-Disc-Draft-2018-09-11.pdf.

底，相关财政刺激计划累计支出金额约15370亿美元[1]，涉及的主要举措包括个人直接补贴、公共投资等。

例如，《2008年经济刺激法案》（Economic Stimulus Act of 2008）中对个人的一次性退税、2009年推出的《复苏与再投资法案》（ARRA）中的"劳动所得税收抵免（Making Work Pay tax credit）"、《2010年税负减免、失业保险再授权和就业创造法案》（Tax Relief，Unemployment Insurance Reauthorization，and Jobs Creation Act of 2010）中的工资税削减等均为个人直接补贴措施。而公共投资则是另一项重要的相机抉择手段，其目的不只在于提升近期的GDP增长率，还在于通过完善基础设施、提高能源效率等来推动长期增长。《复苏与再投资法案》（ARRA）中就包含了约3000亿美元的公共投资，其投向涵盖了资本、劳动力、技术等多个领域（见表8－1）。

表8－1　2009年美国《复苏与再投资法案》（ARRA）中的公共投资

单位：十亿美元

类别	2009—2019投资金额估计
资本投资	
交通基础设计建设	30.0
环境保护	28.0
建造建筑物	23.9
公共安全和国防	8.9
经济发展	14.6
备忘录：企业税收优惠	11.7
劳动力投资	
佩尔助学金（Pell Grants）	17.3
特殊教育	12.2
帮助弱势儿童	13.0
其他人力资本投资	10.3

① Jason Furman，The Fiscal Response to the Great Recession：Steps Taken，Paths Rejected，and Lessons for Next Time，Brookings，2018－09－11，https：//www. brookings. edu/wp－content/uploads/2018/08/12－Fiscal－Policy－Prelim－Disc－Draft－2018－09－11. pdf.

续表

类别	2009—2019 投资金额估计
技术投资	
科学研究	18.3
清洁能源	78.5
卫生保健及健康信息技术	32.0
宽带	6.9
其他	6.7
公共投资总额	300.6

资料来源：Jason Furman，The Fiscal Response to the Great Recession：Steps Taken，Paths Rejected，and Lessons for Next Time，Brookings，2018 - 09 - 11，https：//www. brookings. edu/wp - content/uploads/2018/08/12 - Fiscal - Policy - Prelim - Disc - Draft - 2018 - 09 - 11. pdf.

相机抉择财政政策的阻力重重，限制了政府干预的速度与力度。这主要是由三个方面因素导致的：一是在危机发生初期，人们在信息的搜集、整理上存在时滞，这使得对危机的确认在时间和空间上落后于实际情况；二是人们对信息的认知、识别难以达成共识，无法准确地分析和研判危机的广度和深度，这又容易造成政策设计的失误；三是相机抉择预算安排涉及行政部门、立法部门、不同党派、政治家之间的博弈，要经过复杂的斗争和妥协之后才能生效，这也导致了财政救援行动的迟缓以及支出规模的压缩。例如，上轮金融危机中的第一个财政行动①相对于后来确定的衰退开始时间晚了两个月。而最大刺激方案即 2009 年《复苏与再投资法案》（ARRA）则是在 2008 年第四季度 GDP 数据公布之前设计的，当时原始数据显示的 GDP 年化降幅约为 3%，远低于多次修正后的 8%。不完善的数据致使单次刺激计划的规模远无法满足抵御危机的真正需要。此外，具体政策的设计缺陷也影响了财政逆周期调节的效率。例如，公共投资是联邦政府的重要抗衰退政策，而州和地方政府却是非国防资本支出的主体。这样的安排虽然符合信息优势原则，但却忽视了后者在公共投资方面的顺周

① 2008 年 2 月 13 日签署的《2008 年经济刺激法案》（Economic Stimulus Act of 2008）是上次金融危机期间联邦政府的第一个财政行动。

期性[①]，甚至会在衰退期抵消联邦刺激计划的部分作用。而且基础设施建设等项目的前期评估耗时较长，这往往又会导致资金支出的滞后，甚至部分大规模支出发生在衰退之后，从而助长了经济过热的势头。而另一项逆周期调节政策——个人直接补贴——虽然在2007—2009年经济衰退期间为个人提供了总计4200亿美元的收入支持，但是这些措施大多需要经过立法才能实施，无法在经济衰退的初期、贫困家庭收入受到冲击时及时发挥作用。

2. 美国财政自动稳定器现状

财政自动稳定器是指不需要临时变更政策就能快速反应、熨平经济波动的机制。美国的自动稳定器除了为人所熟知的累进所得税制外，还包括医疗补助（Medicaid）、儿童健康保险计划（CHIP）、失业保险（UI）等。这些政策项目通过预先设计的“触发点（比如失业率）”发挥作用，在经济衰退到一定程度时自发启动，在复苏后自动关闭或退出。如此，政府干预的范围和程度也会随着经济周期的变动而自动调整。

医疗补助及儿童健康保险计划。衰退期间，这两个项目在保障弱势群体基本生活、提振消费、稳定经济方面具有重要作用。它们都属于州和联邦政府的联合项目，其中联邦政府的出资比例称为联邦匹配率。医疗保险和医疗补助服务中心（CMS）在设置某年的匹配率时，使用的数据为当年之前第三、第四、第五年人均收入的平均数，且该比率是基于各州人均收入与全国平均水平的比较来确定的，因而各州不同，即在人均收入低于全国平均水平的州，匹配率较高，在高于全国平均水平的州，匹配率较低。

失业保险体系。美国失业福利由三部分构成，即“常规失业保险（UI）”“延长失业救济（EB）”和“紧急失业救助（EUC）”。UI归各州管理，资金来源为失业保险信托基金（主要来源于雇主缴纳的工资税）。保险金的领取需满足所在州的资格要求，一般涉及非货币因素和货币因素两个方面。前者在各州比较相似，即领取者需为非自愿失业，且为寻找新的工作做出过积极的努力；后者则要求领取者在失业前的几个月内拥有足够的收入，而其收入水平也决定了可领取的周福利金额的高低。UI福利在各州间差异很大，从保障期限看，马萨诸塞州最长，为30周，佛罗里达州最

① 州和地方政府因受预算平衡和举债能力限制，往往会在衰退期削减投资。

短，只有 12 周（见表 8－2）；从保障金额看，各州平均每人每周（2018 年）可领取福利金 359 美元，标准偏差为 75 美元。

表 8－2　美国“常规失业保险（UI）”福利各州间差异较大

州	可获常规失业保险的最长期限（周）	每周可得最高金额（美元）	领取率（%）
亚拉巴马州	26	265	20.6
阿拉斯加州	26	442	36.8
亚利桑那州	26	240	16.4
阿肯色州	16	451	23.2
加利福尼亚州	26	450	47.0
科罗拉多州	26	585	26.4
康涅狄格州	26	697	54.9
特拉华州	26	330	30.4
哥伦比亚特区	26	435	47.1
佛罗里达州	12	275	13.2
佐治亚州	15	330	16.7
夏威夷	26	625	50.8
爱达荷州	14	410	22.5
伊利诺斯州	26	638	40.4
印第安纳州	26	390	16.4
爱荷华州	26	566	44.1
堪萨斯州	16	474	21.7
肯塔基州	26	475	22.6
路易斯安那州	26	247	18.2
缅因州	26	637	25.7
马里兰州	26	430	28.8
马萨诸塞州	30	1173	55.3
密歇根州	20	362	30.9
明尼苏达州	26	705	42.2
密西西比州	26	235	16.5
密苏里州	20	320	26.4
蒙大纳州	28	523	35.4
内布拉斯加州	26	420	16.2

续表

州	可获常规失业保险的最长期限（周）	每周可得最高金额（美元）	领取率（%）
内华达州	26	445	28.5
新罕布什尔州	26	427	18.2
新泽西州	26	689	63.4
新墨西哥州	26	488	23.5
纽约州	26	440	40.3
北卡罗来纳州	12	350	10.8
北达科他州	26	601	45.1
俄亥俄州	26	598	21.8
俄克拉荷马州	26	513	19.8
俄勒冈州	26	614	31.5
宾夕法尼亚州	26	569	45.3
罗德岛州	26	714	43.3
南卡罗来纳州	20	326	20.0
南达科他州	26	396	11.8
田纳西州	26	275	17.7
得克萨斯州	26	494	26.0
犹他州	26	552	16.0
佛蒙特州	26	482	45.0
弗吉尼亚州	26	378	16.5
华盛顿州	26	731	28.4
西弗吉尼亚州	26	424	29.1
威斯康星州	26	370	34.5
怀俄明州	26	482	27.0

注：领取率是指各州常规失业保险申领人数的52周移动平均值与该州常规失业保险制度覆盖的失业人数的12个月移动平均值之比。

资料来源：Gabriel Chodorow – Reich and John Coglianese，Unemployment insurance and macroeconomic stabilization，Brookings，2019 – 05 – 16，https：//www.brookings.edu/research/unemployment – insurance – and – macroeconomic – stabilization/.

失业福利的第二部分EB是联邦和州的联合项目，它们各自承担资金的50%。该项目启动的“触发点”也是失业率，但在触发标准即失业水平的选择上州政府有自主权（见表8－3），因而各州领取福利金的周数从13周至20周不等。而且，有资格享受该部分福利的仅限于已经接受过"常规失业保险（UI）"救助的人群。

表8－3　　美国"延长失业救济（EB）"项目的触发标准

级别	周数	触发标准
1级	13	可选标准各州二选一： 1.（必选）已保险失业率至少为5%，且至少比过去两年同报告期内的平均水平高出120%； 2.（可选）已保险失业率至少为6%；或 3.（可选）总失业率至少为6.5%，且至少是过去两年同报告期最低失业率的110%。
2级	7	（可选）一个州的总失业率至少为8%，且至少是过去两年同报告期内最低失业率的110%。

注：已保险失业率是指失业保险法规定的常规失业保险索赔人数与就业人数之比触发1级标准后，将可获得13周的救济金，触发2级后，可再额外获得7周的救济金。其中1级标准包含了一个必选和两个可选触发器；2级标准均为可选触发器。各州可根据其法律来决定是否采用可选触发器。

资料来源：Gabriel Chodorow－Reich and John Coglianese，Unemployment insurance and macroeconomic stabilization，Brookings，2019－05－16，https：//www.brookings.edu/research/unemployment－insurance－and－macroeconomic－stabilization.

失业救助的第三部分福利金来自联邦"紧急失业救助（EUC）"项目。它虽然由联邦政府全额出资，但是只有在发生严重经济衰退时（全国失业率很高）才会被启动，而且，自申请启动至国会审批通过，有时需要较长的时间。

3. 美国自动稳定财政政策的效果及其影响因素

自动稳定器项目可及时且直接地作用于受冲击最严重的人口和地区，支持民众基本生活需求，推动消费，保障和创造就业。Sheiner和Ng（2019）研究了美国在1980—2018年间的经济稳定政策，其中自动稳定器所起的作用大致占到一半左右（另一半归功于相机抉择财政政策）。国会预算局（CBO，2013）指出，2012财年自动稳定器引发的财政支出约占潜在GDP的2.3%，大致等同甚至超出了前三年的水平。Follette和Lutz

（2010）的评估发现，如果没有自动稳定器，2008 年金融危机将会使美国经济产出多下降 0.75 个百分点。

然而，美国的自动稳定器机制并不算强大。美国国家经济研究局（NBER）对美国和 19 个欧洲国家的税收及救济金等转移支付系统进行了研究，以探讨宏观经济冲击下自动稳定器的缓冲能力。其结论是，在收入冲击下，欧盟的自动稳定器大约能吸收 38% 的冲击，而美国为 32%；在失业冲击下，欧盟吸收了 47% 的冲击，而美国仅为 34%。另外，Girouard 和 Andre（2005）通过计算产出缺口变化引发的财政收支自动调节程度来比较主要发达经济体自动稳定器功能，他们发现该功能在美国的作用不如其他国家（见图 8 -1）。

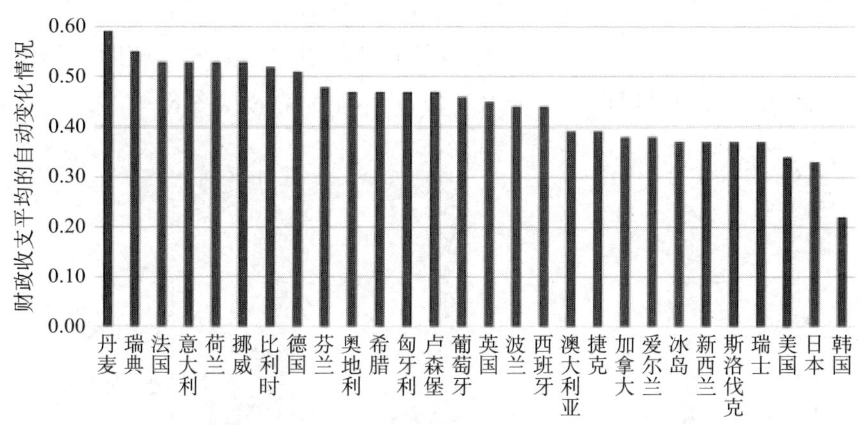

图 8 -1　主要发达国家的财政自动稳定器作用比较

注：图表显示了产出缺口变化 1 个百分点而导致的财政收支的自动变化。

资料来源：Vivien Lee and Louise Sheiner，What are automatic stabilizers? Brookings，2019 -07 -02，https：//www. brookings. edu/blog/up - front/2019/07/02/what - are - automatic - stabilizers/.

自动稳定器的机制设计限制了其作用效力。首先，“触发器”设计不尽合理致使自动稳定机制对经济衰退的反应不够敏感。比如州政府可自主选择“延长失业保险（EB）”项目的触发机制（即失业率水平），而一些州由于自身财力不充裕再加上缺乏逆周期调节的积极性，会倾向于选择高失业率作为启动福利项目的触发器。再如在医疗补助（Medicaid）和儿童健康保险计划（CHIP）中，联邦匹配率的计算基础采用了当年之前第三年、四年、五年的人均收入的平均数，数据相当滞后，且匹配率是基于各州人均收入与全国平均水平的比较来设定的，但二者比例关系的变化在经济衰退期间并不明显。其次，经济危机中联邦对州的资金支持与实际需求不相匹配。如上所述，联邦政府在失业保险体系、医疗补助（Medicaid）和儿童健康保险计划（CHIP）这些联合项目中承担的资金份额有限。在经济平稳发展时期，公共服务项目由联邦、州和地方政府联合提供，不仅能较好地发挥各级政府的信息优势，而且也有助于实现激励相容，避免软预算约束，降低州或地方政府将本辖区风险向外转嫁的道德风险。但在经济危机时期，如果联邦政府不加大对州和地方的资金支持力度，那么宏观经济稳定的预期目标将很难实现。从美国的失业保险制度体系来看，1986—2019 年间的绝大多数时候，往往只有完全由州政府出资的“常规失业保险（UI）”在发挥作用，联邦出资 50% 的“延长失业救济（EB）”仅在 2010—2014 年期间有所支出，而联邦完全出资的“紧急失业救助（EUC）”则存在较为严重的滞后性，不能及时发挥应有作用（见图 8 -2）。

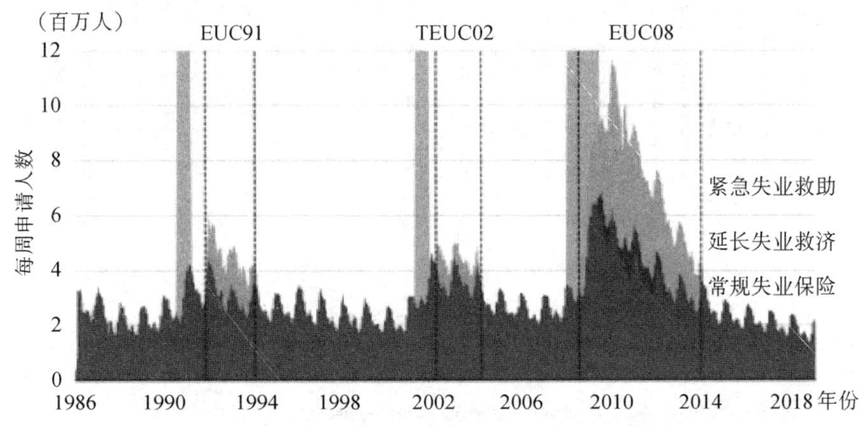

图 8 -2　1986—2018 年领取失业救济金的人数

注：灰色区域代表经济衰退期；EUC91 指《1991 年紧急失业救助法案》（Emergency Compensation Act of 1991）；TEUC02 指《2002 年工作岗位创造和工人援助法案》（Job creation and Worker Assistance Act of 2002）对失业救助的临时延长；EUC08 指《2008 年补充拨款法案》（the Supplemental Appropriations Act of 2008）中的紧急失业救助。

资料来源：Gabriel Chodorow - Reich and John Coglianese，Unemployment insurance and macroeconomic stabilization，Brookings，2019 -05 -16，https：//www. brookings. edu/research/unemployment - insurance - and - macroeconomic - stabilization.

二、改革之谏：增强“自动化”水平，夯实第一道财政防线

美国相机抉择财政政策虽然在抵御上轮危机中发挥了一定的作用，但其固有缺陷依然存在，这也使其广受批评和怀疑。于是，经济学家们开始将重点转向财政自动稳定器功能，并据此对原有逆周期调节项目进行改革，以期减少政治程序的干扰、增强调控的及时性和有效性，为应对下轮危机备足弹药。其改革理念可总结为：尽可能减小阻力和成本，实现增强“自动化”水平和调控效力的目标，夯实有效平滑经济波动的第一道财政防线。

（一）触发机制的选择：失业率数据是预测衰退的有效指标

现实世界中，一些自动稳定器比如累进税制是程序设计的自然结果，有些则需要设定明确且恰当的触发和关闭机制。美国大多数经济学家认为采用失业率作为触发因素较为合适。一是失业率数据发布及时，给定月份的失业率估计值在下个月初即可获得。二是其预测结果与实际相比偏差较小。表8-4展示了用不同方法预测的衰退开始日期，与其他方法相比，以失业率数据为基础的“替代失业（alternative unemployment）”和Claudia Sahm方案推算的衰退开始日期与实际衰退开始日期相对较为接近。以上一轮经济衰退开始日期的推算为例，用GDP推算出的结果比实际发生时间晚了13个月，比以失业率为基础的两种方法分别晚了8个月和9个月。而且美国失业率也一直被视为劳动力市场和整体经济的核心指标之一，且已在多个社会项目中被用作触发器。

表8-4　　　判断经济衰退开始时间的方法比较

实际衰退开始日期	美国国家经济研究局宣布进入衰退的日期	Claudia Sahm方案推算的衰退开始日期	替代失业（alternative unemployment）确定的衰退开始日期	由GDP推算出的衰退开始日期
1969年12月	—	1970年3月6日	1970年6月5日	1970年4月17日
1973年11月	—	1974年4月5日	1974年2月1日	1975年1月16日

续表

实际衰退开始日期	美国国家经济研究局宣布进入衰退的日期	Claudia Sahm 方案推算的衰退开始日期	替代失业（alternative unemployment）确定的衰退开始日期	由 GDP 推算出的衰退开始日期
1980 年 1 月	1980 年 6 月 3 日	1980 年 5 月 2 日	1980 年 5 月 2 日	1980 年 10 月 17 日
1981 年 7 月	1982 年 1 月 6 日	1981 年 12 月 4 日	1981 年 11 月 6 日	1982 年 4 月 21 日
1990 年 7 月	1991 年 4 月 25 日	1991 年 12 月 7 日	1990 年 12 月 7 日	1991 年 4 月 26 日
2001 年 3 月	2001 年 11 月 26 日	2001 年 7 月 6 日	2001 年 11 月 2 日	—
2007 年 12 月	2008 年 12 月 1 日	2008 年 5 月 2 日	2008 年 6 月 6 日	2009 年 1 月 30 日

注：“替代失业（alternative unemployment）”法指出，如果在过去 6 个月内，失业率的增幅达到了 0.5 个百分点以上，则几乎可以肯定经济已开始衰退。

Claudia Sahm（2019）推算，全国失业率的三个月移动平均值如果比过去 12 个月的最低水平高出 0.5 个百分点，则经济开始衰退。

Claudia Sahm 方案及替代失业法的计算中用到的数据来源于劳工统计局公布的每月《就业情况》（Employment Situation）中的上个月就业数据。

资料来源：Heather Boushey，Ryan Nunn，and Jay Shambaugh，The damage done by recessions and how to respond，Brookings，2019 - 05 - 16，https：//www. brookings. edu/research/the - damage - done - by - recessions - and - how - to - respond/.

（二）个人直接补贴：在联邦政府层面建立“自动化”应急资金池

为保证个人直接补贴项目的财政空间、增强其“自动化”水平，经济学家建议在联邦政府层面建立应急资金池，在经济向好时通过减少支出、增加税收等方式筹集资金，在经济走弱时自动启动覆盖群体较广的支付机制。

该资金池以失业率变化情况为触发机制，当全国失业率的三个月移动平均值比过去 12 个月的最低水平高出 0.5 个百分点时，联邦政府将自动向个人广泛发放一次性刺激资金。依据历史经验，第一年刺激资金支出总额定为 GDP 的 0.7%。而第二年及以后的任何付款都将取决于失业率的走势。如果第二年的失业率比第一年增长了 2 个百分点或更多，那么第二次刺激资金支出仍为 GDP 的 0.7%。第二年之后，或在失业率达到峰值之后（以后达到者为准），刺激资金的发放总量将随着失业率的下降而缩减。第三年及以后，年度支付还将继续进行，直到与第一次支付时相比，失业率高出的部分回到 2 个百分点以内。例如，若第一次支付时的失业率为 5%，失业率峰值为 10%，当前失业率为 9%，此时的支付金额应为第一次支付金额的 2/3，即（9－5－2）/（10－5－2）＝2/3。

直接刺激资金的获取资格将不局限于有应税收入的家庭[①]。所有成年人都将收到相同的基本付款，此外，未成年人的父母将按照被抚养人的数量收到相应的额外付款，即每个被抚养人可得 1/2 基本付款。

（三）基础设施投资：联邦政府组织构建五年合格项目目录

在“更好地利用投资引导开发计划（BUILD）”[②] 的基础上，由联邦政府组织构建五年合格项目目录，项目费用由联邦政府承担，而州和地方政府则负责设计、提交建设项目请求。所提交的建设拨款申请需包括对每个项目的成本效益分析，以及交通部发放资金之后项目支出的时间框架。这样的安排旨在充分利用州和地方政府的信息优势、保证三级政府在调控政策上的协调性并增强基础设施投资的自动稳定功能。

该机制的基本年度拨款资金为 20 亿美元（仍保持原项目的支出金额），但当全国失业率的三个月移动平均值比过去 12 个月的最低水平高出 0.5 个百分点时，将会自动增加授权金额，即将未来四年的资金计划提前。一般来说，补充资金会使当前的支出授权增加四倍（即 100 亿美元）。相关资金将投向周转速度快的项目（当年至少能用掉一半资金的项目），且入围项目还要按照收益成本比率从高到低的顺序进行排序筛选，直至 100 亿美元全部用尽。收益成本比率在 2.0 以下的不会得到资助。如果比率在 2.0 以上的项目不足以用完授权资金，将保留多余资金，不予支出。通常情况下，在随后的四个财政年度中，拨款金额将（相对于基本年度资金）减半，以确保资金的回收。即在第二至第五个财政年度，基本资金将减半

① Kaplan 和 Violante（2014）研究发现，不仅低收入人群的消费倾向高，即使是拥有住房或退休储蓄账户等大量非流动资产的高收入家庭，他们也会将政府给予的额外补贴用于消费。因而，为大规模刺激需求，严重衰退期的个人直接补贴不应只针对低收入群体，而是应尽可能将流动性匮乏的人群都囊括进来。

② 该计划是美国交通部（USDOT）的一个项目，旨在通过对州交通部门、地方机构等的申请提供竞争性资助，来支持交通事业的发展。专家所建议的改进方式并未改变其原有结构，仍以州和地方官员熟悉的方式开展。

至10亿美元。但如果在第二个财政年度三个月移动平均失业率比初始水平高出2个百分点，那么当年的年度资金将会增加至50亿美元（基准水平的2.5倍）。之后，未来三年的资金将降至基准水平的一半。

（四）失业保险体系：降低资格限制，提升保障效率

一是扩大覆盖范围，鼓励失业民众领取常规失业保险。统一各州资格要求，并将兼职人员和寻求兼职的人员纳入到常规失业保险的覆盖范围，并通过培养员工权利意识、强制要求雇主告知被解雇员工失业保险情况、改进在线索赔系统以及增加赔付金额等方式来鼓励失业民众积极领取保险。

二是将延长失业救济（EB）改为完全由联邦政府资助。目前EB的支付由联邦和州政府各负担一半，且后者在触发标准选择方面具有一定的自主权。为减少支出，多数州政府都会选择门槛更高的触发标准。虽然联邦政府可以强制降低门槛，但更有效的方式是由联邦政府完全资助，这样既可以满足危机期间增强失业保险的需要，还可以缓解州政府的财政紧张状况。

三是取消延长失业救济（EB）中的回看条款。该条款要求在当前失业率高于过去两年的情况下，延长失业救济才能持续生效。这样的规定可能会在长期且严重的衰退中失效，导致延长失业救济政策过早退出。例如，在2007—2009年经济衰退期间，该问题就已经显露，当时政策制定者曾暂时性地将回溯期限延长至3年。因而，专家建议调整甚至取消该条款。

四是在延长失业救济（EB）被触发时提高该州的周救济金数额。根据原机制，EB只有在长期且严重的失业形势下才会发挥作用，且仅是延长了救济金的领取时间。而对历史情况的分析表明，大多数情况下，失业时间长达26周及以上（即超出常规失业保险保障时间）的失业者占比很小，这使得EB几乎形同虚设。相比这下，增加周福利金额可立即影响到短期和长期失业者，效果更为明显。

（五）医疗补助及儿童健康保险计划：加大联邦投入，调整触发机制

增加联邦投入是破题关键。通过提高联邦匹配率来增加联邦政府对医

疗补助（Medicaid）及儿童健康保险计划（CHIP）的投入至少有四点优势。一是避免州政府严重挤压相关服务供应商利润水平而导致供应商数量和质量的下降；二是原机制下，联邦政府在相关项目上的支出会随州政府支出的减少而同比例（联邦匹配率）压缩，这将严重影响上述两项目的保障力度，而增加联邦投入能破解该问题；三是鉴于两个项目已有比较完整的制度框架，在此基础上调整联邦政府的投入比例，其行政成本比重新设计新的项目要小得多；四是在 2003 年、2009 年和 2010 年，为了应对经济衰退，国会都曾立法临时提高医疗补助匹配率，且 Chodorow - Reich（2019）等研究发现，该举措在一定程度上缓解了州政府的预算压力，减轻了经济衰退的破坏性。因而，通过提高联邦匹配率来增加联邦政府投入在实践上行得通。

调整计算公式和所用数据是基本方法。首先，由于经济衰退在各州的表现和影响程度大不相同，各州适用的联邦匹配率应基于各州的数据来确定。根据过往经验，美国劳工统计局（BLS）发布的地方失业统计数据（LAUS）能够较为准确地反映各州的情况，可作为基础数据使用。其次，应根据历史数据确定各州自然失业率水平，并以此为基准来判断是否需提高联邦匹配率，即如果各州的失业率水平高于其自然失业率，则应相应提高联邦政府的投入。再次，应缩短计算周期，减少数据的滞后性。专家建议美国医疗保险和医疗补助服务中心（CMS）在各季度开始前，根据各州失业率预测数据，对各州匹配率的调整做出估计，以保证资金及时到位，并在实际失业率公布之后更新匹配率。如更新后的匹配率高于之前数据，联邦财政补齐差额，如低于之前数据，各州不用退还差额部分。

激励各州在衰退期维持项目原有规则。医疗补助（Medicaid）及儿童健康保险计划（CHIP）联邦匹配率的提高需有前提条件，即相应各州应保证上述两个项目的申请资格要求至少在一年内没有收紧。只有这样，才能确保联邦和州的投入形成合力，切实提高对低收入人群的保障。而在历史上，2003 年、2009 年和 2010 年临时提高医疗补助匹配率时也都曾做过类似的要求。

增强自动化水平以保障政策及时到位。建议在过去实践的基础上将原有机制“自动化”，即当某州的失业率超过阈值（即该州的自然失业率）时，医疗补助及儿童健康保险计划的联邦匹配率将与失业率超过阈值的部分成比例增加，而之后，随着该州经济的复苏，匹配率还将逐步自动降至现行法律规定的水平。根据美国经济数据情况，大多数情况下，失业率每超过阈值一个百分点，联邦匹配率增加 4.8 个百分点可以抵消 2/3 的州财政缺口。

三、政策不能包治百病

（一）体制制约下的政策

美国经济是在荣枯周期循环中发展起来的，历次的衰退和繁荣中都有不同的经济学派、不同的经济政策走上历史舞台，他们围绕着政府与市场的关系、财政政策和货币政策的选择等问题从不同角度进行了研究乃至付诸实践，但总体来说货币工具因其系统性和透明性等优势在宏观调控中居于主导地位。

一些西方学者认为，财政政策具有一定的局限性，即使是作为财政调控理论基石的凯恩斯主义也是如此。凯恩斯主义诞生于大萧条之中，并从 1936 年《就业、利息和货币通论》出版开始，在美国、英国及欧洲大陆流行开来，其政策建议也在实践中取得显著成效，直至 20 世纪 70 年代的滞胀成为其难解之题。许多学者将当时高通胀与低增长并存的困境归咎于它所倡导的赤字政策，认为一味扩大需求会拉动价格上升，并带动工人工资等生产成本升高，进而拖累生产，导致产量下降、供给减少，而这又会使价格进一步上涨，这样的难题在凯恩斯那里得不到答案。美国财政政策还有一个主要问题是，其作用点更倾向于中产阶级，因此中产阶级在经济周期中发挥了重要的作用，但相比于美国高收入群体，中产阶级的力量过于单薄，这也是财政政策效果低于预期的重要因素之一。而且，财政政策的实施效果至今也难以准确评估。财政政策实施效果一般是以乘数衡量的。但上轮危机以来，关于财政乘数的研讨均未在估算方法、估算结果（比如大小、方向等）等方面达成共识。Romer 等（2019）研究指出，一些政策制定者并不相信财政政策的作用，尤其是在公共债务高企的情况下，他们会过快地收紧政策。Shambaugh（2017）也表示，各国政府（通常在国际货币基金组织及经合组织的敦促下），非但没有像经济模型中假设的那样慷慨花钱，反而更加保守。Lucking 和 Wilson（2012）指出，美国（在上一轮衰退中所采用的）财政刺激政策的退出速度远超教科书中宏观经济学理论的预测，实际上早在 2011 年就已经形成了巨大的财政逆风。

政治体制制约了财政政策，尤其是相机抉择政策的响应速度和能力。在“三权分立”制度下，美国的立法、行政、司法三权分属国会、总统与法院。三者间的相互制衡为权力的滥用提供了保护阀，但与此同时，三个国家机关相互掣肘、拆台、扯皮的现象也时有发生。相机抉择的预算安排就涉及了行政部门、立法部门、不同党派、政治家之间的博弈，需要经过复杂的斗争和妥协之后才会生效。而随着社会矛盾和党派纷争的日益尖锐和激烈，权力制衡造成的内耗也越来越严重。近年来多达四分之三的重要议题会在国会陷入僵局，联邦政府屡次需要通过持续决议维持政府运转。而改造财政相机抉择的目的就在于增强财政的自动稳定功能，规避复杂政治博弈导致的决策低效，提高政府对经济危机的反应能力。

财政自动稳定器在熨平经济波动方面的功效也为诸多研究所证实。正如斯蒂格利茨和沃尔什（2010）所称“美国的财政政策主要通过自动稳定器来发挥稳定经济的功能”。Follette 和 Lutz（2010）的研究认为，2008 年金融危机中如果没有自动稳定器，美国的经济产出将会多下降 0. 75 个百分点。另据国会预算局（CBO，2013）估计，2012 财年自动稳定器引发的财政支出约占潜在 GDP 的 2. 3%，超出了前三年的水平。而根据 Heather Boushey，Ryan Nunn 和 Jay Shambaugh（2019）的评估，在过去近四十年间，美国自动稳定器作用在整个财政逆周期政策中占据了很大部分，对调节经济周期发挥了很大作用，同比失业率缺口每上升 1 个百分点，带来的财政影响（用 FIM 测度）提高 0. 6 个百分点，直接提振实际 GDP 约 0. 6 个百分点。

（二）州和地方政府缺乏相应政策工具

逆周期的财政政策往往通过调节税率、税基和公共支出来平滑经济波动。即在经济繁荣时减支增收，衰退时减收增支，并在此过程中避免周期性波动、保持经济平稳增长。但在美国，宪法并未赋予州与地方政府稳定经济的职能，而且这两级政府也缺乏相应的工具，同时，在其联邦体制下，政府间并不存在上下级管理关系，联邦和州根据宪法赋予的权力，各自独立履行自己的职责。这样的制度环境使得州与地方政府既没有平抑经济波动的动力也没有这项能力。就相机抉择政策而言，在深度衰退期，这两级政府在借贷能力不足和预算平衡压力下，难以执行相机抉择的逆周期财政调节政策。而就内嵌自动稳定项目来说，目前的失业保险体系、医疗补助计划（Medicaid）和儿童健康保险计划（CHIP）虽然都是联邦和州的联合项目，但联邦政府承担的资金份额大多不超过一半，如果不加大联邦投入力度，这些表面看起来可以在州或地方层面发挥反周期调节的项目，其实际作用却相当有限。

（三）财政和货币可操作的政策空间有限

在实际经济周期理论中，决策者可以通过货币政策手段在产出缺口和利率缺口间权衡。但是由于流动性陷阱和零利率下限问题的存在，货币政策的空间收窄。同时美国的债务压力也确实压缩了财政相机决策的空间，分权制下联邦政府与地方政府的财权与事权的矛盾，以及三级政府目标函数的差异导致了财政相机决策的作用有限。

金融危机后，随着美国经济的好转，美联储曾在2015年12月至2018年12月间连续9次加息至2.25%—2.5%区间。这样的持续加息可以为之后的经济波动储备政策空间，但是现实情况并不允许加息周期长期进行下去。2019年美联储为应对低通胀风险进行了三次防御性降息，而2020年3月3日，受新冠疫情影响，美联储又紧急降息50个基点，至1.00%—1.25%区间。如果以每次降25个基点来算，联邦基金利率离零利率下限，仅剩5次降息空间。

低利率环境制约了货币政策的调节空间，但却在理论上为财政政策的发挥提供了有利环境：财政政策“挤出效应”将受到长期低利率的抑制，经济调控力度将有所增强。同时，美联储、经济合作与发展组织、国际货币基金组织等的模型也证明了财政扩张所带来的GDP增长可能会超过债务的增长，债务压力似乎在理论上不足为虑。然而，实践是否会按照理论推定的方向发展，还具有不确定性。

长期的赤字政策已使联邦政府累积起了逾22万亿美元的债务，债务率高达GDP的110%。其财政的可持续性问题被广泛而激烈地讨论，而且该疑虑也一直是国会否决周期性减税预案的主要原因。根据美国国会预算局（CBO）《2020—2030 财年预算与经济展望》，按照赤字的 GDP 占比计，2020—2030 财年间，联邦赤字规模将由 4.6% 增长至 5.4%，而在过去的 50 年里，年均赤字仅相当于 GDP 的 3.0%。在高额赤字的推动下，其债务规模预计将在 2050 财年达到 GDP 的 180%，远高于美国有记录以来的最高水平。面对越滚越大的赤字和债务，国会预算局（CBO）不断发出财政不可持续的预警，而一些观察者甚至发出了危机的信号。2019 年他们曾预警，经济形势正在按照美国大萧条的剧本发展且可能在 2 年内发生新的金融危机。前财政部长保尔森也为此表示了深深的担忧，“如果不采取行动，我们将会面临最严重的财政和经济危机，它会慢慢扼杀美国。”可见对于未来的美国而言，财政和货币的可操作政策空间都将存疑。

参考文献

1. 约瑟夫·E. 斯蒂格利茨，卡尔·E. 沃尔什．经济学［M］．黄险峰，张帆，译．北京：中国人民大学出版社，2010.

2. 刘尚希．公共风险论［M］．北京：人民出版社，2018.

3. 贾俊雪，郭庆旺，赵旭杰．地方政府支出行为的周期性特征及其制度根源［J］．管理世界，2012，22（2）.

4. 王志刚．中国财政政策的反周期性效果：基于 1978 年以来的经验事实［J］．财政研究，2010（11）：27－31.

5. 郭庆旺，吕冰洋，何乘才．李嘉图等价定理的实证分析：协整方法［J］．财政研究，2003（9）.

6. 刘金全，梁冰．我国财政政策作用机制与经济周期波动的相依性检验［J］．财贸经济，2005（1）.

7. 孙天琦，杨岚，苗文龙．中国财政政策是否具有顺周期性［J］．当代经济科学，2010（5）.

8. Heather Boushey, Ryan Nunn, and Jay Shambaugh, Recession Ready: Fiscal Policies to Stabilize the American Economy, Brookings, 2019.05, https://www.hamiltonproject.org/papers/recession_ready_fiscal_policies_to_stabilize_the_american_economy.

9. Romer, Christina D., and David H. Romer. 2019. “Fiscal Space and

the Aftermath of Financial Crises: How It Matters and Why", *Conference Draft*, *Brookings Papers on Economic Activity*, Brookings Institution, Washington, DC.

10. Shambaugh, Jay. 2017. "Rethinking Fiscal Policy", *In Evolution or Revolution?: Rethinking Macroeconomic Policy after the Great Recession*, edited by Oliver Blanchard and Lawrence H. Summers, 131 – 9. Cambridge, MA: MIT Press.

11. Lucking, Brian, and Dan Wilson. 2012. "U. S. Fiscal Policy: Headwind or Tailwind?" Economic Letter 2012 – 20, Federal Reserve Bank of San Francisco, San Francisco, CA.

12. Agarwal, Sumit, Chunlin Liu, and Nicholas Souleles. 2007. "The Reaction of Consumer Spending and Debt to Tax Rebates—Evidence from Consumer Credit Data", *Journal of Political Economy*, 115 (6): 986 – 1019.

13. Vivien Lee and Louise Sheiner, What are automatic stabilizers?, Brookings, 2019 – 07 – 02, https://www.brookings.edu/blog/up – front/2019/07/02/what – are – automatic – stabilizers/.

14. Badinger H. Fiscal rules, discretionary fiscal policy and macroeconomic stability: an empirical assessment for OECD countries [J], *Applied Economics*, 2008, 41 (7): 829 – 847.

15. Dolls, Mathias, Clemens Fuest, and Andreas Peichl. 2012. "Automatic Stabilizers and Economic Crisis: US vs. Europe", *Journal of Public Economics*, 96 (3 – 4): 279 – 94.

16. Follette, Glenn, and Byron Lutz. 2010. "Fiscal Policy in the United States: Automatic Stabilizers, Discretionary Fiscal Policy Actions, and the Economy", Working Paper 2010 – 43, Finance and Economics Discussion Series, Board of Governors of the Federal Reserve System, Washington, DC.

17. Sahm, Claudia R., Matthew D. Shapiro, and Joel Slemrod. 2012. "Check in the Mail Or More in the Paycheck: Does the Effectiveness of Fiscal Stimulus Depend on how it is Delivered?" *American Economic Journal: Economic Policy* 4 (3): 216 – 50.

18. Kaplan, Greg, and Giovanni L. Violante. 2014. "A Model of the Consumption Response to Fiscal Stimulus Payments", *Econometrica*, 82 (4):

1199 – 239.

19. Chodorow – Reich, Gabriel. 2019. "Geographic Cross – Sectional Fiscal Multipliers: What Have We Learned?" American Economic Journal: Economic Policy 11 (2): 1 – 36.

20. Sahm, Claudia. 2019. "Direct Stimulus Payments to Individuals", *In Recession Ready: Fiscal Policies to Stabilize the American Economy*, edited by Heather Boushey, Ryan Nunn, and Jay Shambaugh. Washington, DC: The Hamilton Project and the Washington Center on Equitable Growth.

21. Louise Sheiner and Michael Ng, How Stabilizing Has Fiscal Policy Been?, Brookings, 2019 – 05 – 16, https://www.brookings.edu/research/how – stabilizing – has – fiscal – policy – been/.

22. Jason Furman, The Fiscal Response to the Great Recession: Steps Taken, Paths Rejected, and Lessons for Next Time, 2018. 9. 11 – 12, https://www.brookings.edu/wp – content/uploads/2018/08/12 – Fiscal – Policy – Prelim – Disc – Draft – 2018. 9. 11. pdf.

23. Nathalie Girouard and Christophe André, MEASURING CYCLICALLY – ADJUSTED BUDGET BALANCES FOR OECD COUNTRIES ECONOMICS DEPARTMENT WORKING PAPERS, No. 434, 2005 – 07 – 04, https://www.oecd – ilibrary.org/docserver/787626008442.pdf?expires = 1569397353 &id = id&accname = guest&checksum = 7FA5FF283D35C2ADCF83DC1F4E32D3F.

第九章　财政健康度恶化影响全球经济安全

本章导读：

由于美国的特殊地位，它的财政健康程度不仅是其一国问题，也关系到国际经济安全。2019 财年美国新增赤字达 9840 亿美元，保持连续 4 年的增长，联邦债务总额增至 22.8 万亿美元，增长了 6%。快速攀升的赤字和债务已使其财政政策走上了不可持续之路，2020 年的新冠疫情又在这条路上猛推了它一把，其赤字和债务或会创下二战以来的新高。而美国一旦发生财政危机，又会对全球经济带来新的灾难。

本章从影响美国财政健康度的主要因素入手，分析说明了体制及政策等对其财政健康度的拖累，以及公共风险放大状况下，尤其是新冠肺炎疫情期间，公共风险向财政方向的传导。在此架构之下，本章还梳理了疫情期间美国的财政、货币等应对之策，并对政策效果及其对美国财政健康度乃至全球经济的影响进行了剖析。

一、美国财政健康度的一般分析

美国的财政健康不仅涉及主权债务违约问题，其财政危机还可能会引发全球的金融危机，将更多的国家拽入衰退之中。如今，其连年增长的赤字和越滚越大的债务已经受到了国际国内的高度关注。

（一）影响美国财政健康的主要因素

高企并不断增长的赤字和债务是美国当前以及未来很长一段时间的重大财政健康问题。所有影响收入和支出的因素都可能造成赤字和债务的增长。美国的财政风险大体是在两条主线的推动下不断攀升的，其一是体制及政策的拖累，其二是公共风险的放大（见图9-1）。

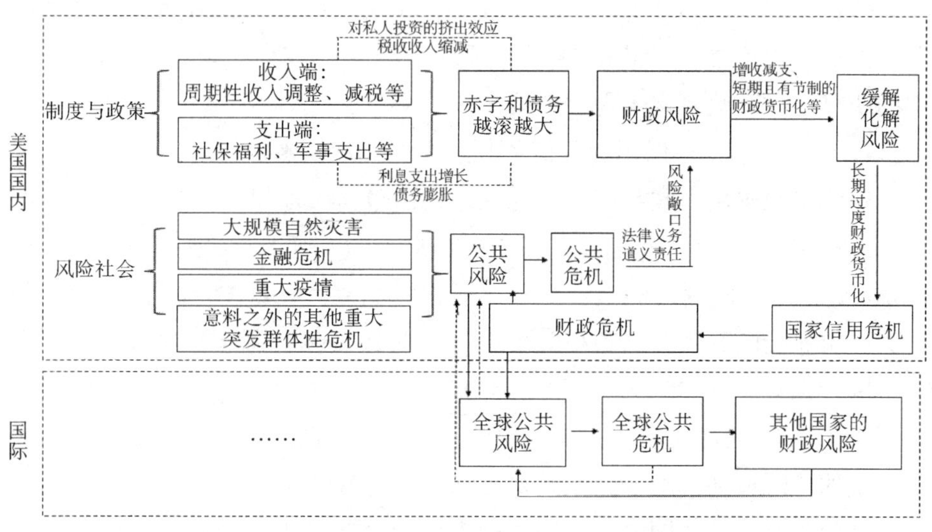

图9-1　疫情发生前美国财政健康度逻辑图

1. 体制及政策的拖累

本条主线涵盖的是，在无重大公共危机的情况下，联邦政府的体制及政策安排所造成的赤字攀升与债务累积。每年国会预算局（CBO）等机构在对经济发展情况做出估计并假定继续执行现有政策的基础上，对未来几年赤字和债务所做的预估，就大致体现了本条主线对财政健康的影响。

（1）收入端，政绩驱动下的大规模减税客观上推升了赤字和债务。联邦政府的赤字和债务水平是在经济发展和税收政策的互动影响中不断攀升的。经济发展水平和财政收入规模是源与流、根与叶的关系。一般而言，经济发展水平越高，财政收入规模就越大。但反过来，财政收入规模及其构成也会影响经济发展，例如在衰退期减税增支有助于刺激经济复苏。根据凯恩斯主义理论，在经济衰退时，政府应实行赤字预算，之后政府预算应有结余。但该理论缺乏对美国选举制度和总统考评传统等的考虑：为了争取选票，美国总统候选人往往会做出减轻税负、增加福利的承诺；民众对总统的评价一般是基于经济发展水平、就业情况等指标及切身感受做出的；历任总统只需抓好任期内的重点工作，至于给继任者留下多少债务一般不在他们的顾虑之内。这样的制度传统下，即使在经济繁荣年份，无论执政党是民主党还是共和党，为了政绩都倾向于一边减税一边增支。但由于缺少了繁荣时期的政策调整和缓冲，联邦债务规模持续膨胀。特朗普上任之后，也亦步亦趋地推出了减税计划，希冀以此促进经济增长、带动就业。然而，在不错的GDP和就业数据的背后，拉弗曲线的作用并不如想象中的明显，财政政策逐步走上不可持续的道路。

（2）支出端，社保福利及债务利息等的包袱越来越重。

医疗保健支出。联邦医疗保健计划支出包括医疗保险（Medicare）、医疗补助（Medicaid）、儿童健康保险计划（the Children's Health Insurance Program），以及通过《病人保护和平价医疗法案》（PPACA）建立的市场购买健康保险的联邦补贴和相关支出。目前联邦政府在这些项目上的开支占了医疗保健总开支（公共和私人）的四分之一以上。这类支出的增速已经超过了GDP的增长速度，而且预计还将继续如此。它的增长主要是由受益人数的持续增加推动的，尤其是医疗保险（Medicare），而这又主要是由人口老龄化造成的，同时，人均医疗支出的增长也助长了这一趋势。

社会保障支出。社会保障计划覆盖了美国大约6300万老年人、受抚养人、残疾人及其家庭。虽然历史上，该计划的收入高于项目成本，并在养老和遗属保险（OASI）信托基金和残障保险（DI）信托基金中有所积累①，但自2005年以来，社会保障开始出现入不敷出并且收支缺口持续扩大的趋势，这主要源自人口老龄化和劳动力增长放缓等方面的压力。据专业机构估计，到2034年养老和遗属保险（OASI）信托基金的资产将耗尽，其收入将仅够支付当年计划福利的77%；到2052年残障保险（DI）信托基金的资产将耗尽，其收入仅够支付当年计划福利的91%。社会保障体系陷入制度可持续性危机，可能需要其他财政收入来填补。

利息支出。从长远来看，利息支出将成为联邦政府最大的支出项目，而它的增长也意味着联邦预算中用于支持国家目标和优先事项以及减税计划的空间将变得更小。2019财年的净利息支出总额为3760亿美元（占联邦支出总额的8.4%），超过了农业、交通、退伍军人福利和服务支出的总和。根据美国政府问责局（GAO）研究，净利息支出预计将继续增长，按

① 根据法律规定，社会保障信托基金必须投资于联邦政府的有息证券。这些信托基金将过去的超额收入投资于联邦政府债券，也为其他联邦计划提供了资金，减少了公众借款。

GDP 占比计，至 2030 年净利息支出将超过非国防自主性支出，至 2033 年将超过国防自主性支出，2041 年超过医疗保健支出，2044 年超过社会保障支出，2049 年超过自主性支出总额。造成利息支出增长的原因主要有两个：一是债务的增长，如果联邦政府继续靠借钱来填补赤字，并且仅支付利息而不偿还本金，其债务将继续扩张；二是利率的提升，对于任何给定的债务水平，利率越高利息成本越大，且利率对债务有复合效应，借款支付利息也会增加债务。

2. 风险社会的公共风险进一步放大

近年来，科学技术的快速迭代、各国联系的日益密切以及资源环境的污染破坏等导致“灰犀牛”“黑天鹅”事件频发。当前，人类已经步入了风险社会[①]。而财政出于法律义务或道义责任，不得不对各类公共风险进行兜底。如果说在上一条主线中，政府是通过主动的政策设计来增支减收，那么在这一条主线中，政府往往处于被动状态。

在预算或者长期的财政预测中，公共风险无法被完全考虑到。且由于各种不确定因素的影响，财政在化解公共风险的同时，原定的预算收支目标可能无法达成，甚至会出现巨大的赤字缺口，这将推升债务水平，导致财政自身风险的扩大。例如，为应对上一轮经济危机，奥巴马总统就任之后，减税增支政策导致债务大幅增长。在他 2009 年 1 月就职时，债务规模为 10.63 万亿美元，他卸任时这一数字已增至 19.95 万亿美元，几乎翻了一番。金融危机、自然灾害等无法完全被提前预料到的风险会给财政带来极大的不确定性，甚至可能会将赤字和债务推向崩溃的边缘。面对公共风险带来的巨大支出责任，联邦政府可能不得不采用赤字债务化 + 赤字货币化的方式，一边借债弥补赤字，另一边通过美联储购入国债压低利率。短期内，适度规模的财政货币化或可帮助政府化解棘手难题，但若长期滥用，可能会导致基础货币投放过多，造成货币的对内通胀、对外贬值，削弱美元的国际地位，致使政府和国债信誉的丧失，产生国家信用危机。而美国财政风险的蓄水池一旦决口，还可能反过来成为其经济、社会新的风险源，其他国家也会深受其害，全球或将陷入新一轮衰退。

---

① 刘尚希. 公共风险论［M］. 北京：人民出版社，2018.

（二）基于2019年数据的美国财政健康度分析

1. 2019财年基础数据

财政收支。2019财年的财政收入与上年相比，增加了1340亿美元（4%）。这一增长可归因于工资税、个人所得税、关税、企业所得税和消费税收入的增加。但财政收入的GDP占比却从2018财年的16.4%小幅降至16.3%。支出同比增加了3390亿美元（8.3%），这主要是由医疗保险、医疗补助、社会保障、国防和债务利息支出的增长推动的。其中，医疗保险和医疗补助支出分别增加了620亿美元（11%）和200亿美元（5%），社会保障支出增加了570亿美元（6%），国防开支增加了560亿美元（9%）。

赤字和债务。2019财年财政收入的增长被医疗保险和医疗补助计划、社会保险、国防以及公众债务利息的增加所抵消，预算赤字从2018财年的7790亿美元增至9840亿美元，保持了连续4年的增长。联邦债务总额增至22.8万亿美元，同比增加约1.2万亿美元（6%）。公众持有债务和政府账户债务（即所谓的政府内部债务[①]）均有所增加。前者从大约15.8万亿美元（占GDP的77%）增加到16.8万亿美元（占GDP的79%），增速快于GDP。而自1946年以来，该类债务平均仅占GDP的46%。后者从大约5.8万亿美元增加到6万亿美元。由于现行法律和政策中收入与支出的结构性失衡，公众持有债务的GDP占比预计仍将上升。

2. 财政健康度分析

（1）与其他发达国家相比。联邦债务的快速增长与国际货币基金组织（IMF）报告中所描述的全球趋势背道而驰。2018年4月，国际货币基金组织报告称，自2012年以来，发达经济体整体赤字的GDP占比一直在下降，并预测未来5年，大多数发达经济体的债务与GDP之比将下降。2019

① 公众持有的债务在美国政府的综合财务报表中被列为负债；政府内部债务是其他联邦政府账户的资产，但却是财政部的负债，它们在合并财务报表中相互抵消。公众持有的债务可以表现出联邦债务对其他借款者获得私人资金的影响程度。在其他条件相同的情况下，政府借贷的增加会减少其他借款人的可用资金，给利率带来上行压力，并减少私人投资。它是国会预算办公室在其预算报告中最常使用的债务衡量标准。然而，当政府内部债务的证券被赎回时，财政部通常会从公众那里借款来为这些赎回提供资金，从而导致政府内部债务被公众持有的债务所取代。

年 12 月，该组织表示，发达经济体公共部门的债务比率总体在下降，其中有一半的国家在 2018 年实现了财政盈余，与上一年相比有三分之一的国家实现了赤字的缩减或盈余的增加，整体来看，2018 年发达经济体的平均债务率相较 2017 年下降了 0.9%。然而，与之形成鲜明对比的是，美国的债务负担却在继续增长。

国际货币基金组织的财政监测（Fiscal Monitor）数据显示，2019 年与发达国家总体水平相比，在所监测的多数指标中，美国的财政情况仍在继续恶化。从预算平衡来看，美国赤字情况远比发达国家总体水平严重，且二者间的差距仍在扩大，但趋势有所放缓（见图 9 – 2a、9 – 2b、9 – 2c、9 – 2d）；从收支情况来看，美国财政收入的 GDP 占比长期低于发达国家总体水平约 6 个百分点，而支出仅低于发达国家总体水平 3 个百分点左右，且有向其靠拢的趋势（见图 9 – 2e、9 – 2f）；从债务水平来看，无论是总债务还是净债务，美国都更高且增速更快（见图 9 – 2g、9 – 2h）。

（2）与过去相比。当前和未来一段时间的债务增长预期与美国经济扩张期债务 GDP 占比下降的历史背道而驰。在美国历史上的大部分时间里，债务与 GDP 之比在战时和经济衰退期上升，在和平和经济扩张期下降。例如，其公共债务的 GDP 占比在二战后（1946 年）达到 106% 的峰值，之后迅速下降。然而，从 20 世纪 70 年代起，除了 90 年代受益于经济强劲增长和政策调整而显著下降外，美国债务的 GDP 占比总体呈稳步增长态势。本轮经济扩张开始于 2009 年，当时公众持有债务的 GDP 占比约为 52%，但到 2019 财年末已攀升至 79%（比二战后的任何时候都要高，1946 年以来的均值仅为 46%），即该比率在经济扩张期增长了约 27 个百分点。

从国际货币基金组织的财政监测数据来看，2019 年美国财政收入和支出的 GDP 占比分别增长了 0.88% 和 0.98%；赤字有所恶化，但较 2018 年恶化的趋势有所放缓，其中综合平衡指标下降了 0.1%，基础收支平衡指标下降了 0.14%，周期性调整平衡恶化了 0.38%，周期调整的基本平衡指标恶化了 0.4%，后两个指标与前两个指标相比，恶化情况更严重，这表明与经济形势的影响相比，财政政策的调整是加剧赤字的更为重要的原因；总债务和净债务分别增长了 2.08% 和 0.86%，债务仍在攀升，且有加速趋势（见表 9 – 1）。

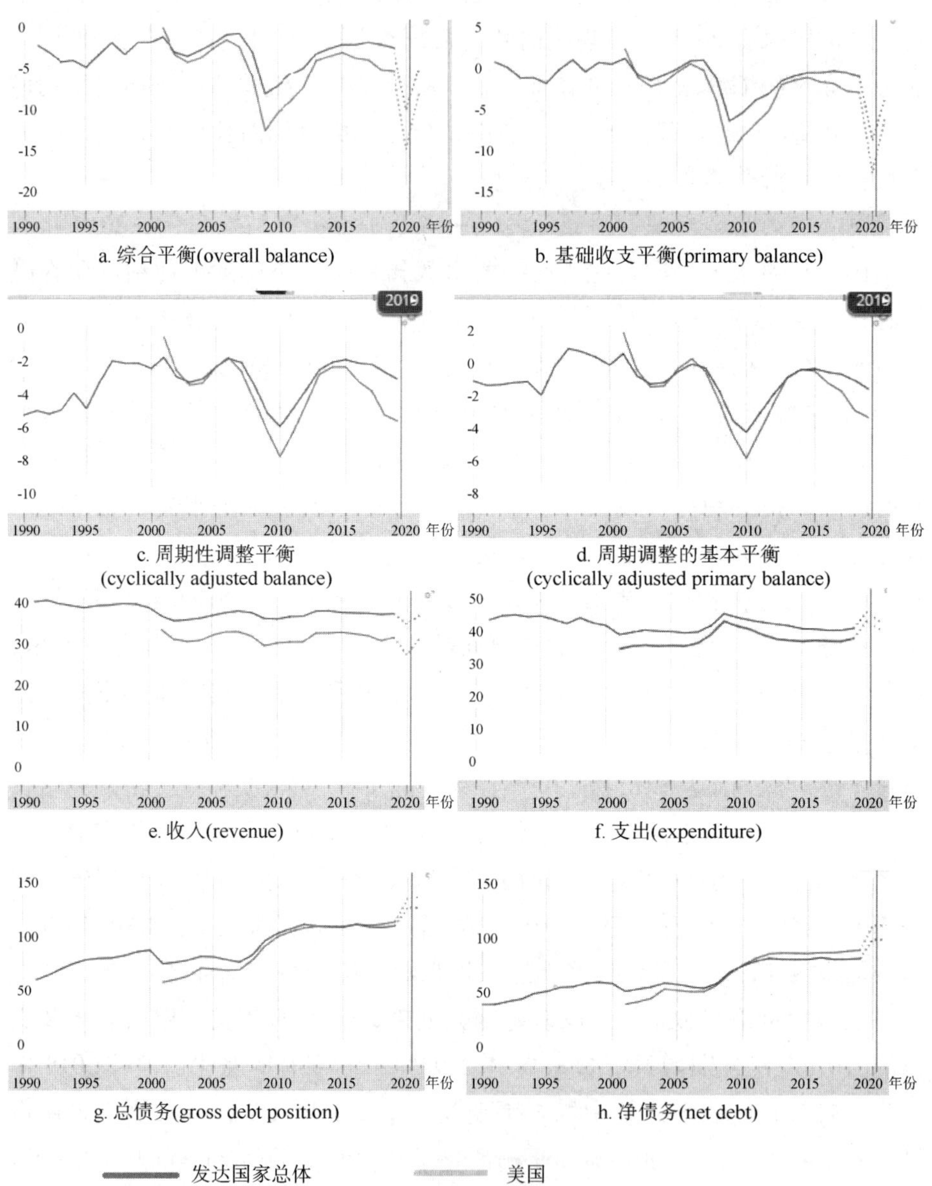

图 9－2　国际货币基金组织财政监测数据（GDP 占比）

资料来源：IMF.

表 9－1　国际基金组织财政监测中美国及发达国家数据（GDP 占比）

		综合平衡（overall balance）	基础收支平衡（primary balance）	周期性调整平衡（cyclically adjusted balance）	周期调整的基本平衡（cyclically adjusted primary balance）	收入（revenue）	支出（expend-iture）	总债务（gross debt position）	净债务（net debt）
美国	2019 年	－5.78%	－3.57%	－5.9%	－3.67%	30.34%	36.12%	108.98%	84.11%
	2018 年	－5.68%	－3.43%	－5.52%	－3.27%	29.46%	35.14%	106.9%	83.25%
发达国家总体	2019 年	－3.01%	－1.62%	－3.34%	－1.93%	36.18%	39.18%	105.22%	76.64%

注：综合平衡（overall balance）即总收入－总支出（不包括政策贷款），对于一些国家为，总收入＋补助－总支出－净贷款。基础收支平衡（primary balance）即综合平衡－净利息支出。周期性调整平衡（cyclically adjusted balance），假设经济处在潜在产出水平，在当前政策下的预算平衡情况。周期调整的基本平衡（cyclically adjusted primary balance），即周期性调整平衡－净利息支出。总债务（gross debt position），指未来需偿还的所有本金和利息，包括：特别提款权、货币和存款形式的债务，债券，贷款，保险，养老金和标准化担保计划以及其他应付账款。净债务（net debt），即总债务减去与债务工具相对应的金融资产。这些金融资产包括：货币黄金和特别提款权，货币和存款，债券，贷款，保险，养老金和标准化担保计划以及其他应收账款。

资料来源：IMF.

（3）财政政策的长期可持续性。无论是与其他发达国家相比，还是站在历史的角度去衡量，美国的债务水平都处于高位，并且预计还将继续上升。美国政府问责局（GAO）、国会预算办公室（CBO）和 2019 年财务报告（2019 Financial Report）在对财政长期可持续性的预测中使用了不同的假设，但却得出了相同的结论，即现行法律和政策中的收支不平衡问题将导致美国财政走上一条不可持续的道路，现行政策难以为继。

尽管一方面，财政危机是否会爆发受到长期预算前景、短期借款需求和经济健康状况等一系列复杂因素的影响，几乎无法确定出债务 GDP 占比的临界点；另一方面，受益于美元作为世界储备货币的地位，联邦政府可以持续借入美元，美国爆发类似于希腊、爱尔兰等国的主权债务危机的可能性较小，这使得人们更加难以预知美国财政危机是否会发生、何时发生以及将如何展开，但可以肯定的是持续增长的债务会使其发生危机的可能性不断累积。

长期来看，巨额且不断上升的债务将对美国的财政和经济前景构成重大风险。它会逐步蚕食投资者对政府财政状况的信心，从而可能导致美国国债估值的大幅下调，这时投资者将要求更高的收益率，国债利率会被推高。而这些又可能会使政策制定者感到财政政策的空间受到限制，从而难以应对不可预见的突发事件。同时，经济、金融形势恶化的概率也会增加，如更高的通胀预期、私人活动融资负担增加等，而经济恶化到一定程度又会进一步推高联邦债务，甚至会削弱人们对美元作为国际储备货币的信心。更为严重的是，美国的财政问题一旦集中爆发，很可能会将全球拽入到金融危机之中。

二、疫情背景下的财政健康度

（一）疫情发展变化

自2020年1月21日在华盛顿发现首例新冠病毒病例以来，疫情在美国迅速蔓延，到3月17日，该病毒已经从华盛顿、纽约和加利福尼亚的几个孤立事件扩展到50个州和哥伦比亚特区。3月26日起，美国成为全球新冠疫情最严重的国家。截至5月19日，美国55个司法管辖区（50个州、哥伦比亚特区、关岛、波多黎各、北马里亚纳群岛和美属维尔京群岛）共计报告病例1528235例，死亡91664例[①]。随着疫情的不断扩散，从联邦政府到州政府，从美联储到财政部门，一系列抗击疫情、托底经济、保障民生的政策措施不断出台。

1. 防疫情扩散政策

（1）联邦政府层面。

发布旅行禁令。早在1月31日（世界卫生组织宣布新冠疫情为突发国际公共卫生事件的次日），特朗普政府就发布了针对中国的旅行禁令，成

① CDC，May 20，2020 updated，https：//www. cdc. gov/coronavirus/2019 – ncov/cases – updates/cases – in – us. html.

为全球最早对中国颁布旅行禁令的国家之一。3 月 20 日，美国关闭了与加拿大和墨西哥的边境以防止非必要旅行，并于月底发布了针对申根国家的 30 天旅行禁令。

社会疏远政策。特朗普总统于 3 月 16 日发布了“15 天减缓传播”方针，其内容包括要求患者及其家属居家隔离，尽可能居家工作，避免超过 10 人的聚会、在酒吧餐厅用餐、不必要的旅行和购物以及关键领域工作人员的健康防护等。之后，他又将该准则时限延长至 4 月 30 日。

（2）州政府层面。

在防控新冠疫情方面，州和地方政府也做了大量的工作。截至 4 月 10 日，美国所有的州和领区都已宣布进入紧急状态，这意味着各州被赋予部署人员、购买设备及库存准备等权力，且允许相关工作得到州和联邦政府的资金补偿；美国的 49 个州、美属维尔京群岛、北马里亚纳群岛、哥伦比亚特区、关岛和波多黎各都被批准进入“灾难状态”；有 49 个州获得了 1135 豁免权，这增加了州政府政策的灵活性，使它们能够集中资源抗击疫情；有四十多个州延长了个税申报和缴纳的时限；52 个州及领区调动了国民警卫队协助抗疫；21 个州发布行政命令限制国内旅行，以减少人口流动造成的传染；50 多个司法管辖区发布了强制或指导意见，要求民众减少聚会、尽可能待在家里，以减少聚集性感染；所有的州和领区都关闭了学校，同时非必要的企业也大都关闭。

2. 货币政策

为保障金融中介机构、实体经济和民生领域的流动性，美联储已将常规货币政策工具用至极限，重启并升级了上轮危机时期的政策工具箱。3 月 3 日及 14 日，它先后在非议息会议期间紧急降息 50 和 100 个基点，联邦基金利率目标区间重回 0.25% 的超低水平。常规货币政策工具空间用尽之后，量化宽松被重启。美联储计划购买 7000 亿美元的国债（5000 亿美元）及抵押贷款支持证券（MBS，2000 亿美元），并将后者到期后的本金再投入到抵押贷款支持证券（MBS）中（之前会投入到国债），且在未来四周，纽约联储每周将实施至少 5000 亿美元的 3 月期及 1 月期正回购操作各一次。2 天后，贴现窗口中的一级信贷利率被下调 150 个基点至 0.25%，与联邦基金利率区间顶部不再存在溢价，即整个利率上限都降到了 0.25%，这尚属历史首次。借款机构的借款期限最长可达 90 天，且每天都可提前还款和续借。美联储还鼓励存款机构充分利用日内流动性（Intraday Credit）工具来保证支付系统的正常运行。3 月 17 日和 19 日，它重启上一轮危机时的救市工具箱，为商业票据、一级交易商和货币市场共同基金注入流动性，并于 3 月 23 日推出无限量量化宽松，还扩大了购买证券范围。此外，美联储还联手财政部设立总额达 3000 亿美元的信贷融资计划，其中后者将出资 300 亿美元，以向企业、雇主和雇员提供信贷流动。这些举措在一定程度上能防止金融机构在疫情期间过度收缩流动性，从而尽可能避免实体和民生领域因流动性匮乏而出现企业大量倒闭、工人大批失业等经济和社会问题。同时，诸如信贷融资计划等措施也可向家庭和企业直接注入流动性。

3. 财政政策

为应对新冠疫情给经济和社会带来的严重破坏，联邦政府接连出台了一系列财政政策来抗击疫情、托底经济、保障民生。目前美国已实施了四轮财政政策，总额约达 3.6 万亿美元[①]。第一轮，特朗普总统于 3 月 6 日签署了 2020 年《防备和应对冠状病毒补充拨款法》（The Coronavirus Preparedness and Response Supplemental Appropriations Act），涉及金额 83 亿美元，主要用于疫苗开发、疾病监测及灾难贷款等。第二轮，《家庭优先新型冠状病毒响应法案》（FFCRA）于 3 月 18 日签署，并于 4 月 1 日起正式实施，涉及金额 1920 亿美元，侧重于对受疫情影响的工人的支持，包括将新冠病毒测试纳入医保范畴、放宽失业保险门槛、要求雇主为雇员提供带薪休假[②]等。第三轮，二战以来最大规模的救助方案——《新冠病毒援助、救济与经济安全法案》（the CARES Act）于 3 月 37 日签署成为法律。它是一个综合性法案，涉及金额 2.7 万亿美元，旨在通过为个人、企业以及各级政府机构提供多种援助和支持来稳定经济。例如，它要求通过退税向个人提供直接的现金支持，并暂缓学生贷款及其利息的支付；通过贷款、担保等形式向航空公司等困境企业提供财政援助；通过薪酬保护计划来向受

① Committee for a Responsible Federal Budget, COVID Money Tracker: Policies Enacted To Date, updated on May 21, 2020, http://www.crfb.org/blogs/covid-money-tracker-policies-enacted-to-date

② 在此之前，联邦法律并未保障雇员带薪休假的权利，雇主可自行酌情决定是否提供，而该法案极大地改变了原有法律制度，要求雇主在疫情期间提供带薪休假，以减少工薪阶层受到的冲击。

疫情严重影响的小型企业提供联邦政府担保的无追索权贷款等支持。此外，还设定了一些用于满足医疗卫生、教育等领域需求的授权、拨款等。第四轮，《薪资保护计划和医疗保健增强法》（The Paycheck Protection Program and Health Care Enhancement Act）在 4 月 24 日签署成为法律，涉及金额 4840 亿美元，用途包括补充小企业贷款、补贴医院以及提升检测能力等。

（二）疫情产生的公共风险：对经济、社会的冲击

1. 经济大幅下滑

新冠疫情及防控政策会从供给、需求及信心方面对经济产生影响。在供给方面，社会疏远政策是防控疫情的最主要手段之一，但在封锁和隔离之下，人们无法正常工作、企业的产能利用率会降低，而供应链的大面积中断具有连锁反应，这会不断推升企业成本、引致更多的裁员甚至公司破产。在需求方面，收入的损失（发病、隔离、失业等引起）、对染病的恐惧和高度的不确定性将减少家庭的消费和企业的投资行为。而且疫情对经济造成的影响是不均衡的。旅游和酒店服务等行业的工人受到的影响尤为严重；低收入家庭由于难以获得高质量的医疗保健服务且储蓄有限，所受的影响也会更大。在信心方面，疫情持续时间和规模的极度不确定性造成了消费者信心下降和金融状况收紧的恶性循环，这可能导致更多的失业，并在总需求减少的预期下削弱投资。2019 年美国经济已经有减速迹象，当年经济增速为 2.3%，相较于 2018 年的 2.9%，显得后劲有些不足，其中 1 季度最快为 3.1%，之后便放缓至 2.0% 左右水平。2020 年的疫情使其经济断崖式下滑。3 月 15 日，高盛将一季度 GDP 增长预期从 0.7% 下调至 0，并预计二季度将继续萎缩 5%，但表示之后经济可能会迅速反弹①。而彭博经济（Bloomberg Economics）的经济衰退模型却显示美国在未来 12 个月内出现经济衰退的几率是 100%②（4 月 8 日）。4 月 29 日美国经济分析局

---

① Fred Imbert and Pippa Stevens, Goldman Sachs sees zero US economic growth as the coronavirus spreads, CNBC, 2020-03-15, https://www.cnbc.com/2020/03/15/goldman-sachs-sees-zero-us-economic-growth-as-the-coronavirus-spreads.html.

② Reade Pickert, Yue Qiu and Alexander McIntyre, U.S. Recession Model at 100% Confirms Downturn Is Already Here, Bloomberg, 2020-04-08 更新, https://www.bloomberg.com/graphics/us-economic-recession-tracker/.

(Bureau of Economic Analysis）发布了1季度GDP初值①，实际国内生产总值下降4.8%（年率），二战以来持续时间最长的经济扩张周期宣告结束。国会预算办公室（CBO）也在5月份更新了预测②，预计二季度实际国内生产总值将收缩11%（年率为38%），同时它还表示，下半年随着对疫情担忧的减弱以及州和地方政府管制措施的放松，经济将开始复苏，但仍不足以抵消前期的损失，预计到2021年第四季度实际GDP与2019年同期相比仍将下降1.6%。

2. 失业率破纪录

美国劳工部（Labor Department）数据显示，截至3月份，新冠疫情对就业市场的影响开始凸显，失业率已升至2017年8月份以来的最高水平4.4%，而在疫情之前，其失业率一直保持在50多年来的最低水平（约为3.5%）。从非农就业人数来看，3月份美国就业人数减少70.1万人，为2010年9月以来的首次下降，且降幅接近2009年5月金融危机时80万人的峰值。从住户调查数据来看，问题更为严重，同期就业人数减少了近300万人。新增失业人数中约2/3来自酒店行业，尤其是受疫情影响被迫关闭的酒吧和餐厅。由于工资的削减和经济部门的大量关停，另一项衡量气馁工人和因经济原因兼职的工人的指标也从7%跃升至2017年3月以来的最高水平8.7%。同时，美国的劳动力参与率下降了0.7个百分点至62.7%。这是2018年8月以来的最低水平，而之前这一数字一直呈逐步上升趋势。然而，市场分析人士认为，上述就业数据未能完全捕捉到新冠疫情带来的损害，因为它所使用数据的截止日期为3月12日，当时各州刚刚开始大规模关停政府和经济部门。相比之下，每周初请失业金人数是更加可靠的数据。根据劳动部，3月最后一周初请失业金人数达660多万人，最后两周的人数达1000万人，这两周的新增失业人数远远超过了美国以往任何时候。

4月份的就业情况仍在恶化。当月失业率上升了10.3个百分点，达14.7%，总水平及月度增幅创历史最高纪录。从非农就业数据来看，4月份就业人数减少2050万人，主要工业部门的就业数据都急剧下降，尤其是

① 基础数据并不完整、需要修订。基于更完整数据的修正值（revised value）将于5月28日公布。

② 4月2日国会预算办公室预计，新型冠状病毒的蔓延会导致商业活动的持续中断，2020年第二季度美国经济预计将大幅萎缩，国内生产总值降幅将达7%以上，GDP年化增长率的降幅将超过28%甚至更多。

休闲和酒店业的工作岗位大量减少。从住户调查数据来看，同期失业人数增加了1590万人，达2310万人。其中，成年男性的失业率为13.0%，成年女性为15.5%，白人为14.2%，黑人为16.7%，亚裔为14.5%，拉美裔为18.9%。除黑人外，其余人群的失业率都创下了新高。就业人口比例（employment – population ratio）比上月下降了8.7个百分点，至51.3%，为单月最大降幅和历史最低水平。劳动力参与率下降了2.5个百分点，至60.2%，是自1973年1月（60.0%）以来的最低水平。国会预算办公室预测，二季度的平均失业率将达到15%，三季度将攀升至16%，同时劳动力参与率将开始回升，预计三季度后失业率将开始下降，到2021年四季度将降至8.6%，为2019年四季度（疫情暴发前）的两倍多。

3. 社会不平等加剧

尽管人们无论贫富均有可能感染新冠病毒，但相较而言，低收入社区在经济上更为脆弱，同时也可能会面临更高的感染率和死亡率。首先，这部分人的工作集中在零售业、酒店业、儿童保育和零工经济等领域，无法远程办公，且大多不提供带薪病假或医疗保险，失业会切断低收入人群的生活资金来源；其次，低收入群体具有糖尿病和心脏病等慢性疾病的高发率，而这又会增加这一群体的新冠病毒易感性；最后，生活在美国的4000多万贫困人口大多没有足够的积蓄来应对收入的骤降，甚至囤积食物都可能成为不可跨越的财务障碍。由于缺乏资金和预防冠状病毒的资源，低收入阶层会面临更高的感染风险，且其中有部分人会因为承担不起新冠病毒的治疗费用而推迟治疗，甚至死亡。

另外，经济不平等往往与收入和财富的种族差异密切相关。在美国，大约21%的黑人和18%的西班牙裔生活在贫困线以下，而白人只有8%。对比各类中产阶级家庭，白人家庭拥有的财富（以家庭持有的总资产减去总债务来衡量）分别是黑人和拉美裔家庭的41倍和22倍。过去的经济衰退对黑人和拉美裔家庭的影响尤为严重，部分原因是他们没有那么多的财富可供依靠①。而相较于经济危机，此次疫情对少数种族群体的伤害可能更大。

① Human Rights Watch, US: Address Impact of Covid – 19 on Poor Virus Outbreak Highlights Structural Inequalities, 2020 – 03 – 19, https: //www. hrw. org/news/2020/03/19/us – address – impact – covid – 19 – poor.

4. 暴露了医疗系统的脆弱性

美国在尖端医疗技术方面具有世界领先优势，但新冠疫情期间，其医疗系统却显得十分脆弱。

首先是政府对疫情的风险预警能力差。1月22日当世界卫生组织发出"防止国际传播"预警时，特朗普总统告诉美国民众不要担心；当公共卫生专家们撰写专栏文章、讨论如何进行疫情应对准备时，他仍然声称一切都在控制之中。但事实并非如此。联邦政府迟钝的反应使其错过了防控的最佳窗口期。

其次是对疫情的应急能力差。一是美国的医疗服务提供者多为私人机构，以盈利为目标，医疗保障系统应急能力建设较为滞后，缺乏应对重大公共卫生危机的储备能力。二是政府间的分权以及根深蒂固的自由经济思维使各级政府的抗疫工作缺乏统筹协调，甚至形成了无序的竞争。例如，随着确诊人数的持续飙升和医疗用品短缺问题的日益严峻，各州州长不断向联邦政府求援，但对此，特朗普总统却表达了不满，他表示联邦政府"不是运输职员"，并建议州长们照顾好自己的州，在公开市场上自行购买必要的医疗材料。又如，各级政府竞相购买口罩、呼吸机等必备设备使得紧缺物资的价格水涨船高。美国卫生官员表示，由于个人、医院、州、联邦政府以及其他国家都在争夺同样的资源，大家很难在公开市场上购买到所需物资。

再次是医保体系风险共担能力差，导致新冠肺炎治疗费用超出很多人的承受能力。在美国，以雇主为基础的医疗保险覆盖了超过一半的人口，而随着失业率在疫情期间创下新高，许多人很可能会失去雇主提供的医疗保险（尽管COBRA计划会适当延长雇主保险，但是其费用一般会很高）。虽然一些人可能有资格申请政府的医疗补助（Medicaid），但这也要取决于其所处的州，因为各州在医疗补助（Medicaid）门槛的设定上有一定的自主权。疫情期间，尽管政府提供了免费的检测服务，但一旦检测结果为呈阳并需要治疗，那么治疗费用或将成为患者们的沉重负担。根据独立非营利机构公平健康（FAIR Health）预计，那些因新冠住院的患者，如果没有保险或者治疗服务不在保险范围内的话，可能需要自掏腰包支付42486至74310美元不等的费用。即使治疗费用在商业医保公司认可的范围，根据健康计划的费用分摊规定，自付费用可能也将达到 21936—38755 美元[①]。而拥有 Medicaid 的人平均需要为为期 6 天的住院支付 7533 美元的治疗费，拥有 Medicare 的人则需要支付 10561 美元。对于没有保险的人来说，这些天文数字般的费用是遥不可及的。媒体报道说，有人因为担心高昂医药费而推迟治疗，甚至死于 COVID－19。

（三）疫情公共风险导致的财政风险

1. 2020 财年前 7 个月财政收支情况

由于上一年的最终税款和本年度的预估税款通常在 4 月 15 日到期，4 月份的联邦预算通常为盈余，2019 年该月的盈余为 1600 亿美元。然而，根据美国国会预算办公室（Congressional budget Office）5 月 8 日发布的《2020 年 4 月份月度预算审查》（Monthly Budget Review for April 2020），该月的赤字为 7370 亿美元，2020 财年前 7 个月预算赤字总计约 1.5 万亿美元，比 2019 年同期高出 9490 亿美元。其中，收入同比减少 10%，支出增加了 29%。如果目前管理支出和收入的法律大体保持不变，且无需提供重大的额外紧急资金，本财年的联邦赤字预计约为 3.7 万亿美元，2021 年为 2.1 万亿美元。而在 3 月份的基准预测中，2020 年、2021 年两年每年的赤字仅略高于 1 万亿美元。

（1）总收入同比下降 10%。据国会预算办公室估计，2020 财年前 7 个月联邦总收入为 18430 亿美元，同比减少了 2000 亿美元（10%）。而在截至 3 月份的上半财年，收入总计达 16040 亿美元，同比增加 970 亿美元（6.4%）。在往年，4 月份通常是收入占比最高的月份，但 2020 年由于受行政措施（包括推迟报税期限[②]）、经济活动及工资减少以及应对疫情的立法等的影响，该月收入总额同比减少了 2960 亿美元（55%），仅为 2390 亿美元，这极大拉低了前 7 个月的收入水平。

2020 财年前 7 个月，个人所得税及工资税收入下降了 1810 亿美元

① Megan Leonhardt, Uninsured Americans could be facing nearly $75, 000 in medical bills if hospitalized for coronavirus, CNBC, 2020－04－01, https://www.cnbc.com/2020/04/01/covid－19－hospital－bills－could－cost－uninsured－americans－up－to－75000.html.

② 个人和企业的报税截止日期推迟到 7 月 15 日。国会预算办公室预计大部分税款将在未来几个月收回。但由于个人和企业破产等原因，政府可能无法全额收回上述税款。

(10%)。受益于工资薪水的提升，这两项收入在上半年出现了净增长，但至4月份受累于工资下降及近期疫情应对法案的影响，又同比减少了2580亿美元（55%）。公司所得税也是如此，上半年增加了160亿美元，但在4月份又减少了410亿美元，故而前7个月净减少了250亿美元（22%）。其他来源的收入净增了60亿美元（3.8%）。其中的主要项目，如美联储向财政部的汇款增加了120亿美元（39%），这主要因为短期利率降低导致中央银行向存款机构支付的准备金利息减少，从而增加了汇款金额；杂项费用和罚款增加了50亿美元（31%），部分原因是Facebook在4月份支付了50亿美元作为与联邦贸易委员会（Federal Trade Commission）达成的和解协议的一部分；关税增加了40亿美元（或9%），2020年加征了对中国输入商品的关税是其部分原因；消费税收入减少了140亿美元（24%），主要是因为上一次从医疗保险供应商获得的税收收入是在2018年10月份（2019财年）收到的（见表9-2）。

表9-2　2020财年前7个月的收入情况及与上年同期的比较 单位：十亿美元

主要收入来源	2019财年前7个月实际收入	2020财年前7个月收入初步估算	预计变化	
			金额	百分比变化（%）
个人所得税	1057	840	-217	-20.5
工资税	722	758	36	5.0
企业所得税	113	88	-25	-22.2
其他收入	152	157	6	3.8
总 计	2043	1843	-200	-9.8

资料来源：美国国会预算办公室《2020年4月份月度预算审查》。

（2）总支出同比增加29%。国会预算办公室（CBO）估计，2020财年前7个月的总支出为33230亿美元，同比增加了7490亿美元。疫情应对措施的预算效应在4月份凸显，当月支出9760亿美元，是2019年同期的2.5倍多。但社会保障和国防部项目以及房利美（Fannie Mae）和房地美（Freddie mac）付款项目并未受疫情应对措施的影响。

社会保障（Social Security）、医疗保险（医疗保险）和医疗补助（Medicaid）这三项最大的强制性支出增长了14%。其中，由于受益人数和人均费用的增加，社会保障福利支出增加了320亿美元（5%）；医疗保险支出增加了1170亿美元（32%），主要是因为扩大了两个项目[①]，并提供了医疗保险索赔的预付款；医疗补助增长了190亿美元（8%），一是因为人均成本上升，二是由于《新冠病毒援助、救济与经济安全法案》（the CARES Act）将相关联邦匹配率提高了6.2个百分点，且可追溯至2020年1月1日。另外，国防部的军事项目支出增加了260亿美元（7%），其中大约有一半的花费来自政府采购。

因疫情影响联邦政府的支出项目出现了明显变化。例如，4月份开启的退税工作使当月可返还的税收抵免支出增至2210亿美元，为去年同期同类支出的24倍。这导致本财年前7个月的相关支出增加了2090亿美元，为去年同期的3.5倍[②]。新冠救助基金在4月份的总支出为1420亿美元。另外，由于《新冠病毒援助、救济与经济安全法案》（the CARES Act）所提供的额外的失业救济及常规失业救济的增加，该类支出比2019年前7个月增加了近三倍达480亿美元。小企业管理局（the Small Business Administration）的支出从2019年同期的－900万美元，增加到150亿美元，增长部分几乎完全来自《新冠病毒援助、救济与经济安全法案》（CARES Act）授权向小企业发放的贷款和赠款。

其他支出方面，财政部从房利美（fannie Mae）和房地美（Freddie Mac）收到的付款减少了120亿美元。按照财政部及两房监管机构的指示，从2019年9月开始，两房的付款将进一步减少以便通过保留收益来补充资本储备。截至2019年12月，它们的季度支付款项为10亿美元，比2018年同期少了70亿美元，而截至2020年3月的季度支付又比2019年同期少了50亿美元。这些付款被记录为支出的抵销项，从而导致联邦政府净支出的增加。医疗机构救助基金（the Provider Relief Fund）在4月份的总支出约为400亿美元。4月份财政部开始对航空工人提供救济，相关支出总额达130亿美元。此外，退伍军人事务部的支出增加了100亿美元（9%），这主要是由于领取伤残补偿的退伍军人人数和补偿金数额的增长，以及疫情期间部门内外医疗服务支出的增加（见表9－3）。

---

① 扩大了公共卫生紧急情况下为医疗保险A部分提供者的加速支付计划；扩大了针对B部分供应商的预付款项目，且在4月份医疗保险和医疗补助服务中心（CMS）开始支付这些费用。

② 主要是由《新冠病毒援助、救济与经济安全法案》（the CARES Act）的退税措施推动的。

表 9 – 3　2020 财年前 7 个月的支出情况及与去年同期的比较 单位：十亿美元

主要支出项目	2019 财年前 7 个月实际支出	2020 财年前 7 个月支出初步估算	预计变化	
			金额	百分比变化（%）
社会保障福利	596	627	32	5.3
医疗保险（a）	363	481	117	32.3
医疗补助	234	253	19	8.3
最大三项强制性支出小计	1192	1361	169	14.1
可返还税收抵免	82	292	209	254.4
新冠救助基金	0	142	142	—
失业补偿金	19	67	48	245.6
国防部的军事项目支出（b）	377	403	26	6.9
小企业管理局	*	15	15	—
公共债务的净利息支出	234	238	4	1.9
其他	669	806	137	20.4
总 计	2574	3323	749	29.1

注：（a）医疗保险支出是抵消收入的净额。

（b）不包括国防部在民用项目上的一小部分开支。

资料来源：美国国会预算办公室《2020 年 4 月份月度预算审查》。

（3）赤字几乎增加了两倍。联邦政府在 2020 年 4 月份的新增赤字达 7380 亿美元，而 2019 年同期为盈余 1600 亿美元。2020 财年前 7 个月赤字总额预计为 1.48 万亿美元，比 2019 年同期高出 9490 亿美元。而在 4 月 24 日发布的预测中，国会预算办公室预计，如果涉及财政收支的法律大体保持不变，且没有重大的额外紧急资金支出，那么 2020 财年联邦赤字预计约为 3.7 万亿美元，占 GDP 的 17.9%，2021 财年为 2.1 万亿美元，占 GDP 的 9.8%，而 2019 财年该比率仅为 4.6%。与之相伴的是债务规模的大幅增加，截至 4 月份，公众持有的联邦债务达 19.1 万亿美元，而 2019 年同期为 16.2 万亿美元。国会预算办公室则预计，至 2020 财年末公众持有的联邦债务将达到 GDP 的 101%，到 2021 年底将达到 GDP 的 108%，而 2019 财年末仅为 79%（见图 9 – 3、图 9 – 4）。

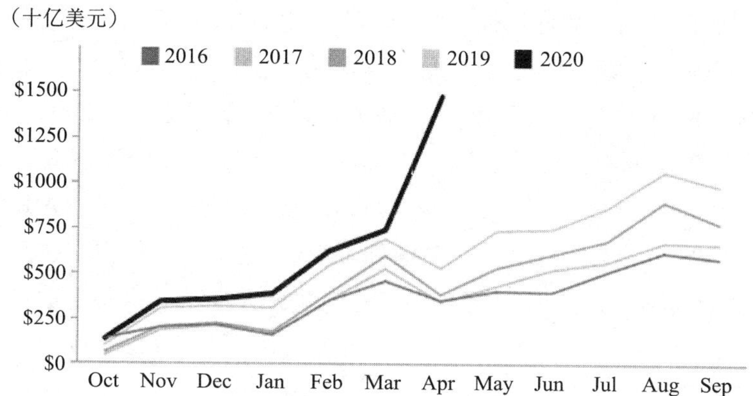

图 9－3 2016—2020 财年美国预算赤字累计情况

资料来源：Peter G. Peterson Foundation.

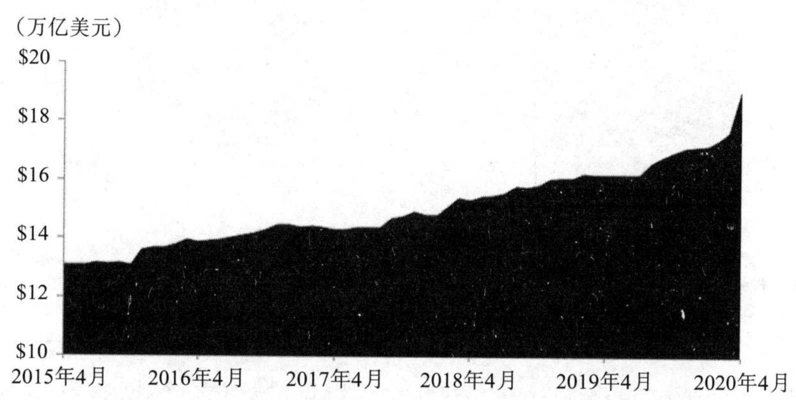

图 9－4 2015 年 4 月—2020 年 4 月公众持有债务情况

资料来源：Peter G. Peterson Foundation.

2. 财政金融刺激政策的作用及影响

为应对新冠疫情，美国政府推出了史无前例的巨额货币和财政刺激计划。与金融危机不同，疫情的冲击会直接作用于服务业、制造业等实体经济领域，导致企业无法正常运转，进入资金消耗模式，并引起社会恐慌心理，进而传导至金融市场，而金融市场的动荡又会反过来加剧实体经济现金流状况及资产负债表的恶化并致使失业增加。因此，本轮货币政策更加注重流动性管理，且很多政策直接作用于实体企业而无需金融中介传递，财政政策也更加重视短期的企业和个人的纾困。

(1) 居民部门。关注居民部门是疫情期间财政政策的特点之一。4月1日正式实施的《家庭优先新型冠状病毒响应法案》(FFCRA) 主要关注的就是这一特殊时期个人和家庭的基本保障问题，其中对带薪休假的规定，改变了美国原有的法律制度，能够在一定程度上减轻疫情对工薪阶层的影响。在《新冠病毒援助、救济与经济安全法案》(the CARES Act) 中，对居民个人及家庭的支持更是达到了6037亿美元，约占该法案总金额的30%，为其第二大支出，核心措施是“直升机撒钱”以及提供更多的失业救济（见图9－5）。

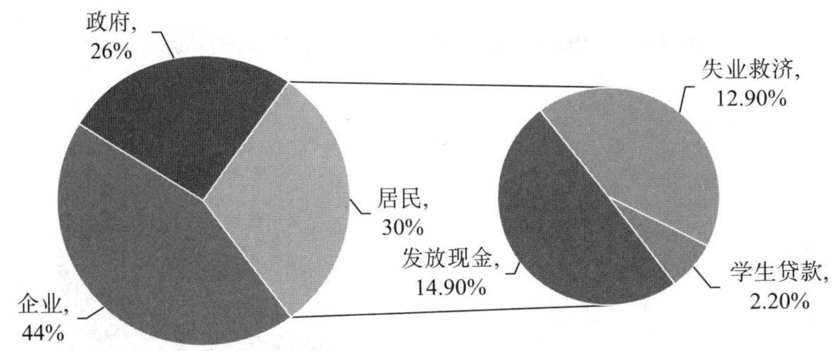

图9－5　Cares 法案中各部门所获资金占比

资料来源：Nick Routley, The Anatomy of the $2 Trillion COVID－19 Stimulus Bill, https://www.visualcapitalist.com/the－anatomy－of－the－2－trillion－covid－19－stimulus－bill/.

现金发放覆盖了年收入在99000美元以下的群体。根据《新冠病毒援助、救济与经济安全法案》(the CARES Act)，年收入在75000美元以下的群体将收到1200美元现金；在75000—99000美元的群体获得的现金将随收入的增加而递减；年收入在99000美元以上的群体将不会收到这项支持。且年龄小于17岁的孩子也将收到500美元/人的现金发放。在支付方面，2018和2019年报税的纳税人、大多数老年人和退休人员以及社保受惠人员会自动收到上述款项，未申报纳税的其他无收入和低收入人员可以通过填报申请获得上述款项。

失业保险覆盖范围扩大、保障时间延长、待遇提高。在美国，常规失业保险（UI）归州政府管理，各州在失业金领取时间、标准、金额方面均有差异。一般而言，州政府通常对失业金领取资格有较高的要求，如要求领取者在失业前的几个月内拥有足够的收入且在积极寻找工作等，这往往会将个体户和零工等群体排除在保险范围之外。而《新冠病毒援助、救济与经济安全法案》（the CARES Act）则暂时性地扩大了失业保险的保障范围，将合同工、零工、自由职业者、工作场所在疫情期间关闭的雇员、因隔离或照顾孩子等原因无法工作的人员等都纳入其中。此外，该法案在原常规失业保险保障时间的基础上，延长 13 周的失业金领取时间，例如，纽约州失业金领取时间从 26 周延长至 39 周，并且在原州政府提供的周失业金的基础上，每周再增加 600 美元的额外补贴（直至 7 月 31 日）。根据光大证券的测算，补贴后的周失业金大致与各州的平均周薪相当。而从全国来看，补贴后的周平均失业金（1100 美元）高于非农行业平均周薪（1030 美元）。这样看来，如果财政补贴能够执行到位，失业者的生活在短期内不至于过得太差（见图 9－6）。

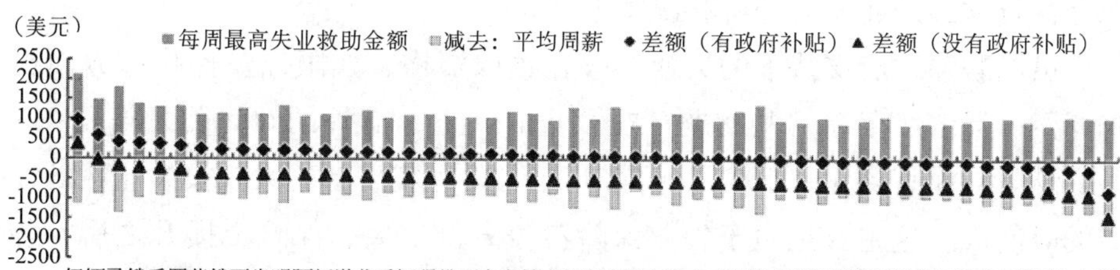

图 9－6　各州平均周薪与补贴后周失业金的比较

资料来源：光大证券研究所①，FileUnemployment. org，Wind.

对家庭部门的支持还不够。在现金发放方面，高达 1200 美元的现金看起来很多，但实际并不经花。圣路易斯联邦储备银行（Federal Reserve Bank of Saint Louis）估计，这笔钱对于较高收入的家庭最多能维持八周，而低收入家庭最多只能维持四周②。而且全国统一的发放金额并不合适，因为它内含的假设是所有人的生活成本是一样的。这显然是错误的，例如，住在路易斯安那州的小镇上与住在旧金山的生活成本是不同的。另

① 张文朗等．若无纾困，美国企业或熬不到夏天［R/OL］．光大证券研究所 2020 年 4 月 2 日。

② YiLi Chien，How Long Will the Relief Check Last？Federal Bank of St. Louise，2020－04－06，https：//research. stlouisfed. org/publications/economic－synopses/2020/04/06/how－long－will－the－relief－check－last.

外，现金发放的及时性不够。财政部表示，如果人们向政府提交了直接存款信息，可能需要三周时间才能收到付款，而这能覆盖到的群体大约只有9000万人。另有新闻报道表示，许多美国人可能在长达4个月的时间里无法收到直接付款。然而，典型美国家庭的储蓄大概为8863美元，且不同年龄群体的存款金额差别很大，34岁及更年轻的家庭大约只有4727美元存款，单身人士更少只有2729美元①。而在这段等待政府发钱的日子里可能会发生很多支出需求，例如，如果人们失业，可能需要通过COBRA来延续雇主医疗保险，或者在公开市场上购买医疗保险，还有的人需要偿还车贷（或者违约，汽车被收回）。根据美联储在2017年的调查数据，面对400美元的意外支出，10个美国成年人中有4个人需要通过变卖东西或者借债才能支付②。支付金额和时间的不匹配可能会促使一些人转向高息的掠夺性贷款，进而使其经济状况雪上加霜。

虽然联邦政府支持下的失业保险在领取资格、期限以及保险金方面更加慷慨，但依然存在一些问题。在截止时间上，额外的600美元补贴在7月底结束，而直到4月10日，许多州仍未出台实施新的大规模失业救助计划的时间表。这主要是由于失业保险覆盖人群扩大、保险金提升之后，各州正在努力创建相应的在线应用程序并更新后端系统。而且根据国家就业法项目（National Employment Law Project）的高级政策分析师米歇尔·埃弗莫尔（Michele Evermore）研究，劳工部的指导文件并未明确独立承包商和个体经营者在申请失业保险时需要提交哪些文件。这也会给州政府带来一定的工作量，他们需要弄清楚哪些人符合资格，以及需要这些人提交什么证明③。而从提出申请、批准申请到收到第一笔失业保险金所需的时间越长，失业者最终到手的失业金总额就会越少。另外，失业保险并没有覆盖到所有的失业者，例如它对因恐惧疫情而自愿离职的个人、第一次寻找

① Adrian D. Garcia, This is the average amount in savings accounts — how does your cash stack up? Bankrate, 2018 - 12 - 03, https://www.bankrate.com/personal - finance/savings - account - average - balance/.

② The Federal Reserve, Report on the Economic Well - Being of U. S. Households in 2017, 2018 - 05, https://www.federalreserve.gov/publications/files/2017 - report - economic - well - being - us - households - 201805.pdf.

③ Tami Luhby, Extra $600 unemployment benefits will start flowing as early as this week for a lucky few, CNN, 2020 - 04 - 10, https://edition.cnn.com/2020/04/07/politics/unemployment - benefits - cares - act - covid - pandemic/index.html.

工作或几个月来一直在找新工作的人并没有帮助①。

这样看来，对家户部门的现实支持可能会较法案中的条文大打折扣，难以起到足够的保障民生的作用。国会的民主党领袖们也认为，《新冠病毒援助、救济与经济安全法案》（the CARES Act）中的纾困条款可能不足以解决许多美国人目前面临的严峻经济困难②，或需出台 2.0 版本的救助法案。

（2）企业部门。在货币政策方面，美联储通过提供直接贷款、商业票据融资工具（CPFF）等方式向企业部门提供流动性，以保证其业务运营和投资能力。具体举措包括，建立一级市场企业信贷融资（PMCCF），以允许美联储通过购买新债券和提供贷款的方式直接向企业发放贷款；建立二级市场企业信贷安排（SMCCF），通过该机制购买现有的企业债券，以及投资于投资级企业债券的交易所交易基金，从而消除合格发行人到期商业票据展期的大部分风险；通过商业票据融资工具（CPFF）购买商业票据，其本质是直接向企业发放最长可达 3 个月的贷款；设立大众企业扩大贷款便利（Main Street Expanded Loan Facility）和大众企业新贷款便利（Main Street New Loan Facility），以通过银行向雇员人数不超过 1 万人或收入不到 25 亿美元的美国企业提供为期 4 年的贷款③，等等。

在财政政策方面，《新冠病毒援助、救济与经济安全法案》（the CARES Act）对企业部门的支持力度是最大的，支持资金达 8770 亿美元，约占法案总金额的 44%，其中投向大企业的资金占比为 25%，中小企业占比为 19%。对大企业的支持主要采取的是新增贷款和支持航空业等方式，而对中小企业主要是通过新增贷款的方式，同时提供一些补贴和对现有债务的纾困支持（见表 9－4）。另外，《薪资保护计划和医疗保健增强法》（The Paycheck Protection Program and Health Care Enhancement Act）向小企

---

① Pamela Foohey, Dalié Jiménez, & Christopher K. Odinet, Cares Act Gimmicks: How Not to Give People Money During a Pandemic and What to Do Instead, The National Law Review, 2020－04－11, https://www.natlawreview.com/article/cares－act－gimmicks－how－not－to－give－people－money－during－pandemic－and－what－to－do.

② Ella Nilsen, What we know about the fourth coronavirus relief bill Congress's next coronavirus bill might look a lot like the last one, Vox, 2020－04－03, https://www.vox.com/2020/4/3/21206931/what－we－know－about－congress－fourth－coronavirus－bill.

③ Shannon Meraw, What's the Fed doing in response to the COVID－19 crisis? What more could it do? Brookings, 2020－04－09, https://www.brookings.edu/research/fed－response－to－covid19/.

业提供了更多的援助，相关资金达6330亿美元。

表9-4　《新冠病毒援助、救济与经济安全法案》中企业部门资金用途

资金投向	资金规模（十亿美元）	资金占比（%）	用途	规模（十亿美元）	占企业部门获得资金的比重（%）
大企业	500	25	新增贷款	425	48.5
			支持航空业	58	6.6
			国家安全相关	17	1.9
中小企业	377	19	新增贷款	350	39.9
			现有债务纾困	17	1.9
			补贴	10	1.1

资料来源：Nick Routley, The Anatomy of the $2 Trillion COVID-19 Stimulus Bill, https://www.visualcapitalist.com/the-anatomy-of-the-2-trillion-covid-19-stimulus-bill/.

治标不治本的企业支持。无论是美联储的信贷支持，还是财政的大规模纾困，在未有效控制疫情之前，再多的资金注入只能是延缓停工对存量现金流的消耗，无法实质性地帮助企业恢复到疫前水平。根据光大证券研究所的测算，在极端情况下，如果企业不再开展生产活动，仅依靠现有现金及金融资产来支持工资、债务、租金这三项主要的刚性支出，那么美国企业平均可以存活约2.8个月。分行业看，食品饮料、服装等零售行业，平均可以存活1.8个月；批发企业2个月；制造业4.3个月。如果企业裁员30%，平均存活期限可提高1个月至3.8个月。中小企业的生存期限则短于平均水平。而CARES法案为企业提供的支持或可将企业的平均存活时间由2.8个月延长至4.1个月。分行业看，零售、批发、制造业企业的平均存活时间或将被分别提升至2.4个月、3个月和4.9个月[①]。虽然《薪资保护计划和医疗保健增强法》（The Paycheck Protection Program and Health Care Enhancement Act）进一步加大了对小企业的支持，但政策上并未限制这些资金流向相对而言更有实力的企业，僧多粥少的情况下，一些急需资金的弱小企业可能得不到救助。例如，数十家上市公司和知名餐饮

① 张文朗等．若无纾困，美国企业或熬不到夏天［R/OL］．光大证券研究所2020年4月2日。

连锁企业通过该计划收到了资金，而一些规模较小的企业甚至尚未能够申请。而且如果疫情没有得到有效控制，这些额外的救助资金也会很快耗尽，政府或需考虑出台更多的政策措施，美联储甚至可能会成为一些企业债权的最大持有人。

（3）政府部门。首先，新冠疫情这只黑天鹅打乱了美国大选的计划和安排，为选举结果增添了很多不确定性。疫情有可能成为特朗普的“卡特里娜飓风”，当飓风造成巨大破坏时，人们会责怪民选的官员，同样，特朗普应对政策的效果也会左右着其支持率及连任的可能性。其次，疫情期间，政府强制推行的社会隔离及企业关闭政策与美国的自由精神相冲突，并增加了人们对生计的担忧，而这极易引发部分民众的不满。例如，在密歇根州、俄亥俄州、肯塔基州、明尼苏达州、北卡罗来纳州和犹他州都出现了抗议活动。这些都是对政府危机应对、疫情防控以及与民众沟通能力的考验。再次，大规模的货币和财政政策将对未来的政策空间产生影响。货币政策方面，美联储通过无限量的量化宽松等政策，大量购入资产抵押证券、公司长期债等。其前主席耶伦甚至提出，国会应考虑授予美联储购买股票的权力。这些非常举措虽然有利于缓和疫情对经济的破坏性，但也有可能会使美联储成为一些企业债权的最大持有人。而且如果疫情对美国的影响长期持续，美联储的缩表计划也可能会受到严重影响，日本央行就是深陷“救市泥潭”的典型案例。在财政政策方面，目前规模空前的救助计划已经使得联邦政府的赤字和债务雪上加霜，如果疫情继续持续下去，不排除会出台更多的救助措施，这将把联邦债务推向更高的台阶，财政健康状况会进一步恶化。

（4）对经济的总体影响。国会预算办公室估计，2020 年 3 月和 4 月出台的一系列政策对经济活动的影响将在第二和第三季度达到高峰，之后会逐步减弱。这些法案将在一定程度上缓解经济的恶化，比如，针对个人的直接付款和税收抵免将提振需求；对州和地方政府的支持有助于支撑其抗击疫情的努力；贷款和赠款将为陷入财务困境的企业提供一定的流动性，增加其生存的可能性且有助于保留工作岗位；对卫生服务提供者的补助有助于增强检测和治疗能力。但这些立法对经济活动的影响程度仍会受到疫情及社会疏远措施的影响。虽然目前美国多数州都在逐步复工，但是疫情形势依旧严峻。景顺首席全球市场策略师克里斯蒂娜・霍珀（Kristina

Hooper）分析称，如果财政措施的力度不够或者封城等防控措施过快松绑，疫情可能会加速扩散，那么短期内的岗位流失可能会变成永久性的损失。也就是说，公共卫生政策必须严格执行，而财政政策的力度必须能够弥补公共卫生政策带来的影响[①]。对此，国会预算办公室估计，只要某种程度的社会疏远仍然存在，近期立法可能带来的经济提振效果就会打折扣。

（四）疫情对美国财政健康的影响

很多分析机构和人士都认为新冠疫情及应对举措会使美国赤字和债务大幅增加，无论是以美元计，还是以 GDP 占比计，都将达到二战以来的新高，而且与其他发达国家相比，美国财政指标的恶化程度也会更严重。

1. 联邦赤字或达二战以来最高水平

跨党派的公共政策机构“负责任的联邦预算委员会（Committee for a Responsible Federal Budget）”4 月 13 日发表预测，假定不会出台进一步的立法来应对危机，且美国经济将在 2021 年强劲复苏，并在 2024 年完全回到危机前的轨道，那么按照现行法律，2020 年的赤字预计将超过 3.8 万亿美元（占 GDP 的 18.7%），为 2019 年的四倍，2021 年的赤字预计为 2.1 万亿美元（占 GDP 的 9.7%），此后直至 2025 年，每年的赤字总额约为 1.3 万亿美元左右（占 GDP 的 5.6%）。而之前名义赤字的最高纪录是在 2009 年创下的，约 1.4 万亿美元，但即使是在大衰退期间，赤字的 GDP 占比也从未超过 10%。唯一能与 2020 年相比的，也只有二战期间——1943 年赤字的 GDP 占比达到了 29.6% 的高点。摩根士丹利首席经济学家 Chetan Ahya 的预测也与此相符，他表示，2020 年周期性调整的初级财政赤字将上升至 GDP 的 14%（假设财政刺激总额为 2 万亿美元），为 19 世纪 30 年代以来，除二战时期的最高水平，而财政赤字总额则将上升至 GDP 的 18% 左右[②]（见图 9－7）。

---

① 抗疫财政政策 加重美欧财政以及公共债务负担［R/OL］. 中国债券信息网，https：//www. chinabond. com. cn/cb/cn/xwgg/zsxw/hgjj/20200513/154351510. shtml.

② 大摩 . 美国赤字将达二战以来的最高水平［R/OL］. 东方财富网，2020－03－31，https：//wap. eastmoney. com/news/info/detail/202003311438851534.

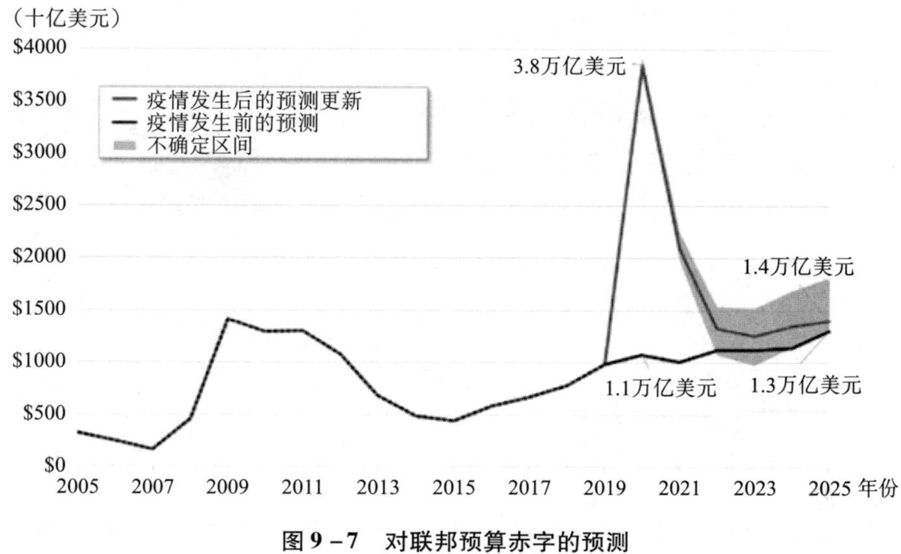

图 9-7　对联邦预算赤字的预测

资料来源：Committee for a Responsible Federal Budget, New Projections: Debt Will Exceed the Size of the Economy This Year, 2020-04-13, http://www.crfb.org/blogs/new-projections-debt-will-exceed-size-economy-year.

2. 公众持有债务将与经济规模相当

在金融危机期间的2008年底—2010年底，联邦政府公众持有债务增加额约占GDP的21%，而根据现行法律，“负责任的联邦预算委员会（Committee for a Responsible Federal Budget）”预计在未来7个月内，公众持有债务增加额的GDP占比将与上述数据相当，具体来说，即从危机前的略低于80%，增加到2020财年底（2020年10月1日）的超过100%，且此后仍将继续增长。到2023年该数据将超过二战后创下的106%的历史最高纪录，到2025年将超过107%。这些估计假定经济将在2021年强劲复苏，到2025年完全恢复到危机前的预测水平。也就是说如果经济复苏不够强劲或者是推出新的刺激政策，那么债务水平还将更高（见图9-8）。

3. 基于货币基金组织财政监测数据的评判

（1）与其他发达国家相比。疫情期间发达国家整体财政状况都在恶化，但美国的幅度更大。收支方面，美国财政收入的收缩幅度（-4.39%）和财政支出的扩张幅度（5.28%）均大于发达国家总体（-2.57%和5.12%），这也导致了美国的赤字及债务较发达国家总体恶化得更为严重：美国赤字

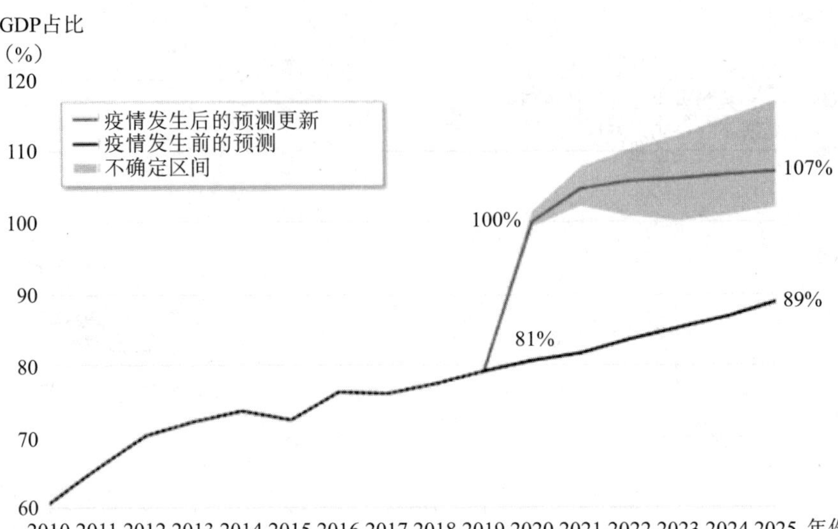

图 9－8　对联邦政府公众持有债务的预测

资料来源：Committee for a Responsible Federal Budget, New Projections: Debt Will Exceed the Size of the Economy This Year, 2020－04－13, http://www.crfb.org/blogs/new－projections－debt－will－exceed－size－economy－year.

增量高于发达国家总体，二者间的差距进一步扩大；债务也呈相同趋势，美国债务增长了22%左右，而发达国家总体则增长了17%—18%，二者间的差距也进一步扩大（见图9－9）。

（2）与过去相比。从货币基金组织财政监测数据来看，美国赤字和债务在疫情期间加速恶化，无论是收入的收缩程度、支出的扩张程度，还是赤字和债务的增幅，都大致相当甚至超过了上轮经济危机时期。其中，在预算平衡方面，综合平衡数据目前下滑至－15.45%，而2019年为－5.78%，基础收支平衡数据目前为－13.51%，2019年为－3.57%，赤字水平约扩大了10%；在债务方面，总债务数据目前为131.07%，而此前为108.98%，增长了22.09%，净债务数据与2019年相比则增加了22.87%（见表9－5）。

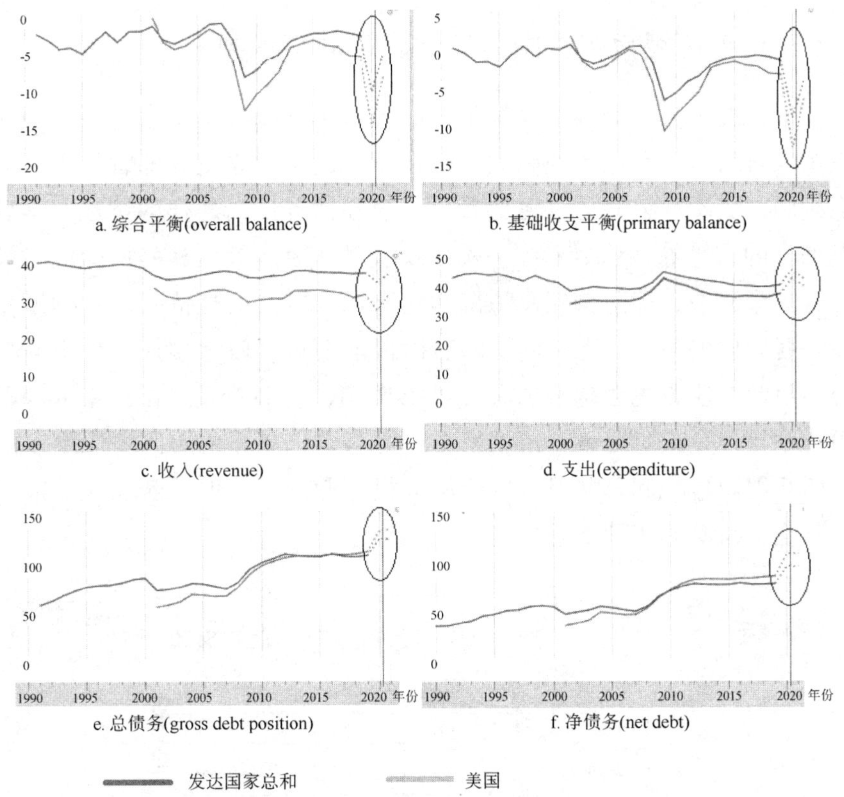

图 9－9　2020 年 4 月货币基金组织财政监测数据（GDP 占比）

注：周期性调整平衡（cyclically adjusted balance）及周期调整的基本平衡（cyclically adjusted primary balance）指标数据尚未更新，因此略去。

资料来源：IMF.

表 9－5　　2020 年 4 月基金组织财政监测中美国及发达国家数据（GDP 占比）

国别 \ 项目		综合平衡（overall balance）	基础收支平衡（primary balance）	周期性调整平衡（cyclically adjusted balance）	周期调整的基本平衡（cyclically adjusted primary balance）	收入（revenue）	支出（expenditure）	总债务（gross debt position）	净债务（net debt）
美国	2020	－15. 45%	－13. 51%	—	—	25. 95%	41. 4%	131. 07%	106. 98%
	2019	－5. 78%	－3. 57%	－5. 9%	－3. 67%	30. 34%	36. 12%	108. 98%	84. 11%
发达国家总体	2020	－10. 69%	－9. 45%	—	—	33. 61%	44. 3%	122. 38%	94. 16%
	2019	－3. 01%	－1. 62%	－3. 34%	－1. 93%	36. 18%	39. 18%	105. 22%	76. 64%

资料来源：IMF.

（五）疫情视角下美国财政健康度的再评判

一般情况下，对美国财政健康度的分析主要侧重于常态下，美国体制及政策安排对赤字和债务的影响。而在新冠病毒肆虐全球的背景下，分析重点则转向，本次公共危机将把联邦赤字和债务推向怎样的境地，其后果会是怎样的，等等。总结来看，联邦政府对新冠病毒及其疫情的应对大致可分为三个阶段，即防御期，防御和对冲期，以及后疫情时期的刺激复苏阶段，各阶段的目标任务不同。随着阶段的演进，政策规模将呈不断扩大趋势，财政的压力也会越来越大（见图9－10）。且当前美国所采取的财政货币化举措，是应急之策，短期来看或可为负债累累的美国争取更多的时间，防止财政危机和公共卫生、经济危机一起爆发，但是若长期无节制地执行却会为财政健康种下恶果。

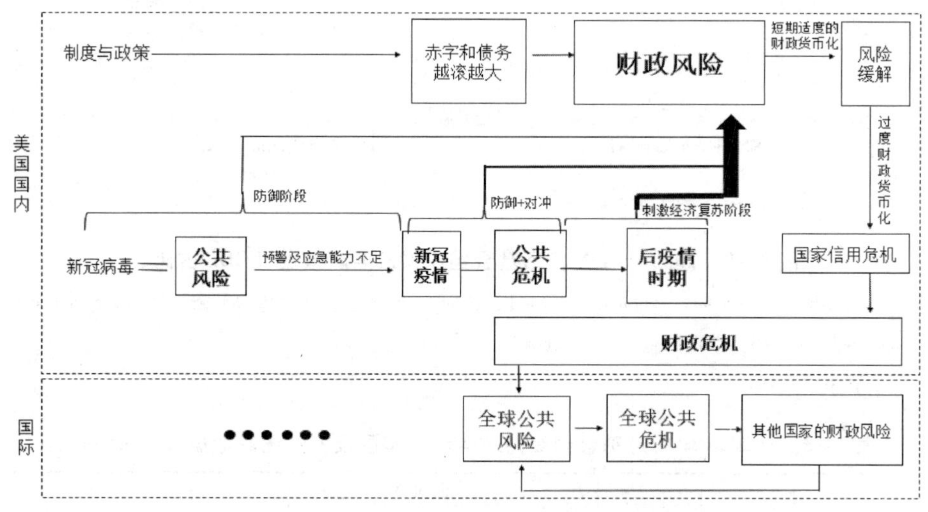

图9－10　疫情影响下美国财政健康度逻辑图

1. 当前的应对政策处于防御＋对冲期，预计政策规模将继续扩大，财政情况也将随之进一步恶化

如图9－10所示，在防御新冠病毒及其疫情的三个阶段中，第一阶段为纯防御状态，此时经济社会所受创伤最小，因而所需投入也是最小的。然而，由于联邦政府的漠视，美国错过了最佳的防御阶段。继而新冠疫情在其本土暴发并迅速蔓延，公共风险很快就转化成了公共危机，应对政策进入了第二个阶段。在该阶段，除了防控疫情之外，财政金融政策的主要目在于防止企业和居民部门出现严重的流动性问题。即政策向疫情要时间，尽量对冲疫情对经济和民生的影响，尽可能避免个人和企业的破产。目前，虽然多数州已逐步开始复工，但是疫情尚未得到有效遏制，生产生活难以恢复到疫前状态。且当前强行恢复经济，可能会导致防疫举措的放松，进而或会造成疫情的反扑，对经济产生更严重的影响。

与金融危机期间的政策阶段相比，美国目前大致处在危机前和危机中《经济刺激法案》《住房和经济复苏法案》《经济稳定紧急法案》时期。但现下在防御和对冲阶段的投入已远高出金融危机的同期，且信用风险还未充分暴露。政府通过流动性的注入为企业和个人提供了一定的保障，延缓了信用风险的爆发，然而，如果疫情影响时间持续拉长，而疫苗的研发又进展缓慢，那么政策可能会被迫持续加码，以向个人、中小企业以及州和地方政府提供更大规模的资金支持。另外，疫情过去之后，为刺激经济复苏，财政金融政策也必须继续加大投入。在金融危机中，2009 年的《复苏与再投资法案》（ARRA）是当时涉及金额最大的法案，参考该法案，疫情过后刺激计划的规模也不会小到哪去。这些都将导致美国财政状况的进一步恶化。

2. 财政货币化的方式从短期来看，可防止财政、经济与公共卫生危机一起集中爆发，但若长期无度地使用该举措，将有损于货币政策的独立性，进而或会导致后疫情时期美元出现对内通胀、对外贬值的情况，且其信誉也会被严重透支，美元霸权也会加速瓦解

在 2016 年《美联储剩下哪些工具?》文章中，伯南克曾提到，财政货币化就是通过货币总量的不断增加，来给财政提供扩张所需资金。与量化宽松不同，财政货币化不会考虑退出的问题①。这也就意味着货币政策放弃了数量操作空间。

目前美联储已推出了无限量的量化宽松，实际上也是在给财政扩张托底。但如果疫情持续蔓延、疫情过去之后又复苏缓慢，那么美联储很可能难以缩表，从而被动地在财政货币化道路上越走越远。这种情况下，越来

① 孙彬彬团队．天风固收：如何看待疫情之下的美国财政政策？［R/OL］．金融界网站，2020－04－15，https：//baijiahao. baidu. com/s？ id＝1663999036389686415&wfr＝spider&for＝pc.

越多的政府部门负债会逐渐转化为央行的债务，从降低付息成本的角度考虑，货币政策的价格操作空间就会受到一定的限制。

若不加节制地长期使用财政货币化措施可能会产生两种结果：一是对内通胀；二是对外贬值。也就是说，如果通过财政货币化发行过多货币，一方面可能会推升国内物价水平；另一方面也可能会使美元在国际市场上兑其他货币贬值。在金融危机中，美联储的量化宽松政策实际上也向市场投放了很多货币，但却并未引起通胀，其部分原因是需求不足致使货币资金堆积在银行部门，并未流入实体经济。但如果后疫情时期，美联储受联邦政府高额债务绑架，难以及时缩表，那么通胀水平或者某些资产的价格很有可能会被过多的美元推高。对外来看，由于全球疫情危机的影响，避险因素成为支撑美元的重要力量，市场长期出现"美元荒"，这种情况下美国政府可以在托底、刺激国内经济的同时，将债务和通胀压力传导给世界其他地区。然而，如果美国政府继续大肆透支美元信誉，原本就已经开始松动的美元霸权或将进一步削弱。一是，美国这种不管不顾的财政货币政策本身会引起国际社会对单一货币主导的国际货币体系的反思；二是，疫情缓解之后，一旦美元大幅贬值，主权国家的美元资产将会严重缩水，石油等以美元定价的全球主要商品的价格信号也会出现紊乱，而这些都会加速国际社会对美元的替代。

3. 未来如何还需根据疫情后续的发展来做判断，但美国目前的"续命"政策或为未来种下恶果

疫情持续时间越长、情况越严重，美国经济及财政所受的打击就会越大，上述所讨论的美元霸权削弱的发生概率也就会越大。而一旦美元霸权不复存在，美国将难以长期维持财政货币化之路，随之而来的可能就是财政、货币危机，世界也可能会被卷入新一轮的动荡。

参考文献

1. 大摩．美国赤字将达二战以来的最高水平［R/OL］．东方财富网，2020－03－31，https：//wap.eastmoney.com/news/info/detail/202003311438851534.

2. 刘尚希．公共风险论［M］．北京：人民出版社，2018.

3. 孙彬彬团队．天风固收：如何看待疫情之下的美国财政政策？金融界网站，2020－04－15，https：//baijiahao.baidu.com/s？id＝16639990363

89686415&wfr = spider&for = pc.

4. 张文朗等．若无纾困，美国企业或熬不到夏天［R/OL］．光大证券 4 月 2 日．

5. 抗疫财政政策加重美欧财政以及公共债务负担［R/OL］．中国债券信息网，https：//www. chinabond. com. cn/cb/cn/xwgg/zsxw/hgjj/20200513/154351510. shtml.

6. Adrian D. Garcia, This is the average amount in savings accounts — how does your cash stack up? Bankrate, 2018 – 12 – 03, https：//www. bankrate. com/personal – finance/savings – account – average – balance/.

7. CBO, 2020 – 04 – 02, https：//www. cbo. gov/publication/56314.

8. CBO, Monthly Budget Review for April 2020, 2020 – 05 – 08, https：//www. cbo. gov/publication/56350.

9. CDC, May 20, 2020 updated, https：//www. cdc. gov/coronavirus/2019 – ncov/cases – updates/cases – in – us. html.

10. Committee for a Responsible Federal Budget, New Projections：Debt Will Exceed the Size of the Economy This Year, 2020 – 04 – 13, http：//www. crfb. org/blogs/new – projections – debt – will – exceed – size – economy – year.

11. Committee for a Responsible Federal Budget, COVID Money Tracker：Policies Enacted To Date, updated on May 21, 2020, http：//www. crfb. org/blogs/covid – money – tracker – policies – enacted – to – date.

12. Ella Nilsen, What we know about the fourth coronavirus relief bill Congress's next coronavirus bill might look a lot like the last one, Vox, 2020 – 04 – 03, https：//www. vox. com/2020/4/3/21206931/what – we – know – about – congress – fourth – coronavirus – bill.

13. Fred Imbert and Pippa Stevens, Goldman Sachs sees zero US economic growth as the coronavirus spreads, CNBC, 2020 – 03 – 15, https：//www. cnbc. com/2020/03/15/goldman – sachs – sees – zero – us – economic – growth – as – the – coronavirus – spreads. html.

14. Jeff Cox, US weekly jobless claims double to 6. 6 million, CNBC, 2020 – 04 – 02, https：//www. cnbc. com/2020/04/02/weekly – jobless –

claims. html.

15. Jeff Cox, US weekly jobless claims double to 6. 6 million, CNBC, 2020 - 04 - 02, https: //www. cnbc. com/2020/04/02/weekly - jobless - claims. html.

16. Human Rights Watch, US: Address Impact of Covid - 19 on Poor Virus Outbreak Highlights Structural Inequalities, 2020 - 03 - 19, https: //www. hrw. org/news/2020/03/19/us - address - impact - covid - 19 - poor.

17. Megan Leonhardt, Uninsured Americans could be facing nearly $75, 000 in medical bills if hospitalized for coronavirus, CNBC, 2020 - 04 - 01, https: //www. cnbc. com/2020/04/01/covid - 19 - hospital - bills - could - cost - uninsured - americans - up - to - 75000. html.

18. Nick Routley, The Anatomy of the $2 Trillion COVID - 19 Stimulus Bill, https: //www. visualcapitalist. com/the - anatomy - of - the - 2 - trillion - covid - 19 - stimulus - bill/.

19. Pamela Foohey, Dalié Jiménez, & Christopher K. Odinet, Cares Act Gimmicks: How Not to Give People Money During a Pandemic and What to Do Instead, The National Law Review, 2020 - 04 - 11, https: //www. natlawreview. com/article/cares - act - gimmicks - how - not - to - give - people - money - during - pandemic - and - what - to - do.

20. Reade Pickert, Yue Qiu and Alexander McIntyre, U. S. Recession Model at 100% Confirms Downturn Is Already Here, Bloomberg, 2020 - 04 - 08 更新, https: //www. bloomberg. com/graphics/us - economic - recession - tracker/.

21. Shannon Meraw, What's the Fed doing in response to the COVID - 19 crisis? What more could it do? Brookings, 2020 - 04 - 09, https: //www. brookings. edu/research/fed - response - to - covid19/.

22. The Federal Reserve, Report on the Economic Well - Being of U. S. Households in 2017, 2018 - 05, https: //www. federalreserve. gov/publications/files/2017 - report - economic - well - being - us - households - 201805. pdf.

23. Tami Luhby, Extra $600 unemployment benefits will start flowing as

early as this week for a lucky few, CNN, 2020 - 04 - 10, https: //edition. cnn. com/2020/04/07/politics/unemployment - benefits - cares - act - covid - pandemic/index. html.

24. YiLi Chien, How Long Will the Relief Check Last? Federal Bank of St. Louise, 2020 - 04 - 06, https: //research. stlouisfed. org/publications/economic - synopses/2020/04/06/how - long - will - the - relief - check - last.